献　给
南京博物院建院 70 周年

花廳

——新石器时代墓地发掘报告

南京博物院　编著

文物出版社

北京 · 2003

封面题签　李泰庆
封面设计　周小玮
责任印制　陆　联
责任编辑　肖大桂

图书在版编目（CIP）数据

花厅：新石器时代墓地发掘报告/南京博物院编著 . –北京：
文物出版社,2003.6
ISBN 7-5010-1414-0

Ⅰ.花…　Ⅱ.南…　Ⅲ.新石器时代墓葬-发掘报告-新沂市　Ⅳ.K878.8

中国版本图书馆 CIP 数据核字（2002）第 082217 号

花　厅
——新石器时代墓地发掘报告
南京博物院　编著
＊
文 物 出 版 社 出 版 发 行
（北京五四大街 29 号）

http://www.wenwu.com
E-mail：web@wenwu.com

北 京 安 泰 印 刷 厂 印 刷
新 华 书 店 经 销
787×1092　1/16　印张：21.5　插页：1
2003 年 6 月第一版　2003 年 6 月第一次印刷
ISBN 7-5010-1414-0/K·660　定价：180.00 元

Report on Excavation of Neolithic Tombs at Huating

Edited by

Nanjing Museum

Cultural Relics Publishing House

Beijing·2003

To the 70th Anniversary of the Founding
of the Nanjing Museum

序

　　新沂花厅遗址是中华人民共和国建国之初即进行考古发掘的重要遗址之一。1950年南京博物院在考古调查时发现了花厅遗址，1952年、1953年进行了考古发掘之后，便发表了花厅遗址的发掘简报；1987年、1989年南京博物院又连续进行了两次较大规模的考古发掘，并先后发表了考古发掘简报。《花厅》即为以上四次考古发掘资料的汇总，也是第一次全面系统地发表花厅遗址的考古发掘资料和对花厅遗址的综合研究。本书对于研究苏北鲁南地区乃至黄河下游的新石器时代考古学文化，无疑是一本极为重要的考古学报告。

　　花厅遗址的重要性主要有以下几个方面：

　　一、花厅遗址作为大汶口文化晚期的重要遗存，对于研究大汶口文化的文化分期以及大汶口文化向龙山文化的过渡、演进和发展，将起着不可替代的作用，"花厅期"即代表了该类文化遗存。

　　二、花厅遗址中第一次发现了良渚文化与大汶口文化两类不同文化遗存共存的文化现象。这种南北文化的交叉现象，对于研究良渚文化与大汶口文化之间的相互关系以及良渚文化的年代，进而探讨中国文明的起源，均有着重要意义。

　　三、花厅遗址中发现的大型墓葬和中、小型墓葬，尤其是大型墓葬中发现的人殉现象，对于研究大汶口文化的社会形态、社会结构也同样有着十分重要的意义。

　　四、花厅遗址中第一次发现了"土鼓"一类的礼乐器，还发现了良渚文化的兽面纹玉琮等礼器，这对于研究中国礼乐文化的起源，也是极为珍贵的实物资料。

　　以上只是对花厅遗址的重要性作一扼要的概述，其内容报告中均有翔实的报道和详尽的论述。阅读本报告的诸君都是专家学者，仁者见仁，智者见智，相信都会在其中有所发现，有所收获。

　　《花厅》是南京博物院继《龙虬庄》之后编写出版的又一部考古学专著，也是近年来我院在考古研究工作方面所取得的又一成果。报告的编撰者钱锋、郝明华同志的共同特点是刻苦和勤奋，两位皆默默无闻地从事了考古工作二三十年，在长期的考古实践中自学成才，为编写本书不知付出了多少艰辛。《荀子》曰："骐骥一跃，不能十步；驽马十驾，功在不舍。"《花厅》的出版，也正是这种"驽马十驾"精神的体现。

　　南京博物院的考古工作可以追溯到 20 世纪 30 年代，当年老一辈的考古工作者筚路蓝缕，历经千辛万苦，开创了南京博物院的考古事业。在安阳殷墟、山东日照两城镇、云南洱海、四川彭山等地都挥洒有南京博物院考古前辈们的汗水。新中国成立以后至60 年代，南京博物院先后主持或参加过山东沂南汉画像石墓、安徽寿县蔡侯墓、南京南唐二陵和福建昙石山、杭州老和山、南京北阴阳营、新沂花厅、邳县大墩子、刘林等重要墓葬和遗址的发掘、整理工作，并编辑出版了《沂南汉画像石墓》、《南唐二陵》、《北阴阳营》、《四川彭山崖墓》等考古报告。70 年代以后，南京博物院先后发掘了邳县大墩子、吴县草鞋山、张陵山、海安青墩、武进寺墩等重要遗址，在国内外产生了较大的反响。进入 90 年代以来，更是取得了辉煌的成绩，由南京博物院主持发掘的昆山赵陵山、高邮龙虬庄、徐州狮子山西汉楚王陵、金坛三星村、江阴高城墩、连云港藤花落等遗址和墓葬，还先后被评为 1992 年、1993 年、1995 年、1998 年、1999 年和 2000 年的"中国十大考古新发现"。为了将这些重要的考古发掘资料及时发表，发掘报告也正在加紧编撰之中。南京博物院的考古工作者还将继续努力，力争在较短的时间内再推出几部大型考古发掘报告，为中国的考古事业再作新的贡献。

　　在新的世纪里，面临着新的机遇与新的挑战。作为有着悠久历史和优良考古传统的南京博物院，将再接再厉，不断吸收国内外先进的考古学理论和方法，加强与自然科学的合作，积极开展中外交流，努力开拓新的领域和开创新的考古课题，力争在新的世纪中，再创新的辉煌。

　　新年伊始，谨作此序，并借此表达我对南京博物院今后考古工作殷切的期望。

徐湖平
2002 年 2 月 9 日

目　录

插图目录

彩版目录

图版目录

第一章　概述

第一节　地理环境

花厅遗址位于江苏省新沂市西南 18 公里，马陵山丘陵地南端海拔 69 米的高地上（图一；彩版一，1）。

马陵山山脉为南北走向，连绵百余公里。依据有关资料，马陵山山体为晚白垩纪青山组（K_1）和王氏组（K_2W）所构成。前者为火山喷发形成的中性安山岩，安山质—火山碎屑岩组成；后者为紫红色砂岩、泥岩、页岩、砂砾岩、砾岩的红色陆相盆地沉积。

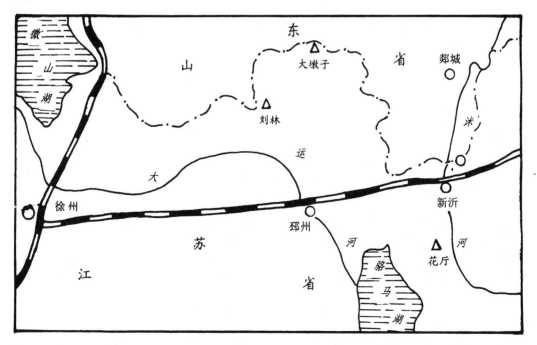

图一　花厅遗址地理位置示意图

　　发源于山东省沂蒙山区沂山的沭河，经过山的西侧南流注入新沂河。花厅遗址背依马陵山，面临宽阔的沂沭河平原，处在优越的地理环境之中。

　　花厅遗址四周残丘林立，这是中更新世时形成的冲积砂砾石层，因受后期的和其他作用的破坏而形成的。残丘基岩裸露较多，遍地是泥岩和紫红色砂岩构造。由于常年山水冲刷和耕种，植被破坏严重。

　　遗址在花厅村西北大山沟到徐翰林沟一带和村东北的北沟圈子两处。从大山沟到徐翰林沟是一个狭长地带。从地理上看，这一狭长地带的上面比较平坦，四周全是冲积成的水沟；北沟圈子在花厅村东北半里许，它的三面都是冲积成的水沟，只有西面和花厅村连接，构成一个伸出在徐翰林沟正东面的平坦地（图二）。

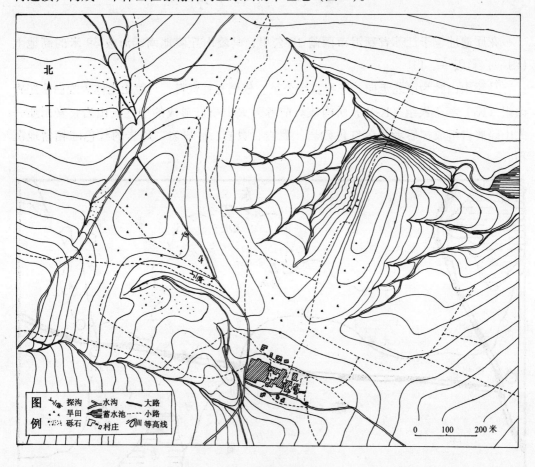

图二　花厅遗址地形图

　　经过调查、钻探和多次发掘可知，遗址的范围南至花厅村，北至徐庄北，东至北沟圈子，西至吴山头。面积达50万平方米。已初步探明，整个遗址由两部分组成，一处是花厅村西北的大山沟到徐庄北和徐翰林沟的狭长的山脊地带，此处即为新石器时代墓地，总面积达 30 万平方米，历次发掘的墓葬都集中于这一区域；另一处是花厅村东北的北沟圈子小台地，位于上述墓区的正东，过去这里没有人注意过，也没听说出土过什么东西，仅 1953 年 10 月在此试掘了 8 条探沟，才在这里的耕土表面捡得一些石器、陶片和红烧土块等，没有发现墓葬。从周围环境分析，推测此处应属居住遗址。

第二节　发现与发掘经过

花厅新石器时代遗址，在解放后 50 年代初已被发现，是新中国最早发现的一批重要遗址之一。当时有一位在新沂中学读书的陆尣同学，向他的老师徐君哲反映：他家在马陵山花厅村，几年来每逢雨后都有老百姓上山挖玉器，这些玉器发现在古墓葬内，一般在人骨架的头、背下有成叠玉钱（小玉环），腕上及头部有成串玉珠，腕骨套有玉镯。有的墓内还发现有石器，形状有锄形、刀形、三棱等，锋刃好的能够削木头。在挖玉时，往往在山石下挖出墓来，奇怪的是用小陶罐装土壤，周围并无棺椁。这如果真是石器的话，在五花顶附近一定还有很多，大有挖掘研究的价值。

徐君哲同志知道这一情况后非常重视，立即把情况反映给淮阴专区文联和南京博物院。接着，淮阴专区文联和苏北文管会先后派吴震等同志去实地调查，并将调查情况报告南京博物院："遗址在五花顶北约七里之花厅村，去村北里许山坡上（地名徐庄，今无人居住）及沿此西南行约里许之大山沟，两址成土台状，甚平坦，两址间尚连绵不断。此两处被挖掘很厉害，时间断续达数十年，去年十一月及今春曾挖过二次。据称出土石器当在百件以上，惜已毁。这次调查计得石器 32 件，还有陶罐、纺轮等陶器、陶片……该地土质极硬，非雨天不易挖，可能因山水下流积压之故。地下 0.5～3 市尺即为黑色土文化层，极为丰富。"

1952 年 11 月 13 日我院接中央文化部指示，要我院就近研究这个遗址。因此，我院和治淮文物工作队苏北组一起去调查，于 12 月 17 日出发，19 日到达花厅村，29 日返回南京。这一次共掘了 5 条探沟，清理了 1 座墓葬。参加工作的有苏北文管会的倪振逵、朱晋涛、胡继高和南京博物院的赵青芳、宋伯胤。

1953 年 10 月间，我院正式组织江苏省新沂县花厅新石器时代遗址发掘工作组，由赵青芳、宋伯胤、王文林、黎忠义、陈福坤五人组成，工作组于 10 月 27 日离开南京，11 月 2 日开工，27 日结束。这次工作，分为 3 区：挖掘探沟 38 条，其中南区发掘探沟 28 条，发掘墓葬 19 座，清理出人骨架 27 副，陶器 276 件，石器 16 件，骨器 22 件，玉器 13 件；北区发掘探沟 2 条，获陶片 1179 件，石器 4 件；东区掘探沟 8 条，获陶片 17833 件，石器 8 件，骨器 2 件，兽骨 532 件，人骨架 1 副。

　　1987 年 4 月，新沂花厅村农民在村北取土时挖出很多玉器，南京博物院作了调查后，报经国家文物事业管理局批准，组织了花厅考古队，于 10 月 16 日至 12 月 10 日进行了大规模的发掘。在此之前，新沂县文化局在 9 月间派出由晁岳树负责的工作组到村上作了调查征集工作，征集到璧、环、坠、珠、管等玉器上百件，并在发掘结束时又征集到大型琮体锥形器一件。花厅考古队由南京博物院考古部、技术部的汪遵国（领队）、钱锋、李文明、缪祥山、吴荣清、郝明华、陆建方、王根富、李民昌、郭礼典 10 人组成，新沂县文化局也派出文物干部胡宝玺参加工作。整个发掘工作得到新沂县文化局的全力支持。这次发掘面积达 1600 平方米，发现了 26 座大汶口文化墓葬，计出土陶器 350 件、石器 15 件、玉器 142 件、骨器 6 件，总计 472 件，取得了重大收获，为研究黄海地区新石器时代文化提供了重要实物资料。

　　经国家文物事业管理局批准，南京博物院于 1989 年再次组织花厅考古队，对花厅遗址又一次进行了大规模的发掘。发掘时间为 1989 年 10 月 5 日至 12 月 2 日。花厅考古队由汪遵国（领队）、袁颖、钱锋、缪祥山、李民昌、纪德生等同志组成。两次发掘均请上海自然博物馆黄象洪同志和我院李民昌同志进行现场人骨鉴定。这次发掘是1987 年发掘工作的继续，发掘面积 800 平方米，凭籍 1987 年发掘取得的经验，这一次发掘取得了更大的成绩，共发现距今 5000 年前后的大汶口文化中晚期墓葬 40 座，计出土陶器 615 件，石器 79 件，玉器 292 件，骨器 36 件，总计 1022 件。

　　历年来，新沂花厅共发掘墓葬 87 座，其中 1952 年 1 座，1953 年南区 19 座、东区1 座，1987 年南区 4 座、北区 22 座，1989 年北区 40 座。

　　花厅遗址曾发表过发掘简报，如与本报告的器物定名和器物号有抵牾，以本报告为准。

第三节　分区与地层堆积

　　新沂花厅遗址由于范围广阔、布局分散，整个遗址由墓地和居住遗址两大部分组成。历年来，主要对墓地进行发掘。根据发掘需要，依照地形特点，结合村民曾挖出过玉器的地点，再参考 1953 年的探掘资料，将墓地划分为南区和北区。南区位置在花厅村以西约 200 米的高地上，北区位于花厅村西北的徐庄一带范围内。南区和北区遥遥相对，相距大约 600 米。

　　1952 年、1953 年先后两次对花厅进行了小规模的试掘，均是采取开探沟的方法。1952 年一次只是在徐翰林沟附近开了 2 条探沟，在大山沟开了 3 条探沟，共计开了 5 条探沟。1953 年试掘规模较大，在北区开探沟 2 条，在北沟圈子试掘了 8 条探沟。此次工作的重点是在墓葬比较集中的大山沟一带，即在南区试掘了 28 条探沟（一般是 10 米长、1.5 米宽）。

1987 年在 1953 年发掘的基础上进行。由于这是一处面积达 30 万平方米的墓地，范围广阔而布局分散。我们采取了重点发掘和全面普探的发掘方针，采用探方与探沟相结合的方法（图三）。在南区开探沟（南北长 10 米、东西宽 2 米）12 条。此次发掘的重点是农民挖出玉器的北区。在北区东部发掘 T101 至 T105、T504 时，仅发现一座墓葬，因而在北区西部布方时，根据农民取土现状、遗址地形，未按常例取正南北方向，而根据实际需要，按北偏东 35°自南向北开 T1 至 T9 共 9 个探方。这一布方的实际效果是在 6 个探方中发现了 21 座墓葬，并在 T8、T9 两方中自南向北布列着 4 座大墓。此次还在北区开探沟 11 条。总计发掘面积达 1600 平方米（T1 至 T9 为 10×10 米，T101 至 T105、T503 为 10×5 米，探沟一般为 10×2 米）。

1989 年发掘是 1987 年发掘工作的继续，这次发掘集全力于北区，在 1987 年发掘的北区西部布方。在 T7、T8、T9（其中 T8、T9 两方自南向北依次发现 M4、M20、M18、M16 共 4 座大墓）的北面开 T201（13×9 平方米），在其东面开 T202（8×10 平方米）、T203、T208（各为 5×20 平方米），在其西面开 T207（3×22 平方米）。在 T1、T2、T3 的东面开 T204（5×10 平方米，该方范围内农民取土在 1987 年 4 月挖出大玉璧 1 件、大型刻纹琮体锥形器 3 件）、T205（4×12 平方米），在其南面开 T206（12×10 平方米），在其西面开 T209（3×10 平方米）。此外，在这一区域的东、南开了两条探沟：东边的 T211（2×15 平方米），南边的 T212（2×10 平方米，农民 1987 年 4 月在此沟内挖出玉璧及串饰）。采取这样布方，是为了花较少的工而尽可能较有效地进一步揭露墓葬的分布范围并追寻大型墓葬的分布点（图四）。这次发掘在南区，仅因农民取土露出残墓而开了一条探沟 T210（3×10 平方米，向一侧扩方 3×4 平方米，清理了残墓所留人骨，未编号），面积为 42 平方米。

对北区西部 1987 年发掘的中间地带（包括 T3 北半方至 T7 南半方之间未发现墓葬的地区）进行了钻探，东西长 39 米，南北长 51 米（其四界：北为 T7 北壁，南为 T2 北部，东为 T7 东壁外 9 米处，西为 T7 西壁外 20 米处），每 3 米间布一探眼，部分地区用更多的探眼密钻，其面积为 1989 平方米，目的是了解这一范围内的地层堆积、遗迹分布概况，探明 T3 北至 T7 南未发现墓葬的原因。这一面积不小的区域，证明是一个空白地带。恰巧与发现的花厅墓葬是分片埋葬的规律相吻合。

墓地由于处在一高地上，常年山水冲刷和耕种，水土流失严重，形成中心部位稍高，四周略低的缓坡状。地层堆积比较单一，农耕土以下即为文化层。

南区墓地地层堆积很浅，一般在 0.7 米左右，耕土以下为黄褐色硬质黏土，底部即达基岩。有些墓葬埋葬在基岩上，此处墓葬规模均较小。

北区墓地地层堆积稍厚，上为表土层（农耕土），为灰黄色松软黏土，其下为黄褐色硬质黏土，再下为红褐色风化带黏性的基岩土，由紫红色的沉积岩组成。墓葬有的开口于

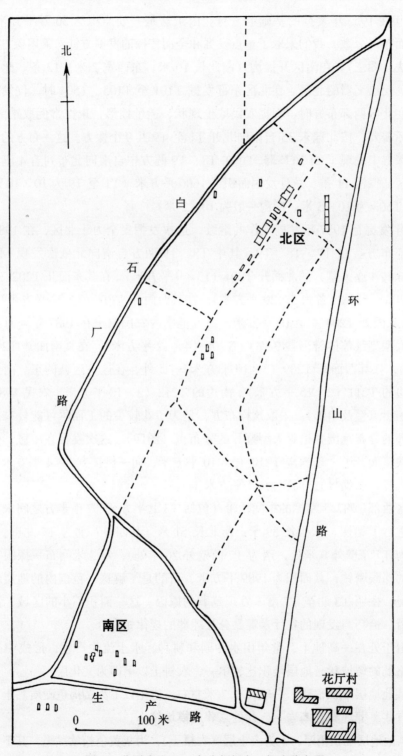

图三　花厅遗址 1987 年发掘探方、探沟分布图

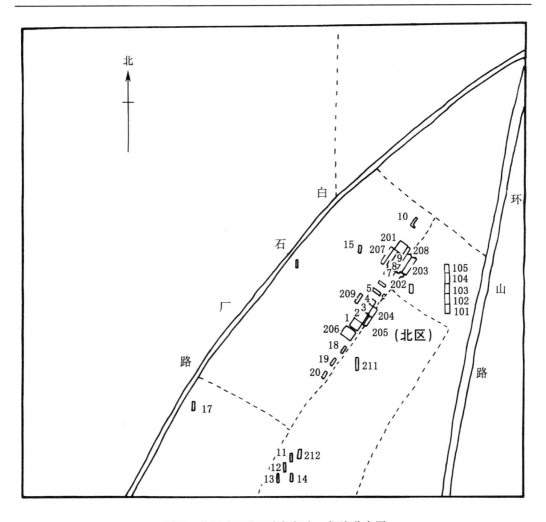

图四 花厅遗址北区发掘探方、探沟分布图

表土层下，有的开口于黄褐色黏土层下的不同层位或此层之下，有的墓坑打入基岩中。

以 T8 北壁剖面为例（图五）：

第一层 耕土层。灰黄色松软黏土。厚约 0.2 米，包含物有红烧土、碎陶片、石片等。

第二层 灰土。厚约 0.3 米。包含物较少，有少量的陶片出土。

第三层 黄褐色硬质黏土（含红烧土粒）。厚约 0.8 米。包含物稀少单纯，多为泥质和夹砂红、灰陶片。墓葬开口于此层，有的打入基岩中。M4 和 M9 均位于此层中，M20 通过此层深入基岩中近 1 米。

第三层以下为红褐色风化带黏性的基岩土，为沉积岩组成，无任何包含物。

T201 东壁剖面地层堆积（图六）：

第一层 耕土层。黄灰色松软黏土，厚约 0.25 米。由于水土流失，加上农民平整

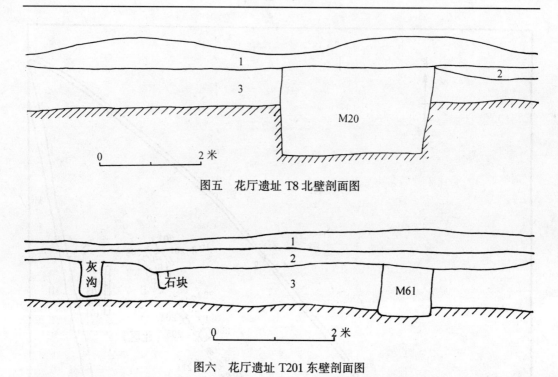

图五 花厅遗址 T8 北壁剖面图

图六 花厅遗址 T201 东壁剖面图

土地翻动耕种，地表和耕土内散落红烧土块粒和原始陶片、碎石块及近现代瓷片等。

第二层 灰土，厚约 0.3 米。遗物较纯，陶片数量较多，主要器形有夹砂红陶腹片、凿形鼎足、罐口沿等。局部灰土延伸至第三层内。

第三层 黄褐色硬质黏土，厚约 0.8 米。此类土质，湿时黏，干时坚硬成块。遗物较纯且少，有泥质灰陶和夹砂红陶片等。墓葬多数出自此层。

第三层以下为红褐色风化带黏性的基岩，大墓及一些中型墓深入基岩中。

第二章　南区墓地

第一节　概述

花厅遗址南区墓地位于花厅村以西 200 米的高地上。和北区墓地遥遥相对，相距大约 600 米。

南区经 1953 年和 1987 年的两次发掘证实，地层堆积单一，一般在 0.7 米深见基岩。表土层由于长年水土流失，加上当地农民历年耕种，已很单薄。表土以下为黄灰土层，即文化层，遗物和墓葬一般在此层内出土。黄灰土层以下为土质较硬的红褐土，无遗物，即为基岩。

1953 年在南区发现墓葬 19 座。这 19 座墓葬分布较为集中，编号为 M101～M119。墓葬规模都较小，随葬品多寡不一。据统计，随葬品共 327 件，以陶器为主，有 276 件，石器 16 件，玉器 13 件，骨器 22 件。随葬品在 40 件以上的有 3 座，30 多件的 1 座，20 多件的 4 座，10 多件的 10 座，最少的 1 座只有 1 件随葬品。随葬品中陶器的主要器类有三足带盖鼎、镂孔高把豆、圈足豆、带把陶器等。玉器以环、琮、管、坠和镯为主。石器有手斧、穿孔扁平斧、有段锛等。随葬品陈放位置：（一）用随葬品在尸体四周排成一道"围墙"；（二）两肩各置 1 件，两脚前各置 1 件，膝侧也各置 1 件；（三）尸体两侧置随葬品两排；（四）随葬品也有陈放在尸体一侧的。另外，少数比较特殊的随葬品有一定的放置方法：（一）骨锥、鱼镖一类的随葬品，都是在手骨附近发现；（二）有两座墓葬，在尸体的两大腿骨之间置放着陶鬶；（三）镂孔的高把陶豆，大多放置在尸体的两脚侧或身两侧。在 M115、M117、M106 三座墓葬里，纺轮是和一些装饰品一起出土的，且都没有用石制工具随葬。M108、M105 两座墓葬，出现了石制工具，出现了鱼镖，但都没有发现纺轮。石器大多放置在尸体胸部附近。玉器等装饰品在墓葬里大多陈放在相应的装饰部位。

1987 年在南区发现的 4 座墓葬，都集中在 T25 内，编号为 M120～M123。墓葬规模也不大，人骨架保存较差，墓葬的方向除 M121 为正南北向外，其余为东西向。共出土随葬品 59 件，奇怪的是竟无一件玉器，皆为较精致的陶器。墓内随葬品最多的 27 件

（M122），最少的8件（M120）。随葬的59件陶器中，以球腹罐、大型镂孔座豆、凿足鼎、觚形杯为主，还有管状流盉、大口钵、空足鬶和双耳盆等。有些陶器的造型优美，制作精致，反映了发达的制陶工艺。M122随葬的27件陶器较有规律地放置在人骨架四周，器类以罐、鼎、豆为主，M121随葬的12件陶器则陈放在人骨架下半部及足后。陶器品类单一，仅陶豆就有8件，其余为4件陶罐。M123随葬的12件陶器集中陈放在人架右侧。此墓随葬陶鼎6件，占随葬陶器总数的一半，这在墓区同类墓中不多见。M120仅随葬陶器8件，其中7件为陶罐，且较分散地陈放在墓内。

1953年在南区墓地发掘的19座墓葬，一般为单人葬，仰身直肢，有的有长方形墓坑，方向（头向）为东西向。鉴于当时条件限制，这批墓葬未能鉴定性别和年龄。其中M102~M103、M110、M111、M113、M119内都有2~3具人骨架，但根据随葬品的排列放置和人骨架之间的距离位置判断，实际上都应分别为单个墓葬埋葬，当时应单独分开编上墓号。为尊重原始资料的完整和连续性，考虑到当时开创阶段的考古发掘条件和认识，不宜将编号重新打乱，现只好在文字中解释清楚，同时在墓葬图中和统计表中也是能看明白的，在此特作说明。

第二节 墓葬举例

南区墓地已发掘的墓葬，一般规模都较小，而且单一，相对又较集中，所以没有必要再分类了。

1953年发掘的南区墓葬，M103仅随葬残陶器1件；M112骨盆以上已残缺，仅存

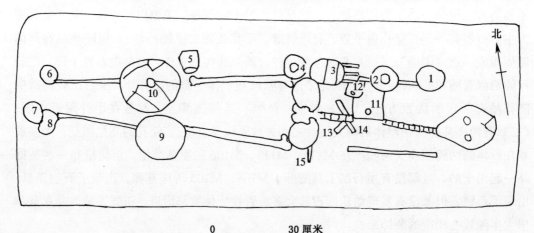

图七 M101 平面图

1、2、4、5、6.陶罐 3.三足器 7、8.陶环 9.残陶器 10.陶钵 11~13.穿孔石钺 14.骨棒 15.骨针

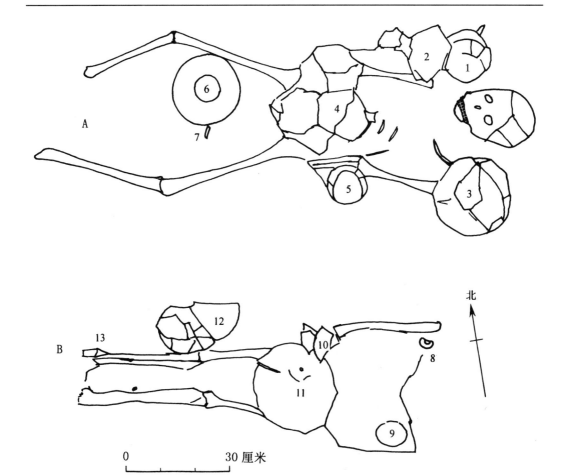

图八　M102 平面图

1. 红陶鼎　2~6、11~13. 陶罐　7. 陶纺轮　8. 石环　9、10. 残陶器

下肢，随葬残陶器 2 件，可能是遭农民犁地时破坏；M118 缺头颈及上胸部，随葬残陶器 4 件，也是遭农民犁地时破坏。其余 16 座墓葬和 1987 年南区发现的另 4 座墓葬依次分别介绍。

M101　方向 105°，墓坑长 1.85、宽 0.7、深 0.39 米。仰身直肢，人骨架长 1.9 米。随葬品 15 件，主要放置在人骨架的右侧、腿部和足下方。其中陶罐 5 件、三足残陶器 1 件、残陶器 1 件、陶钵 1 件、陶环 2 件、穿孔石钺 3 件、骨针 1 件和骨棒 1 件。有的罐里出土时盛有兽骨（图七）。

M102　方向 100°，墓坑深 0.31 米。编 1 个墓号，实为 2 座墓葬，两人骨架相距 0.2 米。现编为 A、B 二墓。A 墓：人骨架头偏北，仰身，两腿呈环屈状，随葬品 7 件（1~7 号）；B 墓：头盖骨和上半身大部分已不见，可能是遭农民犁地时破坏，只残存胯部以下及下肢骨，两腿伸直，随葬品6件（8~13号），其中A墓随葬品放在腹部及两侧，一件陶罐和陶纺轮放在两腿之间。随葬品共13件，其中陶鼎1件、陶罐8件、残陶器2件、陶纺轮1件、石环1件（图八）。

M104　方向100°，随葬品分布在长1.4米、宽0.7米的范围内，墓坑深0.17米。人骨架头骨位东向南侧，仰身，下肢呈屈膝状，屈向右侧。随葬品多数呈一列放置在人骨架右侧，其余散放在肘、股、膝的部位。随葬品共10件，其中有陶罐2件、陶鼎1件、残陶器6件、玉珠1件（图九）。

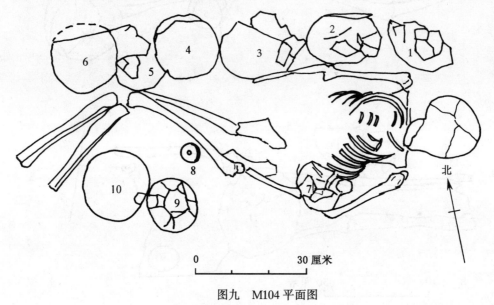

图九　M104平面图

1、5、6、7、9、10.残陶器　2.红陶鼎　3、4.陶罐　8.小玉珠

M105　方向100°，墓坑长2.4米、宽1.15米、深0.38米。仰身直肢，右臂弯曲，人骨保存一般。随葬品较丰富，共计31件。以陶器为主，集中放置在人骨架上下及左侧。器物严重破碎，可辨器形有陶罐2件、陶鼎8件、陶豆1件、陶壶4件、陶钵1件、残陶器9件（无法辨出器形）、石斧1件、石锛1件、骨锥2件、骨镖1件、残骨器1件（图一〇）。

M106　方向107°，此墓应有墓坑，但发掘时可能是疏漏未能做出，根据人骨架和随葬品摆放位置，大体分布在长2米、宽1.1米的范围内。人骨架长1.7米，人骨保存一般。仰身直肢，整个人骨架稍向左侧。随葬器物放置在人骨架下半部的两侧和右腿部位。随葬品16件，其中有陶鼎6件、陶钵1件、陶盆3件、残陶器2件、玉环2件、骨锥1件、残骨器1件（图一一）。

M107　方向108°，仰身直肢，人骨架长1.65米。随葬品4件，其中陶盆1件、残陶器2件、石纺轮1件。3件残陶器放置在右脚外侧和下方，1件石纺轮放置在右胸偏

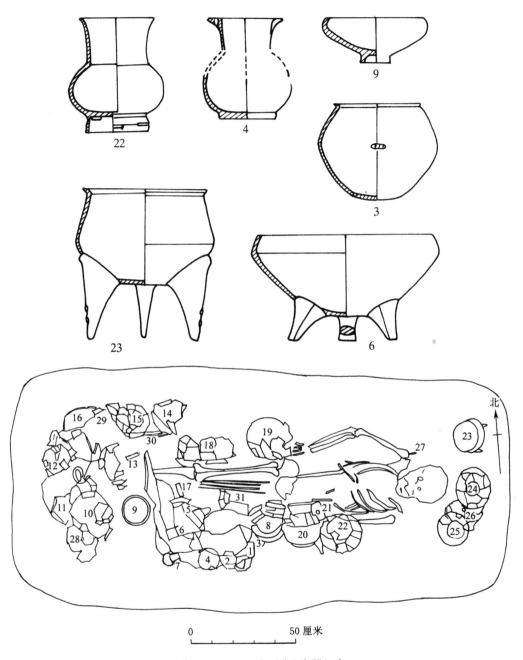

图一○　M105平面图及陶器组合

1、5、10、12~14、20、23.陶鼎　2、4、7、22.陶壶　3、18.陶罐　6.陶三足钵　8、11、15、16、19、24、25、26、28.残陶器　9.陶豆　17.石锛　21.石斧　27、31.骨锥　29.残骨器　30.骨镖

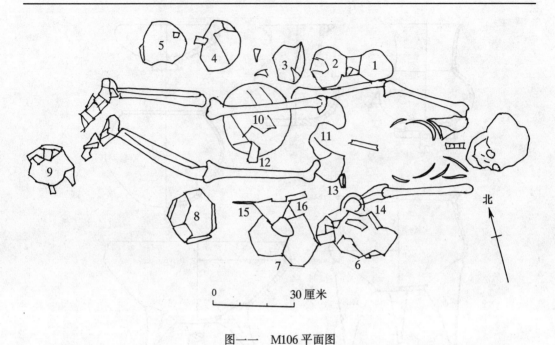

图一一　M106 平面图

1、12.残陶器　2、3、5、8、9、11.陶鼎　4、7、10.陶盆　6.陶钵　13、14.玉环　15.骨锥　16.残骨器

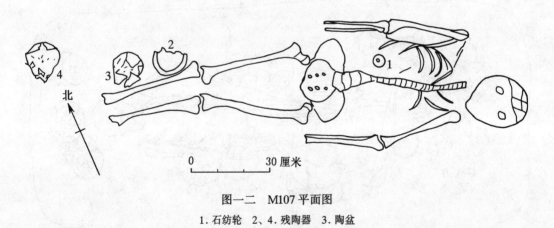

图一二　M107 平面图

1.石纺轮　2、4.残陶器　3.陶盆

下（图一二）。

　　M108　方向110°，墓坑深0.34米。依据随葬品排列分布，墓葬在长2.4米、宽1.1米的大体范围内。仰身直肢，人骨架长1.77米。随葬品19件，在人骨架左右肩各放置一件陶器，其余集中放置在人骨架的大腿两侧和脚下方。其中陶鼎2件、陶豆4件、陶壶1件、陶钵1件、残陶器4件、石锛1件、石镞1件、石珠1件、骨锥3件、骨镖1件（图一三）。

　　M109　方向108°，墓坑深0.34米。仰身，人骨架略向右侧弯屈。随葬品9件，放

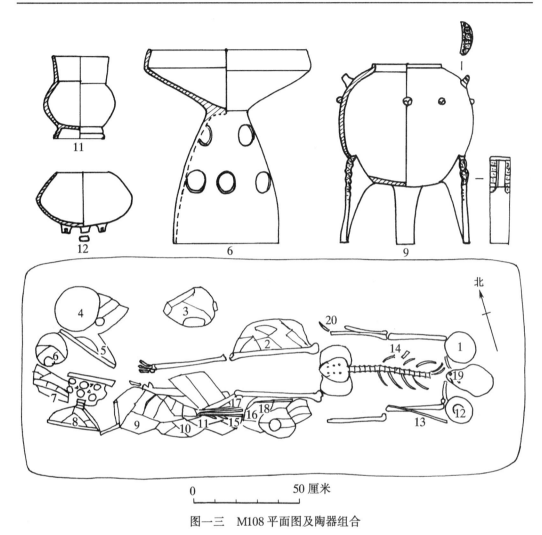

图一三　M108 平面图及陶器组合

1. 高把豆　2、3、4、10. 残陶器　5、6、8. 镂孔豆　7、9. 陶鼎　11. 灰陶壶　12. 陶三足小钵　13、16、17. 骨锥　14. 石锛　15. 骨镖　18. 石镞　19. 石珠

置在人骨架的右上方和左下方。其中陶鼎 1 件、陶盆 1 件、残陶器 4 件、穿孔石斧 1 件、残骨筒 1 件、骨锥 1 件（图一四）。

M110　方向 102°，墓坑深 0.2～0.5 米。编 1 个墓号，依据随葬器物排列和人骨架位置，实为 2 座墓葬，现编为 A、B 二墓。A 墓为单独墓葬，B 墓为一大人带孩童的墓葬。随葬品 27 件，A 墓随葬 9 件，器物放置在右侧和左下方；B 墓随葬 18 件，器物放置在头上方两侧、腹部和脚下。两墓随葬陶器严重破碎，有的器形难辨。其中有陶鼎 6 件、陶豆 2 件、残陶器 16 件、陶纺轮 1 件、石锛 1 件、骨针 1 件。B 墓是大人带小孩墓，小孩骨架紧挨在大人骨架的左下方，很可能是一合葬墓。此墓在南区已发掘的 20 多座墓葬中较为特殊（图一五）。

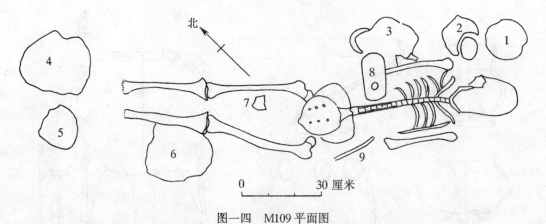

图一四　M109平面图

1、2、5、6.残陶器　3.陶鼎　4.陶盆　7.残骨筒　8.穿孔石斧　9.骨锥

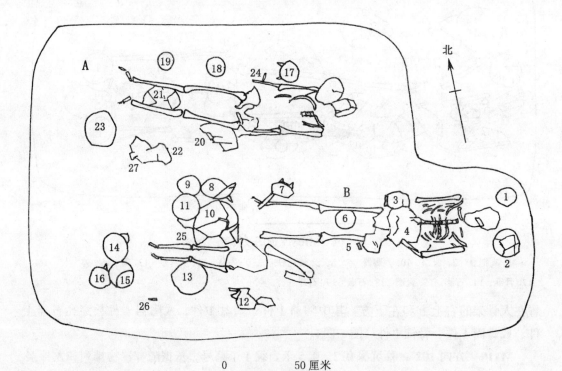

图一五　M110平面图

1、3、6、8~11、13~15、18~23.残陶器　2、4、7、12、16、17.陶鼎　5.石锛　24.陶纺轮
25、27.陶豆26.骨针

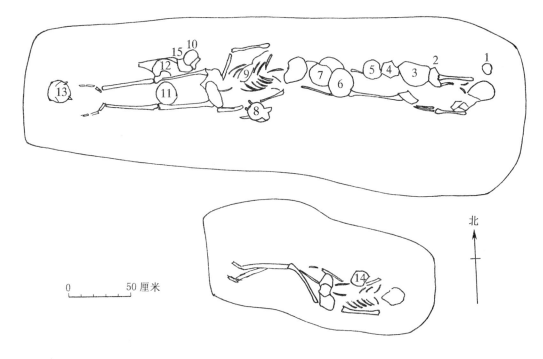

图一六　M111平面图

1、2、4、5、6、11、14、15. 残陶器　3、9、10、13. 陶鼎　7. 陶罐　8. 陶鬶　12. 三足陶罐

M111　方向92°，M111紧挨着M110的北边。根据随葬品排列和人骨架位置，应是3座墓葬，当时统一编号为M111。现依次编为A、B、C三墓。A墓人骨架屈膝，上身仰卧，与左边人骨架相距1.6米，只有一个陶器放在右肘部位。B墓人骨架已腐朽。C墓人骨紧挨在A墓人骨架脚下方，仰身，右臂弯屈。随葬品陈放在两个人骨架右侧，共15件，均为陶器，皆破碎，其中有陶鼎4件、陶鬶1件、陶罐2件、残陶器8件（图一六）。

M113　方向98°，根据随葬品排列和人骨架位置，应为3座墓葬，当时统一编为M113。这三座墓葬分布范围南北2.8米、东西3.6米，头部自南向北错落。现依次编为A、B、C三墓。

A墓：墓坑长2.4米、宽0.95米。仰身直肢，随葬品12件。随葬器物放置在左臂和两腿间以及脚的下方。陶器破碎，器形难辨，在人骨架右肩内侧发现1枚石镞。

B墓：墓坑长2.6米、宽0.8米。仰身，右臂弯屈。随葬品20件，主要放置在人骨架前后部位和腿、腹部，有陶鼎3件、陶豆4件、陶壶1件、陶盆1件、陶钵2件、镂孔器座1件、残陶器3件、石锛3件、石斧1件、骨锥1件。

C墓：墓坑长2.5米、宽0.9米。仰身直肢，随葬品5件，放置在上半身，有陶鼎1件、陶盆1件、残陶器3件（图一七）。

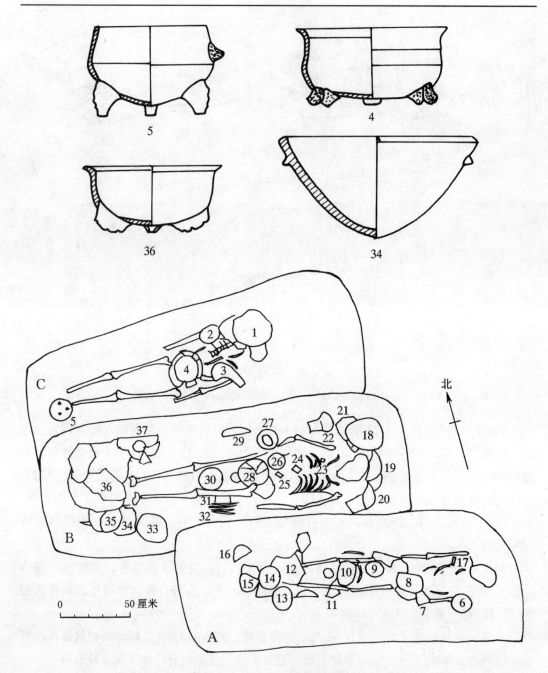

图一七　M113 平面图及陶器组合

1~3、6~16、21、27、36.残陶器　4.陶盆　26.三足陶盆　5、28、30、35.陶鼎　17.石镞　18、19、20、37.陶豆　22.陶壶　23~25.石锛　29.镂孔器座　31.石斧　32.骨锥　33、34.陶钵

M114　方向103°，墓坑长2.5米、宽1.5米、深0.25米。仰身直肢，个体高大，人骨架长1.8米。随葬品6件，分散放置在人骨架的右肩、胯及腿部。有陶鼎3件、残陶器2件、骨器1件（图一八）。

此墓墓坑较大，深仅0.25米，随葬品显得单薄。有可能是先挖浅坑，人骨架放入后再封土掩埋。与平地掩埋葬法略有区别。

M116　墓坑深0.38米。仰身直肢，人骨架长1.55米。随葬品17件，集中放置在人骨架的上方和下半部。4件玉环陈放在死者颈部，显然是用作装饰品。陶器器形较全，有陶鼎1件、陶罐1件、陶盆1件、陶豆5件、陶釜1件、陶环2件、残陶器2件（图一九）。

M115　方向115°，墓坑长2.18米、宽1.43米、深0.33米。仰身直肢，人骨架保存较差。随葬品29件，放置在人骨架的偏下方两侧和腿足部位。玉珠1串（14颗）成串状放置在胸腹间，与玉珠放在一处的还有玉环4件。左手部位发现玉镯1件，还有陶、石纺轮各1件。陶器有陶鼎6件、陶壶4件、陶豆3件、陶罐2件、陶盉1件、陶鬶1件、陶钵2件、陶杯2件（图二〇）。此墓随葬品丰富，陶器以鼎、壶、豆等大件器物为主，又是南区已发掘的墓葬中出土玉器最多的一座墓葬。从墓葬的规格推测，墓主人的身份可能较高。两件不同质地的纺轮握在左手中，墓主可能是一女性。

M117　方向105°，墓坑长3.2米、宽1.78米、深0.59米。仰身直肢，人骨架保存较差。随葬品26件，放置在人骨架上下部位和排列在右侧。1件象牙手镯套在右手上，1件石镯放在左手部位。陶器有陶鼎5件、陶鬶1件、陶豆2件、陶盉1件、陶壶1件、陶罐2件、陶钵2件、残陶器6件，另外还有骨纺轮1件、骨锥1件、石镯1件、骨镯1件、残骨器2件。此墓是用凿子把基石开凿成墓穴，凡是接近人骨架的石子，已经变成沙土（图二一）。

M119　方向98°，根据随葬品排列和人骨架位置，实为2座单独的墓葬。两座墓葬大体分布在长3米、宽2米的范围内。两墓中间相距最宽0.2米，最窄仅0.06米，中间以一条红砂石相隔。现编为A、B二墓。

A墓：墓坑深0.39米，人骨架长1.5米，仰身直肢。随葬品16件（编号1～16），陶鼎4件、陶鬶1件、陶壶2件、陶罐1件、陶钵3件、陶豆1件、残陶器3件、骨锥1件。分布在人骨架前后及右侧。

B墓：墓坑深0.52米，人骨架长1.7米，仰身，左臂、左腿微屈。随葬品30件（编号17～46），均为陶器，大都放置在人骨架四周，腹部放置一件陶盘，两腿间放置二件陶鼎。器形有陶鼎9件、陶豆2件、陶壶4件、陶罐2件、陶钵1件、陶杯2件、陶盆1件、残陶器8件、陶盘1件（图二二）。

M120　位于T25，距西壁10.3米，距南壁2米，深0.15米。方向85°，人骨架已

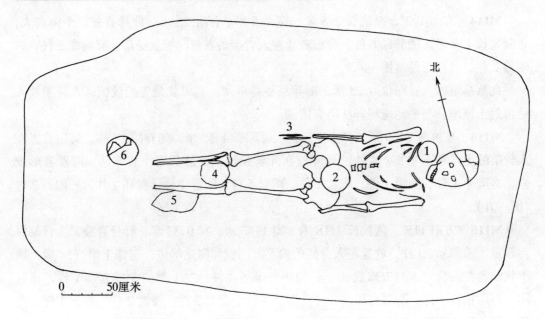

图一八　M114平面图

1、5、6.陶鼎　2、4.残陶器　3.骨器

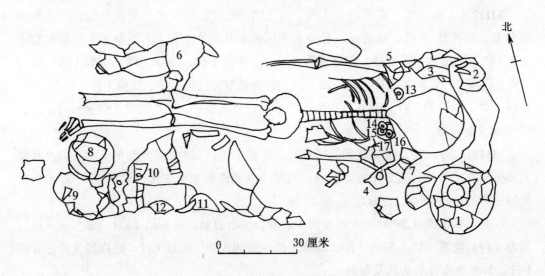

图一九　M116平面图

1、2、6、7、10.陶豆　3.陶罐　4、5.陶环　8.陶盆　9.陶釜　11、17.残陶器　12.陶鼎　13～16.玉环

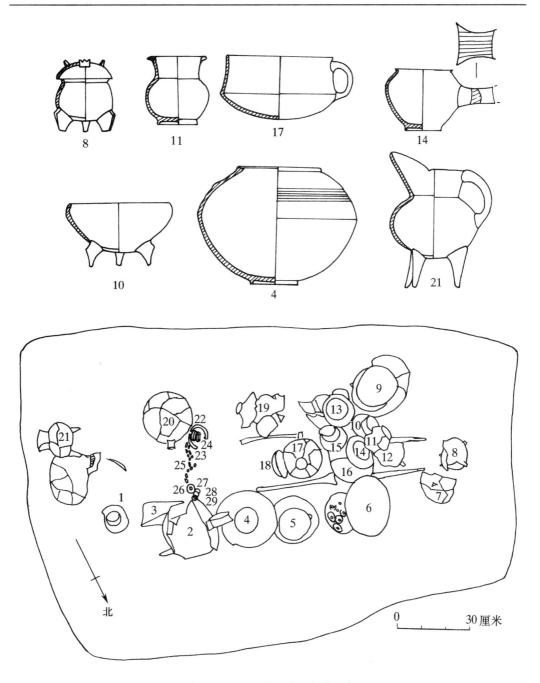

图二〇 M115平面图及陶器组合

1、5、11、15.陶壶 2、8、9、12、16、19.陶鼎 3.陶钵 10.陶三足钵 4、14.陶罐 6、7、18.陶豆 13、17.陶杯
20.陶盂 21.陶鬶 22.陶纺轮 23.石纺轮 24.玉镯 25.玉珠(1串) 26、27、28、29.玉环

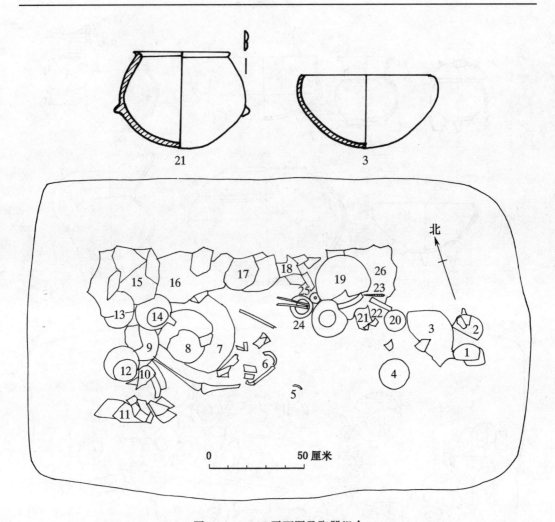

图二一　M117 平面图及陶器组合

1、2、9、12、26.陶鼎　3、4.陶钵　5.石镯　6.陶鬶　7、8、15～18.残陶器　10、22.残骨器　11、19.
高把豆　13.陶壶　14.陶盉　20、21.残陶罐　23.骨锥　24.骨镯　25.骨纺轮

基本腐朽，有少量的零散骨头，没有墓坑，是平地起墓掩埋。随葬品8件，其中陶罐6
件，陶豆2件。分布较分散（图二三）。

M121　位于探沟 T25，距西壁4.9米，距南壁2.4米，深0.4米。方向正南北，
人骨架不完整，只发现零散的骨头，无墓坑。随葬陶器12件，分布在人骨架下半部。
其中陶豆7件、瓠形杯1件、陶罐4件。陶器品种单一，仅陶豆就有7件，占随葬陶器
的2/3，这可以说是此墓的一大特色（图二四）。

M122　位于探沟 T25，距西壁10.4米，距南壁3.6米，深0.55米。方向172°，
人骨架保存不完整，仅存部分下肢骨，无墓坑。随葬品较丰富，随葬陶器27件，有规

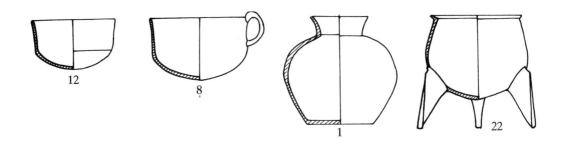

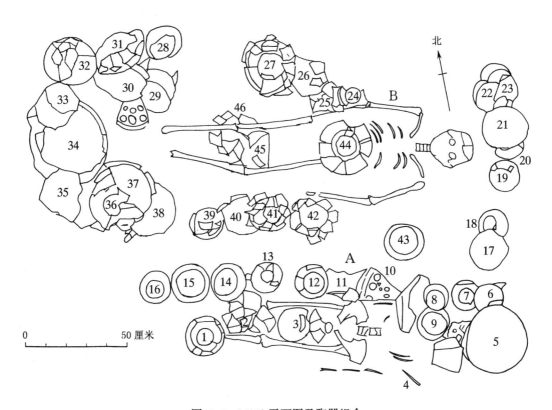

图二二　M119平面图及陶器组合

1、20、39．陶罐　2、9、12、31．陶钵　3、5、15、36～38、40～43、46．残陶器　4．骨锥　6、11、14、16、17、19、21～24、26、33、45．陶鼎　7、8、18、25、27、32．陶壶　10、30、35．陶豆　13．陶鬶　28、29．陶杯　34．陶盆　44．陶盘

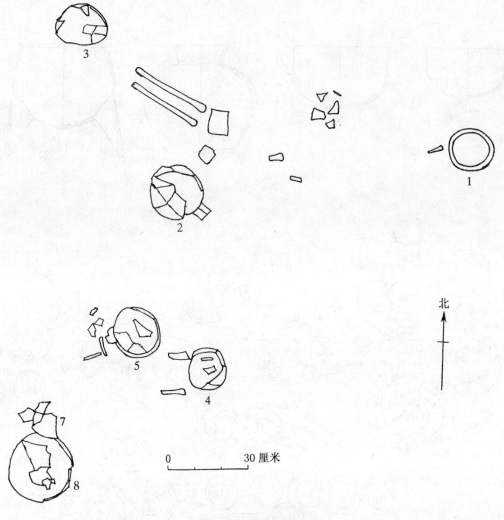

图二三 M120 平面图
1. 灰陶豆 2~7. 陶罐 8. 镂孔豆

律地放置在人骨架四周。其中陶罐8件、陶鼎3件、陶钵1件、陶盆2件、陶豆8件、陶盉1件、陶鬶1件、陶器盖2件、陶釜1件。此墓随葬品单一，除众多陶器外，无一件玉、石器之类（图二五）。

M123 位于探沟 T25，距西壁8.1米，距南壁3.6米，深0.42米。方向100°，没有发现人骨架，无墓坑。随葬品单一，全是陶器，共12件。其中陶罐4件、陶豆1件、陶钵1件、陶鼎6件。随葬数量较多的陶鼎是此墓的特点。随葬品集中分布在人骨架右侧（图二六）。

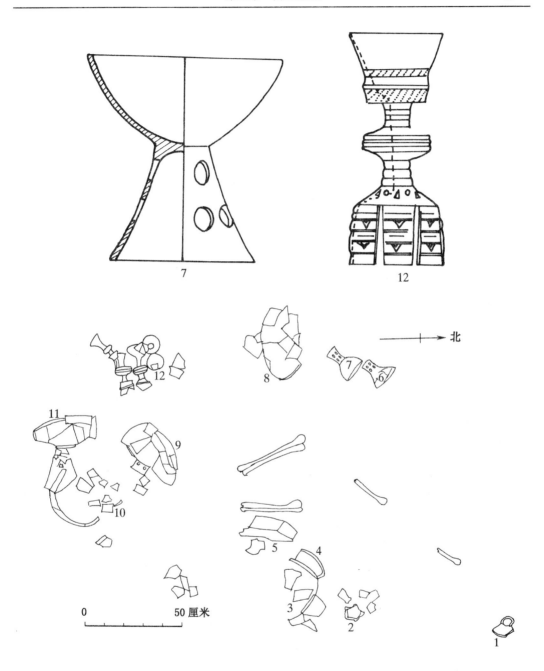

图二四　M121 平面图及陶器组合

1、2、6~9、11.陶豆　3~5、10.红陶罐　12.瓠形杯

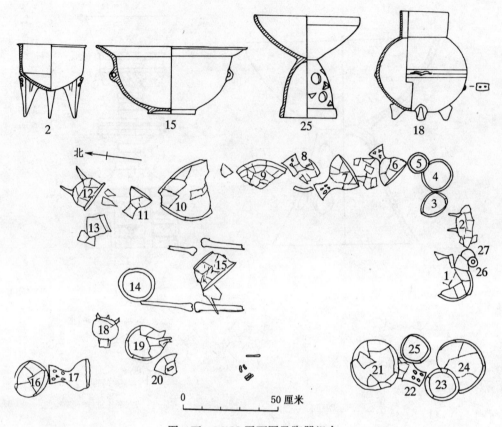

图二五　M122平面图及陶器组合

1、4、13、16、21、23、27.陶罐　18.陶三足罐　2、3、12.陶鼎　5~8、11、17、22、25.陶豆　9.
陶钵　10.陶盆　14.陶釜　15.双耳盆　19.陶鬶　20、26.器盖　24.陶盉

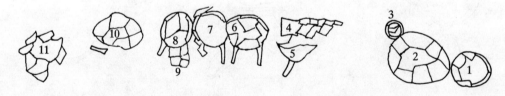

图二六　M123平面图

1、9、11、12.陶罐　2.陶钵　3、5~8、10.陶鼎、4.镂孔豆

第三节　随葬器物

主要有陶、玉、石、骨、角器等类，共计 386 件，另外有部分器物出自地层和采集。

一、陶器

南区出土陶器共 331 件，因破碎较严重，经修复完整的只有四五十件，但其特征鲜明。根据陶器的质地，可以分为夹砂陶与泥质陶；陶器的颜色，还可以进一步分为夹砂灰陶、夹砂红褐陶和泥质灰陶、泥质红陶。不同陶质陶色的器物所占数量和比例不一致。有代表性的如球腹罐、大型镂孔器座豆、凿足鼎、觚形杯、双耳盆等，现介绍已修复的陶器。

陶器的器类有鼎、鬶、豆、壶、罐、盉、钵（三足钵）、杯、缸、环、纺轮、盆、釜等。

鼎 70 件。皆为夹砂陶，分为 2 型。

Ⅰ型　罐形。标本 M110:17，夹砂褐陶。口微侈，尖唇，矮锥形足。靠足左上方有一小乳钉。口径 10.8、高 11.2 厘米（图二七，2；图版三八，5）。标本 M110:7，夹砂褐陶。矮扁足。口径 9、高 9.6 厘米（图二七，1；图版三八，6）。标本 M115:8，夹砂褐陶。侈口，尖唇，有一盖呈馒头状，上设三个小纽。口径 8.6、通高 8.4 厘米（图二七，4）。标本 M108:9，夹砂褐陶。直口，腹上部贴一对泥条，另设几个乳钉。长方形扁足，足上端捏成纵向花边。口径 10.2、高 24.4 厘米（图二七，3）。

Ⅱ型　折腹盆形。分为 2 个亚型：

ⅡA型　敛口。标本 M113:5，夹砂红褐陶。中腹部出一个宽扁鋬。矮扁足，足下端捏成纵向花边。口径 14.2、通高 10.8 厘米（图二七，5；图版三九，2）。标本 M114:6，夹砂红褐陶。扁三角形足，足上刻划竖条纹，口径 15.4、高 16.8 厘米（图二八，1；图版三八，3）。标本 M119:22，夹砂褐陶。口径 16、高 19.4 厘米（图二八，4）。标本 M110:2，夹砂红褐陶。腹上部有二个泥丁。三角形凿足，足上端有一个按窝。口径 16、高 19.2 厘米（图二九，1；图版三八，1）。标本 M106:9，夹砂褐陶。足上端有三个按窝。口径 16.4、高 19.4 厘米（图二八，3）。标本 M105:23，夹砂褐陶。足下端有二个按窝。口径 16.8、高 19.4 厘米（图二八，2）。标本 T201:29，夹砂灰陶。腹部饰凹弦纹数道，足呈三角形。口径 22、高 17.6 厘米（图二八，6）。

ⅡB型　敞口。标本 M102:1，夹砂红褐陶。扁锥足。口径 16.8、高 17.5 厘米（图二九，2；图版三九，1）。标本 M122:2，夹砂红陶。深直腹，圜底略尖，三角形凿

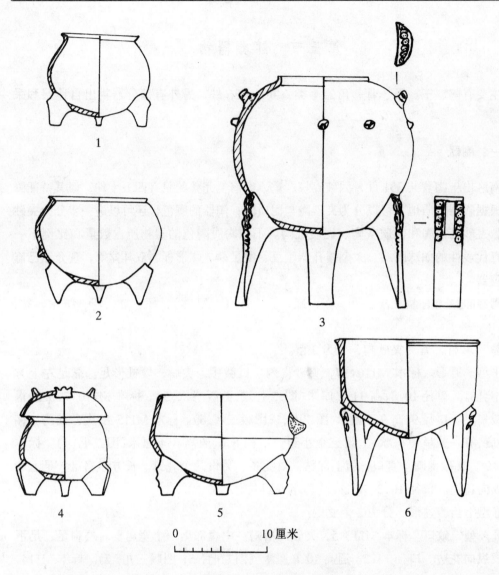

图二七　南区墓葬出土陶鼎

1.Ⅰ型（M110:7）　2.Ⅰ型（M110:17）　3.Ⅰ型（M108:9）　4.Ⅰ型（M115:8）　5.ⅡA（M113:5）
6.ⅡB型（M122:2）

足，足上端有二个按窝。足面一侧有瘦长三角形凹窝，器体大部有烟灰痕。口径15.8、高16.8厘米（图二七，6；图版三八，2）。标本M123:10，夹砂红陶。平沿直腹略折，尖圆底，三角形凿足。口径21.8、高18.2厘米（图二八，5；图版三八，4）。

鬶　5件。皆为夹砂陶。

标本M115:21，夹砂红褐陶。口微侈，一侧有流，短颈，圆鼓腹下收圈底。扁圆足。上腹一侧有鋬。腹径15、通高21.8厘米（图二九，6；图版三九，4）。标本T201:

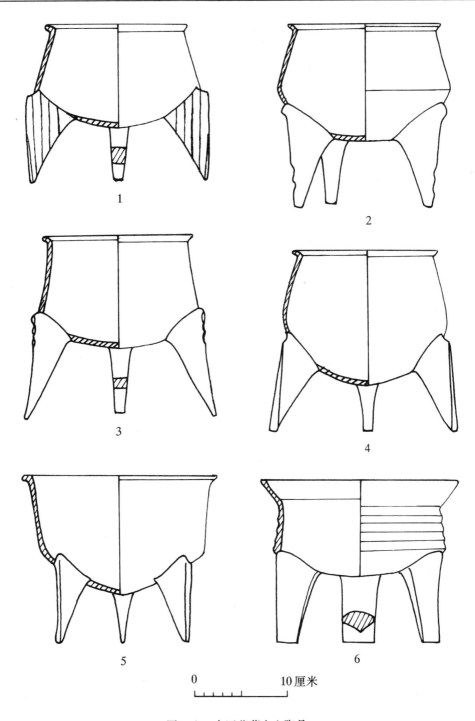

图二八　南区墓葬出土陶鼎

1.ⅡA型（M114:6）　2.ⅡA型（M105:23）　3.ⅡA型（M106:9）　4.ⅡA型（M119:22）

5.ⅡB型（M123:10）　6.ⅡB型（T201:29）

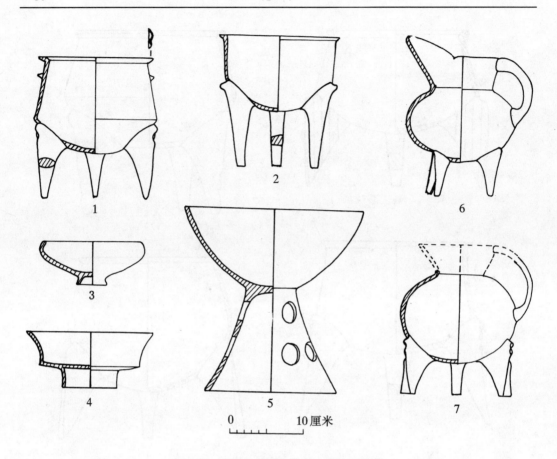

图二九　南区墓葬出土陶鼎、陶豆、陶鬶

1.ⅡA型鼎（M110:2）　2.ⅡB型鼎（M102:1）　3.ⅠA型豆（M105:9）　4.ⅠB型豆（M120:1）

5.ⅡA型豆（M121:7）　6.鬶（M115:21）　7.鬶（T201:13）

13，夹砂褐陶。侈口，带流，短颈，圆鼓腹，圜底，一侧有鋬。扁凿形足，足上端有按窝。残高16.3厘米（图二九，7）。

豆　42件。为夹砂和泥质陶两种，分为2型。

Ⅰ型　短圈足，分为2个亚型：

ⅠA型　敛口。标本M105:9，夹砂红陶。口径13、底径5.6、高5.8厘米（图二九，3）。

ⅠB型　侈口。标本M120:1，泥质灰陶。口径18.5、底径8、高7厘米（图二九，4）。

Ⅱ型　高圈足，分为2个亚型：

ⅡA型　侈口，标本M122:25，泥质红陶。圆唇，直斜腹，圈足较高，上有两周大圆圈和顶角相对的三角形镂孔。口径24.4、底径13.2、高23.5厘米（图三〇，1）。

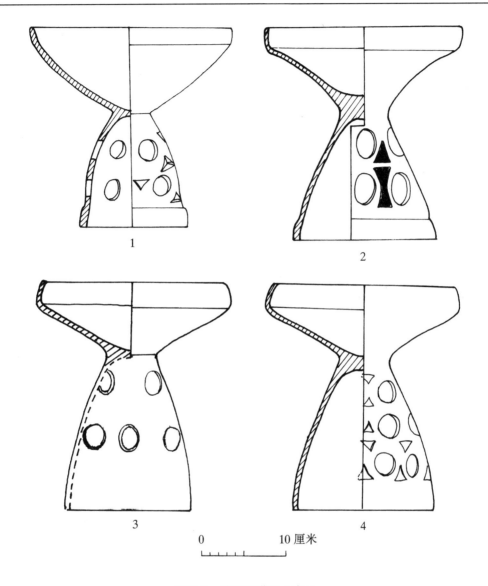

0　　　　　　　　10 厘米

图三〇　南区墓葬出土陶豆

1.ⅡA型（M122:25）　2.ⅡB型（M110:25）　3.ⅡB型（M108:6）　4.ⅡB型（M118:8）

标本 M121:7，泥质红陶，施红衣。弧腹盘口较深，喇叭形圈足，圈足上有两圈大镂孔。口径25.3、底径19.6、高24.7厘米（图二九，5）。

　　ⅡB型　折盘敛口。标本 M108:6，泥质红陶。圈足上饰圆圈镂孔。口径22.4、底径15、高27.1厘米（图三〇，3；图版四〇，2）。标本 M118:8，泥质红陶。圈足上饰圆形和三角形相间的镂孔。口径22.6、底17.4、高26.6厘米（图三〇，4；图版四〇，1）。标本M110:25，泥质灰陶。圈足上饰圆形和三角形相间的镂孔。口径24.5、底

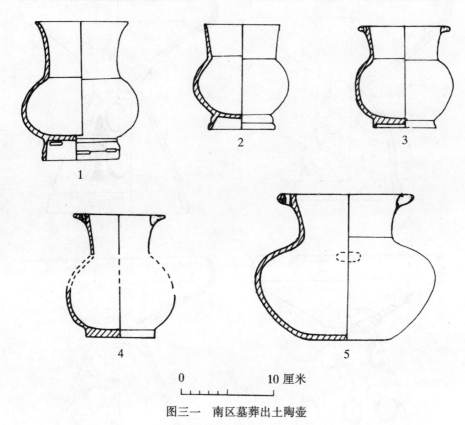

图三一　南区墓葬出土陶壶

1. I型（M105:22）　2. I型（M108:11）　3. II型（M115:11）　4. II型（M105:4）

5. II型（M115:5）

15.6、高24.6厘米（图三〇，2；图版四〇，3）。

壶　17件。皆为泥质陶，分为2型。

I型　无耳。标本M105:22，泥质灰陶。侈口，高领，扁鼓腹，矮圈足，足上刻有长方形镂孔。口径9.7、底8.6、高14.6厘米（图三一，1；图版四一，3）。标本M108:11泥质灰陶。侈口，高领，矮圈足。口径8.2、底径7.5、高11.2厘米（图三一，2；图版四一，4）。

II型　贯耳。标本M115:11，泥质灰陶。侈口，高领，扁鼓腹，矮圈足，口径8、底径7.2、高10.8厘米（图三一，3；图版四一，5）。标本M105:4，泥质灰陶。侈口，高领，扁鼓腹，矮圈足。口径8、底径7.8、高9.2厘米（图三一，4）。标本M115:5，泥质灰陶。侈口，高领，扁鼓腹，平底。口径12.6、底径9.6、高15.4厘米（图三一，5；图版四一，6）。

罐　47件。为泥质和夹砂陶两种，分为4型。

Ⅰ型　大口。分为2个亚型。

ⅠA型　平底。标本 M102：2，泥质灰陶。侈口，尖唇，弧腹，小平底。口径14.2、底径 5.2、高 14.4 厘米（图三二，1；图版四二，1）。标本 M102：6，夹砂红褐陶。口径 11.6、底径 4.6、高 13.2 厘米（图三二，4；图版四二，3）。

ⅠB型　圜底。标本 M117：21，夹砂红褐陶。侈口，尖唇，球腹，腹部出一对小横鋬。口径 12.3、高 11.5 厘米（图三二，3；图版四二，2）。标本 M105：3，夹砂红褐陶。侈口，尖唇，腹微鼓。腹中部出一对小横鋬，口径 12、高 12.3 厘米（图三二，2；图版四二，4）。

Ⅱ型　高领，平底。标本 M119：1，泥质灰陶。侈口，圆唇，高颈，斜肩，腹微鼓，大平底。口径 10、底 11.4、高 18.7 厘米（图三二，5；图版四二，5）。

Ⅲ型　敛口，圜底。标本 M104：3，夹砂红褐陶。圆唇，斜肩，球腹。肩上饰对称的小耳，并有凸弦纹数道。口径 10.6、高 15.5 厘米（图三二，6；图版四二，6）。

Ⅳ型　矮圈足，分为2个亚型：

ⅣA型　无把。标本 M115：4，泥质灰陶。直口，斜肩，腹微鼓，小圈足底。腹上部饰弦纹数道。口径 13.6、高 19.2 厘米（图三二，7；图版四三，1）。

ⅣB型　有把。标本 M115：14，夹砂红陶。口微侈，弧腹，矮圈足，腹中部一侧有一把手。口径 9.6、高 9.5 厘米（图三二，8；图版四三，2）。

三足罐　2件。皆为泥质陶，分为2型。

Ⅰ型　高领。标本 M122：18，泥质灰陶，部分棕色。圆唇，弧肩，球腹下收成小平底，短三角形扁足，腹下部有一对称贯耳，耳面饰有二个小三角形剔纹。正面及背面有一对称捺窝短泥质堆纹。腹部有二道凸弦纹。口径 8.3、高 19 厘米（图三三，6；图版四四，6）。

Ⅱ型　矮领。标本 M111：12，泥质灰陶。圆唇、斜肩，腹中部微凹。口径 10、高 17.5 厘米（图三三，7；图版四三，5）。

钵　13件。皆为夹砂陶，分为2型。

Ⅰ型　浅腹，圜底。分为2个亚型：

ⅠA型　无鋬。标本 M117：3，夹砂红褐陶。敛口，斜弧腹下收圜底。口径 16.6、高 8.7 厘米（图三四，1；图版四四，1）。

ⅠB型　有鋬。标本 M113：34，夹砂红褐陶。大口，微敛，斜弧腹收小圜底。口径24.6、高 11.8 厘米（图三四，2；图版四〇，6）。标本 M106：6，夹砂红褐陶。敞口，圆唇，腹上部出一对宽横鋬。口径 23.6、高 9.1 厘米（图三四，3；图版四〇，5）。

Ⅱ型　深腹，圜底，折腹。标本 M115：3，夹砂红褐陶。口微侈，圆唇，肩下饰一对称小耳，腹部偏下饰一周锥刺纹。口径 16、高 13 厘米（图三四，6）。标本

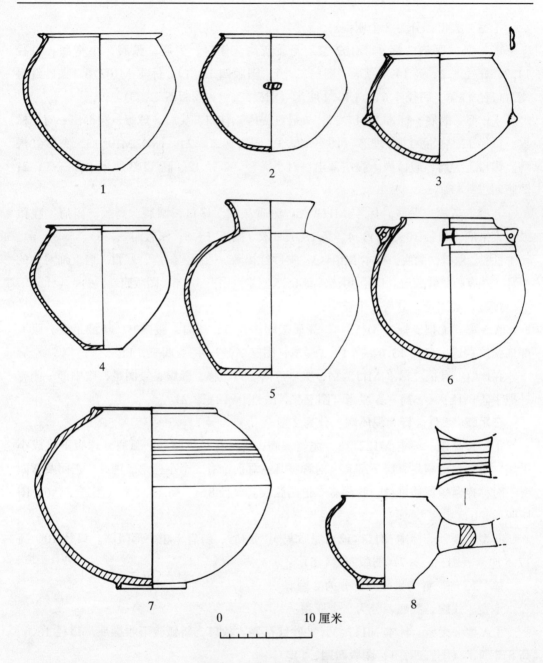

0　　　　　　　　　10厘米

图三二　南区墓葬出土陶罐

1.ⅠA型（M102:2）　2.ⅠB型（M105:3）　3.ⅠB型（M117:21）　4.ⅠA型（M102:6）
5.Ⅱ型（M119:1）　6.Ⅲ型（M104:3）　7.ⅣA型（M115:4）　8.ⅣB型（M115:14）

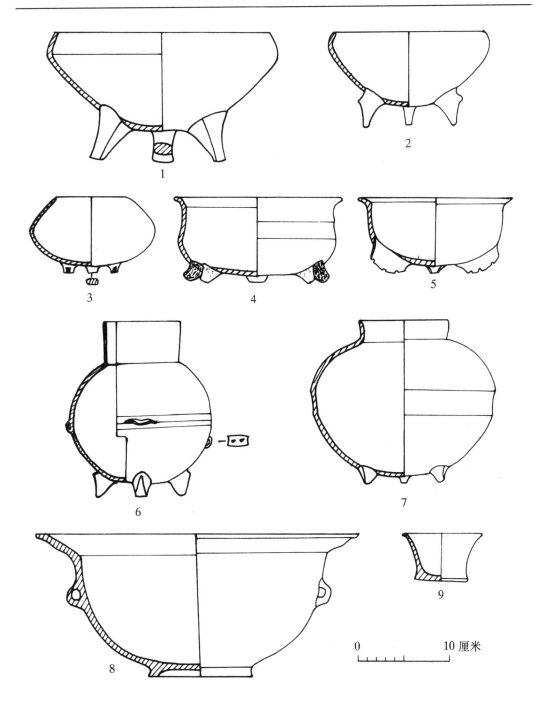

图三三　南区墓葬出土三足钵、三足罐、陶盆

1. Ⅰ型三足钵（M105:6）　2. Ⅰ型三足钵（M115:10）　3. Ⅱ型三足钵（M108:12）　4. 三足盆（M113:4）

5. 三足盆（M113:26）　6. Ⅰ型三足罐（M122:18）　7. Ⅱ型三足罐（M111:12）　8. 双耳盆（M122:15）

9. 小盆（M107:3）

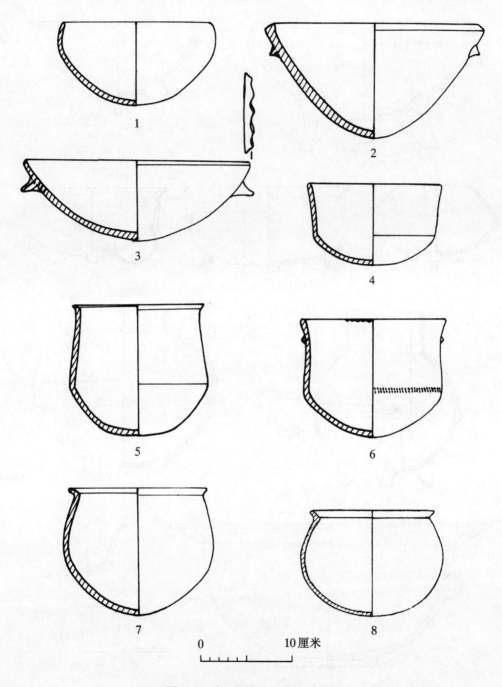

图三四　南区墓葬出土陶钵、陶釜

1. ⅠA型钵（M117:3）　2. ⅠB型钵（M113:34）　3. ⅠB型钵（M106:6）　4. Ⅱ型钵（M119:12）

5. Ⅱ型钵（M119:9）　6. Ⅱ型钵（M115:3）　7. 釜（M116:9）　8. 釜（M122:14）

M119:12，夹砂红褐陶。侈口，圆唇，腹下部饰弦纹一道。口径14.8、高9厘米（图三四，4；图版四四，2）。标本M119:9，夹砂红褐陶。侈口，圆唇。口径14.8、高13.5厘米（图三四，5）。

三足钵 3件。有泥质和夹砂陶两种，分为2型。

Ⅰ型 大口。标本M105:6，夹砂红褐陶。敛口，深腹，圜底，足较高，微向外撇。口径23.7、高13.6厘米（图三三，1；图版四三，3）。标本M115:10，圜底，圆锥足。口径17、高10厘米（图三三，2）。

Ⅱ型 小口。标本108:12，泥质灰陶。敛口，腹微扁，圜底，三矮扁足，足根部饰捺窝纹。口径8、高8厘米（图三三，3）。

盆 8件。为泥质和夹砂陶两种。

标本M107:3，夹砂红褐陶。撇口，弧腹，小平底。口径9.2、底径6、高4.7厘米（图三三，9；图版四三，6）。

双耳盆 1件。标本M122:15，泥质红褐陶。敞口，宽折沿，圆弧腹，腹部有一对称横贯耳，矮圈足外撇。口径36、底径11.6、高15.1厘米（图三三，8；图版四〇，4）。

三足盆 2件。标本M113:4，泥质灰陶。侈口，圆唇，腹弧收，三足矮小，微向外撇。腹部饰弦纹二道。口径18.6、高8.8厘米（图三三，4）。标本M113:26，泥质红陶。侈口，三足较矮呈桥形。口径17.6、高7.5厘米（图三三，5）。

杯 5件。为泥质和夹砂陶两种，分为2型。

Ⅰ型 带把，分为2个亚型：

ⅠA型 圜底。标本M115:17，夹砂红褐陶。口微侈，圆唇，折腹，圜底，腹一侧有一半环形把手。口径15.8、高9.5厘米（图三五，3；图版四四，3）。标本M119:28，夹砂红褐陶。圆唇，弧腹，圜底。口径17.6、高10.6厘米（图三五，1；图版四四，4）。

ⅠB型 平底略内凹。标本M115:13，口径16、高10.4厘米（图三五，2；图版四四，5）。

Ⅱ型 高柄。标本M121:12，泥质黑陶。杯口如喇叭形，细柄，柄中部饰一凸棱箍，足部肥大，由七个扁条状足组成。足上有倒三角纹和凹弦纹。足与柄之间有一周圆圈间三角纹，柄中有小孔贯通。可能作器座用。口径12、高28.5厘米（图三五，5）。

釜 2件。皆为夹砂红陶。

标本M122:14，敛口，折沿，球腹，圜底。口径14.3、高11.2厘米（图三四，8；图版四一，2）。标本M116:9，夹砂红褐陶。口径14.5、高12.2厘米（图三四，7；图版四一，1）。

纺轮 3件。标本T308:6，泥质灰陶。器身扁平，边缘不规整，中部对钻一圆孔。直径5.5、孔径0.8、厚1.1厘米（图三五，4）。

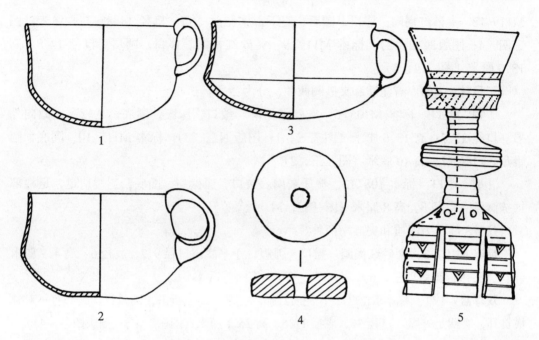

图三五　南区墓葬出土陶杯、陶纺轮

ⅠA型杯（M119:28）　2.ⅠB型杯　（M115:13）　3.ⅠA型杯（M115:17）　4.纺轮（T308:6）　5.Ⅱ型杯
（M121:12）（4为1/2，其余为1/4）

二、玉器

玉器数量不多，共计13件。种类只有环、珠、镯3种。

玉环　10件，皆为青玉，半透明状，薄片圆形，中有圆孔。标本M106:14，稍残。直径4、孔径1、厚约0.2厘米（图三六，4）。标本M116:15，直径3.5、孔径约1.1、厚0.3厘米（图三六，3；图版四五，3）。标本M115:26，直径3、孔径0.9、厚约0.2厘米（图三六，2；图版四五，1）。标本M115:28，直径2.8、孔径0.8、厚约0.2厘米（图三六，5；图版四五，2）。标本M102:8，直径4.2、孔径1.2、厚约0.3厘米（图三六，7；图版四五，5）。标本M116:14，直径3.2、孔径0.85、厚约0.25厘米（图三六，6；图版四五，6）。

玉珠　2件。标本M104:8，青玉，圆球形，在球面一侧斜向对钻一对隧孔。直径0.9厘米（图三六，1）。

玉镯　1件，出土时已残碎。

三、石器

石器共19件。种类有斧、锛、镞、钺、环、珠、纺轮、镯等。

石钺　3件，分为2型。

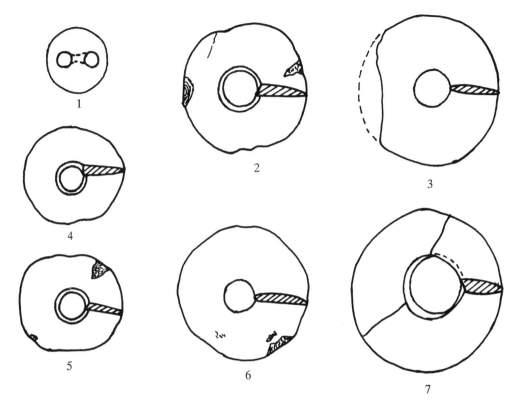

图三六　南区墓葬出土玉器

1. 玉珠（M104∶8）　　2～7. 小玉环（M115∶26、M116∶15、M106∶14、M115∶28、M116∶14、M102∶8）

（1为2/1，其余为1/1）

Ⅰ型　黑色石料，长方形薄体，有肩，弧顶，双面斜弧刃，两面对钻孔。通体磨光。标本 M101∶11，长 18.3、宽 13.5、厚 0.8、孔径 3.1 厘米（图三七，1；图版四六，3）

Ⅱ型　近似正方形。标本 M101∶12，浅黄色石料，并带有绿色和褐色斑块，弧顶，双面斜弧刃，两面钻孔。长 9.5、宽 9.6、孔径 2.7、厚 1.5 厘米（图三七，3；图版四七，2）。标本 M101∶13，浅黑色石料，弧顶，双面刃，两面钻孔。长 9.9、宽 9.1、孔径 2.1、厚 1.1 厘米（图三七，2；图版四六，4）。

石斧　6件，3件出自墓葬，3件出自地层和采集，分为2型。

Ⅰ型　穿孔石斧。长方形，上端平或微弧，双面圆弧刃，中部偏上方有一对钻的圆孔。标本 T300∶25，黑色石料，长 11.5、宽 7.3、孔径 1.7、厚 2 厘米（图三八，2；图版四六，2）。标本 M109∶8，青灰色石料。长 15.9、宽 8.6、孔径 2、厚 1.6 厘米（图三八，3；图版四七，1）。标本 53采∶3，浅黑色石料。长 13.7、宽 7.4、孔径 1.6、厚 1.3 厘米（图三八，4；图版四六，1）。

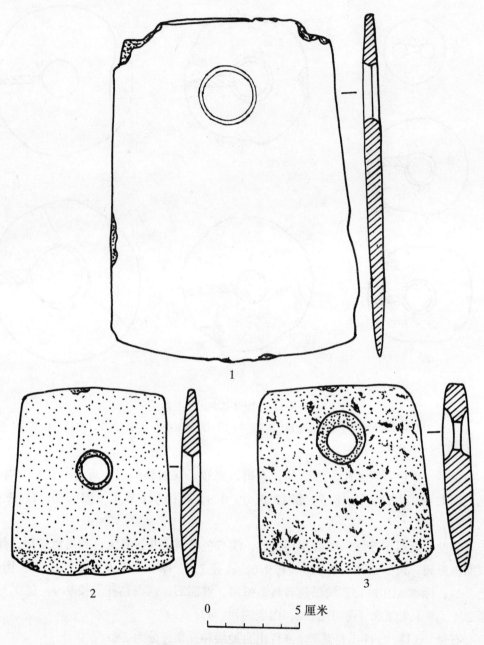

图三七　南区墓葬出土石钺

1. Ⅰ型（M101:11）　2. Ⅱ型（M101:13）　3. Ⅱ型（M101:12）

Ⅱ型　标本T300:21,浅灰色石料。上端窄,下端宽,呈梯形。弧顶,双面刃。长8.9、宽10.5、厚2.6厘米（图三八,1）。

石锛　8件,6件出自墓葬,2件出自地层和采集,分为2型。

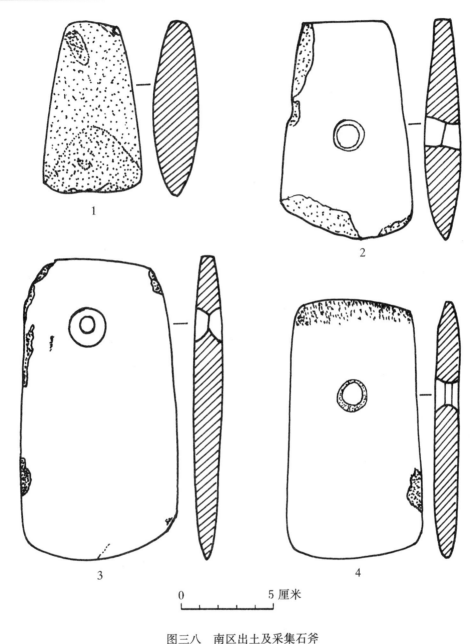

1. Ⅱ型（T300：21）　2. Ⅰ型（T300：25）　3. Ⅰ型（M109：8）　4. Ⅰ型（53采：3）

图三八　南区出土及采集石斧

Ⅰ型　长方形，弧顶，双面刃。标本 T300：3，灰色石料，刃均崩残。长 3.1、宽 2.4、厚 1.5 厘米（图三九，3；图版四八，2）。标本 M113：23，青灰色石料，长方形，弧顶，斜弧刃，偏锋，背部隆起。长 3.1、宽 2.2、厚 0.8 厘米（图三九，4；图版四八，1）。标本 53采：2，浅灰色石料，长方形，上端微平，单面刃，刃部较锋利。背

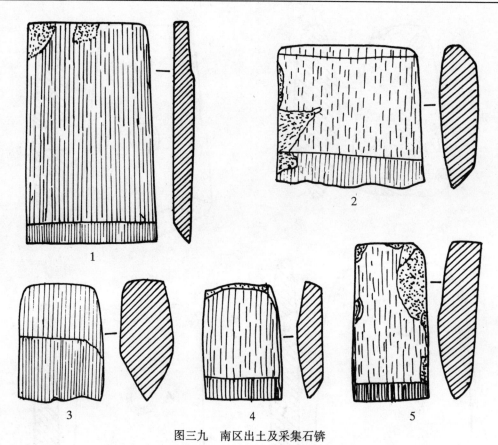

图三九　南区出土及采集石锛

1.Ⅰ型（53采:2）　2.Ⅱ型（M108:14）　3.Ⅰ型（T300:3）　4.Ⅰ型（M113:23）　5.Ⅰ型（53采:1）

（1、5为1/2，其余为原大）

面上部减地成段。长11.7、宽7.1、厚1.2厘米（图三九，1；图版四七，4）。标本53采:1，深黑色石料，通体打磨，光亮，长方形，上端近平。单面刃，刃较锋利。背中部减地成段。长8.4、宽4.1、厚1.1厘米（图三九，5；图版四八，3）。

　　Ⅱ型　形体较小，器身扁平，单面刃，通体磨光。标本M108:14，青灰石石料，近似正方形。长3.8、宽4、厚1.1厘米（图三九，2；图版四七，3）。

　　石纺轮　2件，圆饼形。标本M115:23，深黑色石料，通体磨光。器身扁平，弧边，中穿孔，正反两边有刻划纹。直径4.9、孔径0.7、厚1厘米（图四○，1；图版二○，1）。

　　四、骨、角器

　　共计23件。大部分是将动物肢骨削成形后，再作研磨，个别器表光洁，大部制作粗糙。器形有锥、镖、针、纺轮、棒、镯和匕等。

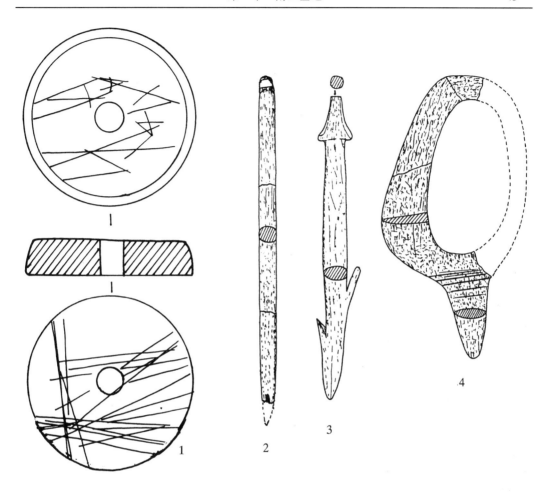

图四〇　南区出土石器、骨器

1. 石纺轮（M115：23）　　2. 骨锥（M106：15）　　3. 骨镖（M105：30）　　4. 骨匕首（T201：22）

（1为原大，其余为1/2）

镖　2件。标本 M105：30，尖锋，双面出倒刺，后端出一周凸棱。长 15.6 厘米（图四〇，3）。

骨锥　10件。标本 M106：15，系用兽骨磨制而成。上端有尖，已残缺，锥身截面为圆形。残长 16.9、宽 0.9 厘米（图四〇，2）。

骨匕首　1件，出自地层中。标本 T201：22，残，上部有椭圆形孔，以便握手，一侧有半圆形护手，其部位表面有刻划线条数道。下部扁平，通体磨光。长 15.5、宽 8、厚 5 厘米（图四〇，4；图版四八，4）。

第三章　北区墓地

第一节　概述

花厅北区墓地，是发掘的重点，先后共发现墓葬 62 座。其中引人注目地连续发现了 10 座大墓，这 10 座大墓的分布范围，南北长 30 余米，东西宽 15 米，面积达 500 平方米，它们彼此相邻，自成一片，场面开阔，颇为壮观。其中 7 座大墓 M4、M20、M18、M16、M50、M35、M34 自南向北排列有序，分布在一条南北向的中轴线上。其余 3 座大墓 M23、M60、M61 依次排列在 7 座大墓的东面。

中、小型墓葬 52 座，其中有 20 多座大体分布在大墓的东边和南面，有的紧挨在一起，中间没有明显的界限。排列齐整的布局、头向朝东的埋葬、大多相同的葬式表明，这里是一个以大墓为主体的单独葬地。另外，其余的 20 多座中、小型墓葬，则分布在这一片墓地以南 40 多米处，它们也自成一片，单独埋葬。1987 年 4 月，当地农民在该范围内取土时曾挖出精美的大玉璧 1 件、大型刻纹琮体锥形器 3 件，这些玉制礼器无疑应是大墓的随葬品。此外，还在附近清理了一座可能与祭祀有关的猪坑，坑内埋有整猪 2 具，猪头 2 个（彩版一，2）。因此这一带也可能有大型墓葬存在。可惜有的因发掘范围有限，未能追寻到，有的早已被破坏。

迄今发掘的虽只是整个遗址中的一小部分墓地，但却是墓地的重要部分。现已弄清花厅墓地是一处延续时间较长、分区埋葬的大汶口文化墓地。在北区墓地内，则以分片埋葬为特点，每片之间留有一定的空白地带（图四一）。

由于在耕土层以下为黄褐色硬质黏土，此类土质，湿时黏，干时坚硬成块，发掘时恰遇到久旱无雨，所以往往要用水泼湿后才能勉强挖掘和铲平，这样对观察地层和遗迹现象造成颇大困难，墓葬的开口不易辨认，致使一些原来在不同层位的墓葬而今则基本在一个层位的平面上露出。由于土质坚硬，加上土色较纯，墓坑内填土和坑外周边土难于区分，因而常常是随葬器物露出痕迹，实际上已接近墓坑底部时，才弄清墓坑的轮廓和规模大小。

北区墓地墓葬大多为长方形竖穴土坑墓。墓葬可分大、中、小三个类型。大墓的墓坑较大、较深，可达长 5 米、宽 3 米多、深 1.5 米，个别深达 2.2 米。中、小型墓葬一般长 2～3 米、宽 1～2 米，一般埋得较浅。

墓葬的方向一般为 80°～120°，大体朝东偏南，仅 M6 为 188°。

在埋葬习俗上，普遍为男、女分别单独埋葬，大多保存有人骨架，以仰身直肢为主。

花厅北区墓地，M16、M34 两座大型墓葬主体骨架无存，但随葬品丰富，皆有人殉，规格较高。在大汶口墓地和枣庄建新遗址亦有无人骨墓的发现，是一个值得注意的问题，无人骨架的大型富墓已非偶然。这些没人骨架的墓，可能是由于人骨架已全部腐朽，也可能原来死者由于意外死亡，尸体没有找到或仅找到几块残骨，或因战争死于外地。战争的牺牲者受到社会尊敬，或基于死者家庭的权势，其亲属为他们举行葬仪，形成了这种富有的却无墓主人骨架的大墓。也可能出于某种宗教信仰或风俗习惯。无论作何种推测，都与人们对死亡的理解有一定关系。这种特殊的现象，是和私有制出现、贫富分化，甚至阶级出现的历史进程相一致，有其深刻的社会原因。因此，值得认真研究。

北区墓地在 10 座大型墓葬中发现 8 座有人殉实例，反映当时部落内重要首领人物死后用人殉已是十分通行，成为固定的习俗或礼仪。

花厅发现的 8 例人殉现象，从其殉人的部位、布局、葬式、人数、年龄、性别等情况判断，大体上有一定规律。如 M20、M34、M50 均在墓主脚后横置两少年或幼儿，M35 在墓主脚后横置一幼儿。这 4 座墓葬殉人部位都在墓主脚后，并列横置，仰身直肢，头向大都向南（M20 向北），均为小孩，有的有少量的随葬品。这些共性说明当时在北区墓地已流行用小孩殉葬的习俗，这种习俗可能带有原始的宗教观念。这四座墓葬中的人殉现象，是较为典型的人殉实例。

另外，在 M16、M18、M60、M61 四座大墓中的殉人情况，与上述有所区别。它们没有一定的方向和葬式，大人和小孩混杂，殉人数 2～5 人不等。有的同猪、狗埋在一起。

M18 青壮年骨架（主体骨架）的右边陪葬侧身成年女性骨架，右胸上有一婴幼儿骨架，脚后又有一婴幼儿骨架。此墓的特点是除墓主有大量随葬品外，在墓主右边的成年女子头上方和脚后，也随葬较多精美玉器和陶器，手上戴着玉镯，显然不是一般身份。墓主脚后的婴幼儿旁，也放置着六七件精美陶器。上述现象说明，M18 绝非一般意义上的人殉。是否类似大汶口文化墓地发现的"男女合葬"、"妻妾从葬"，甚至是体现一个家族的多人合葬呢？

M16 主体骨架不存，但左侧下方陪葬一 17 岁以下男性少年，脚下放置 7 件精美陶器，而墓主脚后横置的一俯身少年女子则和 1 条狗及 10 余个堆叠的猪头埋在一起。两者间显然在地位、身份上有所区别。后者地位低下，如同猪、狗，无疑是墓主的殉葬品。在 M16 墓坑外东侧（墓主头的上方）有 3 个并排排列的幼童墓，随葬小陶环和小玉环。骨架已朽烂，葬式和方向不清。与 M16 在同一水平高度，从排列情况分析，很可能是与 M16 相关的坑外"人牲"现象。类似的"人牲"现象在昆山赵陵墓地亦有发现。"人牲"或称"人祭"是原始社会的特殊葬俗。

M61 墓主为女性青年，左侧置一女性少年，两腿交叉，似被捆绑。从墓主丰富的随葬品判断，此青年女子地位高贵，非同一般。而左侧下方的这一少年女子只能屈居从属地位，可见她们只能是主仆关系，被殉葬的女子即是家内奴隶。

M60 一墓殉葬 5 人，加上一猪一狗，现象较为复杂。墓内殉葬的 5 人中，2 个是成年男女，3 个是少年幼童。可能是一个家庭 5 个成员同时惨遭残害。M60 位于 7 座大墓上方的中央，墓的规模最大，埋得最深，随葬品最多，墓主较为年长。由于此墓的规格最高，从而也表明了墓主地位和权势的显赫。推测墓内殉葬的 5 人，其身份是家内奴隶。所以一墓殉葬 5 人，也就顺理成章了。

花厅墓地大多数墓用猪或狗随葬，有整猪、整狗、猪头骨、猪下颌骨等，部分死者随葬獐牙、獐牙钩形器；从保存较好的几具骨架上观察到，花厅墓地的居民也存在枕骨变形和青春期拔除一对上颌侧门齿的习俗，这些都是大汶口文化的特有习俗。

北区墓地共出土随葬品 1430 件。其中陶器 866 件、玉器 430 件、石器 93 件，骨器 41 件。

在北区发现的 62 座墓葬中，绝大多数都有数量不等的随葬品。其中有大量的陶制生活器皿和玉制装饰品，又有石制生产工具和骨、角、牙等不同质料的小件制品。同时随葬陶器、玉器的墓共 48 座。仅随葬陶器的墓 9 座。随葬石器的墓 24 座。随葬骨角器的墓 14 座。无随葬品的墓 1 座。

各墓随葬品的数量和质量不平衡，大墓随葬品丰富，有的多达百件以上。

北区墓内随葬的大批陶器中，属于大汶口文化系统的有凿足鼎、实足鬶、袋足鬶、大镂孔豆、高足豆、大镂孔器座、背壶、长嘴盉、薄壁杯、篮纹缸、厚壁大缸等；具有崧泽至良渚文化系统特征的器物有丁字形足鼎、双鼻壶、宽把带流杯、瓦足鼎、竹节把豆、带圆形镂孔和三角形弧线纹的高柄豆等。

出土的大量玉器，其品类有斧、穿双孔或单孔钺、大型条形有段锛、镯式琮、锥形器、锥、冠形饰、瑗、宽边环、指环以及由珠、管、坠和佩组成的大型项饰。琮、锥形器和项饰中的琮形管、佩上刻有人面和兽面纹。玉琮上琢刻繁缛工整，线条细如毫发的神人兽面纹。

石器百余件，磨制光洁，制作精良，多数出土在大墓。主要有双孔大石钺、穿孔斧、横断面呈菱形的柳叶形镞、有段锛、刀等，还有绿松石坠饰。

骨器有骨锥、骨镞、骨匕和獐牙勾形器等。

随葬品的陈放位置，结合墓主生前用途判断，似乎有一定规律：玉器总是发现在死者的上半身，这是在花厅墓地无论时代早晚、墓葬大小、随葬品多寡的普遍规律。玉琮、玉钺、玉琮形锥状器发现于大型墓葬，且大多陈放在墓主的腹部和臂旁。在 M50

玉钺下方相距 1 米左右，相当于钺把柄的长度，发现有 10 个圆形和条状圆角形绿松石饰片，这应是玉钺柄部的嵌饰。又如散落在 M16、M18、M50、M60 头部或胸部的许多管形琮、佩、珠、坠等，它们不是单独使用，而是大型项饰上的组成部分。已复原的大型项饰有三串。这些串饰各有特色，是迄今所见新石器时代最精美的项饰。这些大型项饰、大型锥形玉饰、玉琮等，已失去作为装饰的实用性，变成了神圣的礼器。M20、M41 等墓主手臂骨上套有大石环和精美的玉环、玉瑗。在 M42 墓主的右、左前臂骨上分别套有 7 颗和 11 颗玉珠串成的臂饰。M29 发现的 1 个玉指环出土时套在死者的左手指上。绿松石小型坠饰则常常陈放在死者的耳部。

众多陶器一般围绕人骨架陈放。陶器制品中大多为鼎、豆、壶、罐等日常生活器皿，摆放比较随意。也有因墓而异，有放在头部附近的，有放置在人骨架一侧的，也有基本陈于下体周围的。大墓一般随葬大口缸，如 M50 在墓主右下方排列形状大小相似的 4 个厚壁缸；M60 墓主头上方陈放着体形硕大的红陶缸。大口缸不但作为随葬品，而且在一些大墓的封土中或墓口往往也有发现。

另外，M61 的青年女性墓主头骨下发现一残骨梳。M36 的青年头骨后枕骨下发现一根尖端朝上的骨笄，是证明当时人们束发的有力证据。獐牙勾形器总是握在死者手中。M20 墓主头下枕着一件磨制光亮制作精致的双孔大石钺。在下肢左侧发现一组似捆扎放置的石箭头，磨制光滑，制作精美，无使用痕迹。

位于 M20 的中部偏右侧至上 1 米多，清理发掘时，曾发现一已压碎的粗砂红陶大口缸，缸下还有一灰陶壶。结合 M50、M60 等墓葬内发现大口缸现象分析，极有可能与祭祀有关。

第二节　墓葬举例

一、大型墓葬

北区墓地已发现大型墓葬 10 座，墓号分别为 M4、M16、M18、M20、M23、M34、M35、M50、M60、M61。大墓的墓坑较大、较深，可达长 5 米、宽 3 米多、深 1.5 米，个别深达 2.2 米。大墓随葬品丰富，有的多达百件以上。除随葬精美的陶器和石器外，有的还随葬精美的玉制礼器，"文化两合现象"往往在大墓中有明显反映。其中除 M4 和 M23 外，其余 8 座大墓均发现重要的人殉现象。

M4 位于 T8 第二层。距地表深 0.5～0.9 米，呈东高西低，无完整墓坑。东西长 3.45、南北残宽 1.1 米。方向 112°。仰身直肢葬，人骨架保存较差，仅存部分头骨及左右股骨。墓主戴绿松石耳坠并有较丰富的装饰品，可能为女性。

随葬品主要有玉器和陶器两类，共 38 件。玉器多为装饰品，共 17 件（套）。墓主头部上方有 3 件小玉环和 1 件玉璜组成的头饰，耳部各 1 个绿松石耳坠，右耳还有 1 件长条形白玉耳坠，颈上有两串串饰。第一串紧贴颈部，共 8 颗白色小玉珠。第二串垂挂于胸前，由 13 颗白色小珠组成。胸前有半圆形两边穿孔的大玉佩。2 件玉璜在臂的左右。

随葬陶器 20 件，主要分布于肩臂两侧、腹部和脚部。有陶鼎 2 件、陶鬶 1 件、陶豆 2 件、陶背壶 1 件、陶罐 7 件、陶钵 4 件、陶盆 1 件、陶碗 2 件。另外还有残石器 1 件。腹部和脚部的陶器似为堆叠放置，出土时已严重破碎。

在靠近墓主脚部的墓底，有一块长宽各约 0.4 米的不规则涂红彩的地面，上面镶嵌 8 颗圆形小绿松石片（图四二；彩版二，1）。

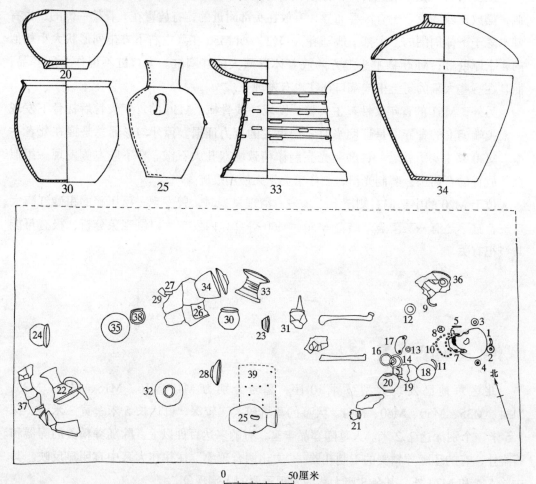

图四二　M4 平面图及陶器组合

1、9、11. 玉璜　2、3、4、8、12、15、16. 玉环　5. 玉坠　6、7. 绿松石耳坠　10. 玉项饰　13. 玉指环　14. 玉镯　17. 玉佩　18、34、36、37. 陶钵　19、31. 陶鼎　20. 陶圈足罐　21. 陶三足罐　24、30、32、35、38. 陶罐　22. 陶鬶　23、28. 陶碗　25. 陶背壶　26、33. 陶豆　27. 陶盆　29. 残石器　39. 红彩绘土嵌绿松石遗迹

M18 位于 T8 第二层。长方形竖穴，坑口距地表深 0.23 米，坑壁较规整，长 3.23、宽 1.78、深 0.52 米。方向 105°。墓坑内共有人骨架 4 具，编号分别为 A（墓主）、B、C、D。人骨架均保存较差，经鉴定骨架 A 可能为青壮年男性，仰身直肢葬。A 右侧的骨架 B 侧身面向 A，为成年女性。在 A 右胸前的骨架 C 为一具婴幼儿遗骸。A 脚后的骨架 D 为 1 具幼儿的遗骸。这 4 具人骨架应是同时埋入墓坑内的。

墓葬中随葬品丰富，有玉器、陶器、石器等。在墓主的头部、胸部和腹部出土珠、管、琮、坠等许多玉制装饰品。1 件短筒形玉琮放在墓主的胸部，在骨架 B 头部上方出土大型玉琮形锥状器，尖端向上，短榫状的梃部朝下，榫上套一器壁极薄的长圆玉管。墓主和骨架 B 手腕左右放置瑗和大玉环，1 件蘑菇形玉柄饰置于墓主的脚后。随葬玉器计有玉琮 1 件、玉镯 2 件、玉环 1 件、玉锥 10 件、玉坠 3 件、玉管 2 件、玉珠 1 件、玉串饰 1 件、玉柄饰 1 件、扁条形玉器 1 件。

随葬的陶器近 30 件，其中有陶鼎 3 件，陶豆 4 件、陶壶 3 件、陶罐 7 件、陶钵 1 件、陶杯 2 件、陶簋 1 件、器盖 2 件，陶盆 3 件。宽鋬杯、贯耳罐、高颈罐、凿足罐式鼎、陶盆置于墓主腿部。瓦足鼎、球腹罐置墓主脚后。陶簋、罐式鼎、瓦足鼎置于骨架 B 右上方。在探方的东南角放置的陶器有镂空高圈足豆、贯耳壶、球腹罐。西南角放置有高圈足豆、大背壶、大口盆等。在骨架头部近坑边处有一片朱红色彩绘地面，上面镶嵌绿松石，与 M4 的情况类似。

石器以生产工具为主，共 5 件，有石锛 1 件、石钺 1 件、穿孔石斧 3 件。石钺置于墓主的左臂部，穿孔石斧放置在墓主的腿部。

在墓主的腿部和脚后各放置 1 个猪下颌骨（图四三；彩版三，1）。

M20 位于 T8 表土层下，穿过第二层打入基岩中达 1 米。墓口距地表深 0.52、墓底深 1.92 米。长方形竖穴墓，坑壁规整，墓口略大，墓底稍小。墓口东西长 4.98、南北宽 2.98 米，墓底东西长 4.71、南北宽 2.81 米。在墓坑中部距地表深 1.8 米处，发现长 2.7、宽 1.5 米的土坑，坑内填灰土，土质松软，坑外土色红褐，夹有碎石粒，应是熟土二层台。方向 110°。墓内发现 3 具人骨架。墓主为仰身直肢，腿部略弯曲，面向侧北。头骨保存较差，四肢骨保存较好，骨骼粗壮，经鉴定为成年男性。

随葬品共计 66 件。以玉器和陶器为主。玉器主要分布在头部及上方。颈部有两串珠饰，口内有长条形玉琀，7 件玉锥出土时放置在人骨架的左上方，头右上方除放置数件玉器外，还发现一块涂红彩地面，上面放置 5 件圆形玉饰、凹弧边四角形玉饰、梯形玉饰件等，当为已腐朽的木质器物上的镶嵌玉饰件，左手腕套玉瑗和玉环各 1 件，右手腕套 1 件玉瑗。计有玉镯 2 件、玉环 1 件、玉锥 13 件、玉坠 1 件、玉珠 10 件。

陶器主要放置在墓主腿部及墓坑两侧。腿部和脚后的陶器主要有高圈足豆、陶盉、大背壶、敞口盆等。1 件灰陶杯和黑衣陶罐放置在墓主头部。墓坑两侧的陶器，似乎是

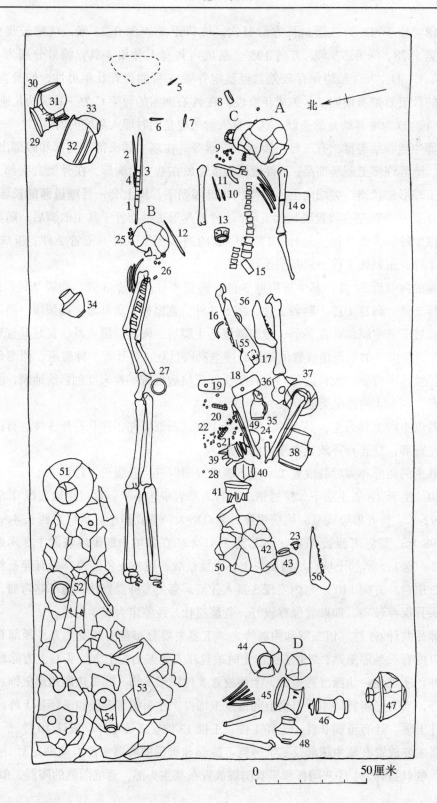

图四三　M18平面图及陶器组合

1、2～7、10～12.玉锥　8、27.玉镯　9、13.玉珠　14.石钺　15.石锛　16.玉环　17～19.穿孔石斧　20、21.玉管　22.玉项饰　23.玉柄饰　24.扁条形玉器　25、26、28.玉耳坠　29、41、39.陶鼎　30、34、40、43、44、47、48.陶罐　31、35.陶杯　32、37、51.陶盆　33.陶簋　36、49.器盖　38、46.陶壶　42.陶背壶　45、52～54.陶豆　50.陶钵

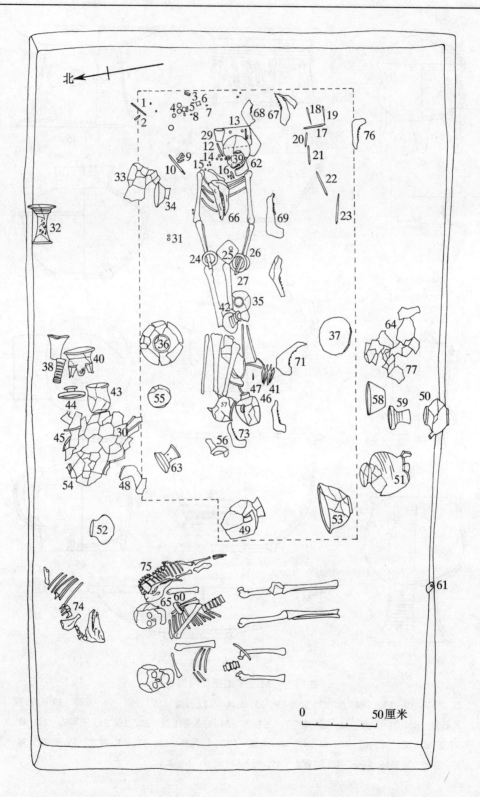

北

0　　　　　　50厘米

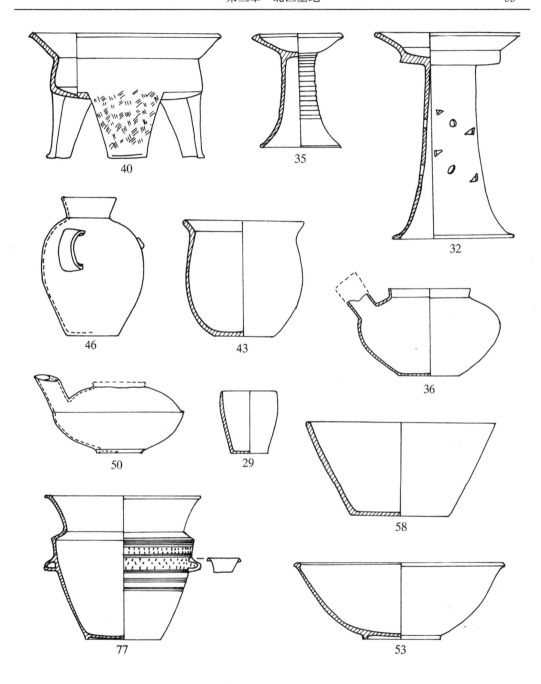

图四四　M20 平面图及陶器组合

1、10~12、16~23、62. 玉锥　2~8、14、15、31. 玉珠　9、60. 玉镯　13、25. 石钺　24、26. 玉瑗　27. 玉环　28. 石铲　29. 陶杯　30、39、43、48、52、54、55、56. 陶罐　32、34、35、38、42、59、63、64. 陶豆　33、45. 残陶器　36、50. 陶盉　37、40、57. 陶鼎　41. 石镞　44. 器盖　46、49. 背壶　47. 骨镞　51. 陶壶　53. 圈足盆　58. 大口钵　61. 穿孔石斧　65. 绿松石耳坠　66、67、76. 猪头骨　68~73. 猪颌骨　74. 猪骨架　75. 狗骨架　77. 双耳罐

堆叠放置于二层台上，数量较多。放置在右侧的陶器主要有高圈足豆、瓦足鼎、弧腹罐、圈足豆、大口钵、红陶鬶等。其中有陶鼎3件、陶豆8件、陶壶3件、陶罐9件、陶盉2件、陶钵1件、陶杯1件、器盖1件、陶盆1件、残陶器2件。

石器以生产工具为主。1件制作精致的穿孔石斧放置在墓主的腰腹部，1件双孔石钺枕在头下，头部还有1件三孔石刀。在下肢左侧发现一组似捆扎放置的石箭头，磨制光滑，制作精美，无使用痕迹。在左臂外侧发现一红彩和黑彩组成图案的泥块，似为腐朽的彩绘木制杯形器的印痕。墓内共随葬猪头骨和猪颌骨8个，分布在墓主头部和骨架周围。

在墓主脚下，横向并列埋葬2具人骨架，均为仰身直肢葬，头向北偏西70°。人骨架保存较差，经鉴定均为少年个体，性别难以确定。东侧人骨架饰有耳坠和手镯，脚后置一穿孔石斧，头上方有1残猪骨架，紧贴左侧有1具完整的狗骨架。这2具人骨架应是墓主的殉葬者（图四四）。

此外，在位于M20的中部偏右侧往上1米多，清理发掘中，曾发现1已压碎的夹粗砂红陶大口罐，罐下还有1灰陶壶，结合本墓地其他类似现象分析，极可能是与祭祀有关。

M4、M9、M20是同时发掘的3座相邻的墓葬，其中M4深0.5~0.9米，M9深1.22米，M20深1.9米，以上均为墓底距地表的深度。推测这三座墓葬的关系应是：M4打破了M9，并扰乱了M9腰部以下部分，而M20又打破了M4和M9。尽管三墓埋葬时间不同，但从墓内出土器物及葬式来看，并无明显差别，故三墓应是同一时期的墓葬。

M16　位于T9东北部。方向110°。

墓主体骨架几乎无存，只发现少量的零碎骨头。长方形土坑墓，不很规整。墓坑长5.5米、宽1.9~2.3米。

随葬品48件，其中有陶鼎2件、陶豆6件、陶壶6件、陶罐4件、陶钵1件、陶杯3件、陶环2件，玉环1件、玉佩1件、玉锥1件、玉坠9件、玉管3件、玉珠2件、玉饰片4件，石锛1件、石刀1件、残骨筒1件。

墓坑左下方有一17岁的青年男子骨架，仰身，脚下部有高足豆、红陶鬶、黑陶壶等陶器7件。在墓坑西面外侧紧接着有一陪葬坑（?）坑内有一骨架，女性，约17岁。俯身，头朝西南，头部有一完整的狗骨架。脚下部有10多个猪头及猪蹄随葬。坑外东侧（墓主头的上方）有三个并排排列的幼童墓，随葬小陶环和小玉环。骨架已腐朽，葬式和方向不清。与M16在同一水平高度上，从排列情况看，应与M16有关。

T9发现墓葬4座，除M15与M16无关外，M11与M14应与M16有一定的联系，M11紧靠M16墓坑外左边，M11与另二个小孩墓在M16头部的墓坑外，在同一水平面上。M11与M14及两个小孩墓应是M16祭殉墓（图四五；彩版二，2）。

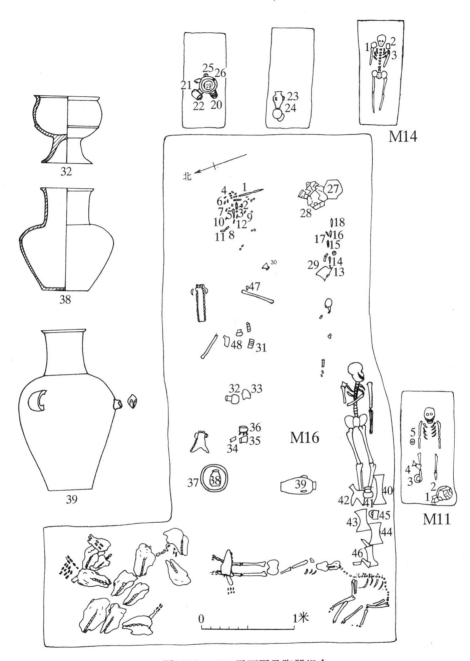

图四五 M16 平面图及陶器组合

1.玉锥 2、3、7.玉管 4、8、12、26.玉饰片 5.项饰 6、9.玉珠 10、11、13~18、47.玉坠

19、29、40、43、44、46.陶豆 20、22.陶环 21、24、33、35.陶罐 23、27、28、38、39、41.陶壶

25.玉环 30、32、45.陶杯 31.残骨筒 34.有段石锛 36、42.陶鼎 37.陶钵 48.石刀

M11：1.残陶器 2.陶罐 3.陶钵 4.陶杯 5.玉镯

M14：1.陶鼎 2.陶杯 3.陶钵

M16 是一座大墓，随葬品丰富。墓中央主体骨架无存。根据以往经验，可能因为有葬具，或无土坑，平地堆土成墓，骨架已风化殆尽。或者因战事墓主死在他乡，尸骨未回。

M23 位于 T202，与 M60、M61 大型墓葬在同一中轴线上。方向 112°。仰身直肢，人骨架零乱。墓坑长 2.85、宽 2.3 米，墓底距地表深 0.85 米。

随葬品 48 件（组），其中有陶鼎 1 件、陶鬶 2 件、陶豆 4 件、陶背壶 1 件、陶罐 4 件、陶杯 1 件、陶纺轮 1 件、陶器座 1 件，玉环 11 件、玉锥 3 件、玉坠 2 件、玉琮形管 2 件、玉管 3 件、玉珠 7 件、玉饰片 1 组、石锛 2 件、石镞 2 件。在玉器中以玉环、玉珠、玉锥为最多，还有用途不明的玉饰片 1 组（8 件），其形状虽各有差异，但可归为一组合件。玉器放置在人骨架头部和左侧。陶器集中放置在墓主右侧和脚下方。

墓内随葬猪下颌 3 个（图四六）。

M34 位于 T201 的北面。方向 108°。主体骨架无存。在主体位置的脚后，殉 2 具少儿骨架，南北向。东侧一具长 1.05 米，年龄在 10 岁左右，仰身直肢，脚端放置一猪下颌，还有玉锥、带流小陶壶、小陶杯、黑皮小陶罐等小巧精致的小件陶器；西侧一具长 1.35 米，女性，年龄在 10~12 岁，仰身直肢，面向西，下肢交叉似捆绑，腹部和脚端放置 2 个猪颌骨和 1 件红陶壶。

墓底距地表深 1.35 米。长方形竖穴，墓坑长 4.25、宽 2.1 米。墓坑填土为黄灰土，墓底为黄褐土。

随葬品 57 件，其中有陶鼎 4 件、陶鬶 3 件、陶豆 9 件、陶壶 4 件、陶罐 5 件、陶盉 1 件、陶钵 1 件、陶杯 4 件、陶缸 1 件、残陶器 4 件、陶纺轮 2 件、器盖 1 件、陶匜 1 件、玉锥 7 件、玉管 4 件、玉珠 5 件、玉饰片 1 件。墓内陶器较集中放置在人骨架的左侧，玉器置于头部和右侧，并随葬猪下颌 7 个。

此墓的特点是，主体骨架无存，其原因不明。反之二具殉葬的少儿骨架保存较好，并随葬猪颌骨和小件精致器物多件（图四七；彩版五，2）。

M35 位于 T201 内，与 M34 并列，在 M34 南面，中间相距仅 0.7 米。方向 112°。仰身直肢，青年，骨架长 1.6 米。头骨破碎，上肢向腹部弯曲，下肢腿骨交叉。

长方形竖穴土坑，长 3.8、宽 1.95 米。墓底距地表深 1.2 米。

随葬品 44 件，其中有陶鬶 1 件、陶豆 6 件、陶壶 3 件、陶罐 5 件、陶盉 1 件、陶杯 2 件、陶缸 2 件、玉镯 1 件、玉佩 2 件、玉锥 5 件、玉坠 1 件、玉管 2 件、玉珠 11 件、玉斧 1 件、石锛 1 件。主要放置在墓主的左侧和脚下方。头左上方放置玉锥和玉珠，一件大型玉斧压在左腿骨下，外侧放置琮形管、玉佩饰、玉珠等。

在墓主脚后，殉葬一儿童，头向南，仰身直肢。头骨残缺，骨质酥烂，骨架残长 0.9 米。右臂戴一玉镯，腹部放置一件小陶器。在主体骨架脚后，还集中放置 8 个猪颌骨（图四八；彩版五，2）。

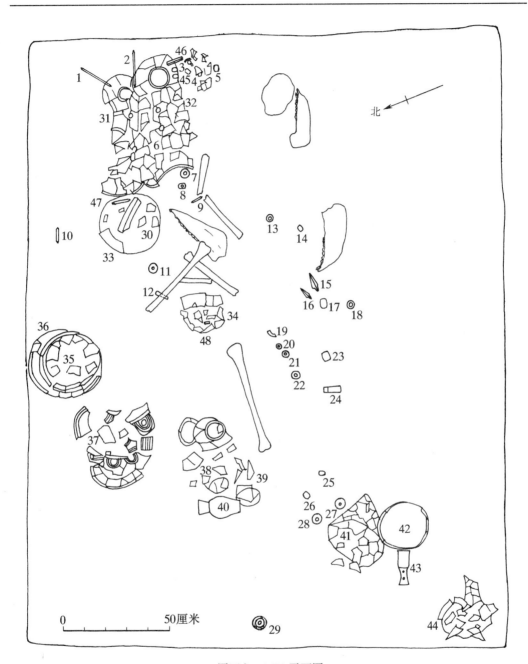

图四六 M23 平面图

1、2、47.玉锥 3、5.玉琮形管 4.玉饰片（8件） 6、12、48.玉管 7、8、11、13、18～22、27、
28.玉环 9、10.玉坠 14、17、23、25、26、45、46.玉珠 15、16.石镞 24.30.石锛 29.陶纺轮
31、32.陶镂孔豆 33.陶鼎 34、38、39、42.陶罐 35、36.陶豆 37.陶镂孔器座 40.陶背壶
41、44.陶鬶 43.陶高足杯

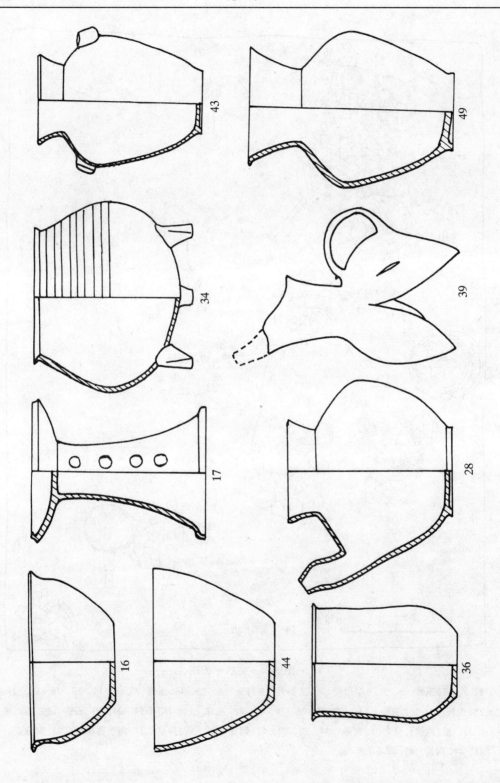

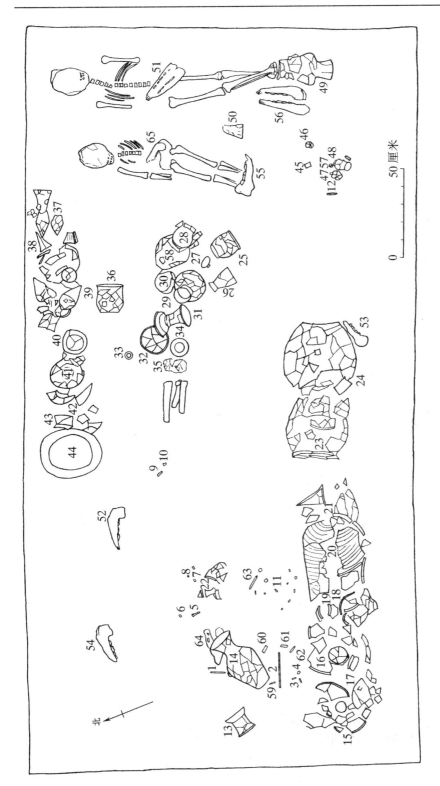

图四七　M34平面图及陶器组合

1~3、12、59、62、63. 玉锥　4、6、7、8、10. 玉饰片　5、9. 玉管　11. 玉珠　13、15、17、19、31、32、40、41、42. 陶豆　14. 背壶　16、24、35、45、50. 残陶器　18、23、34、38. 陶鼎　20. 陶大口缸　21、25、43、48、58. 陶罐　22、26、36、57. 陶杯　27. 器盖　28. 陶盉　29、47、49. 陶壶　30、37、39. 陶罍　33. 陶纺轮　44. 陶杯　46. 陶匜　51~56、64、65. 猪颌骨　60、61. 玉琮形管

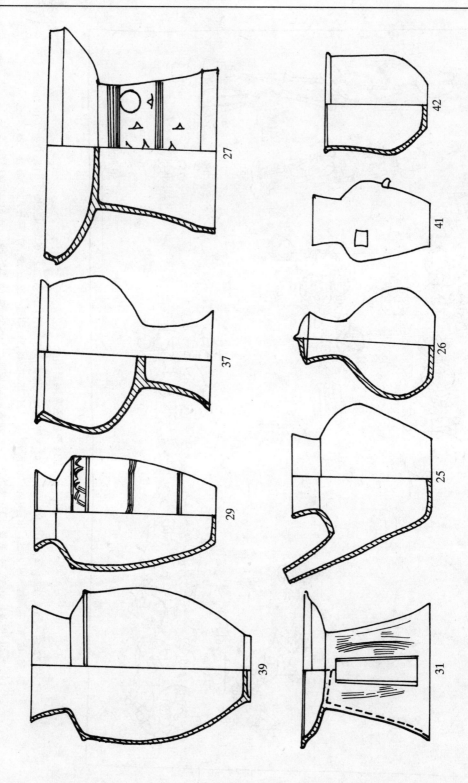

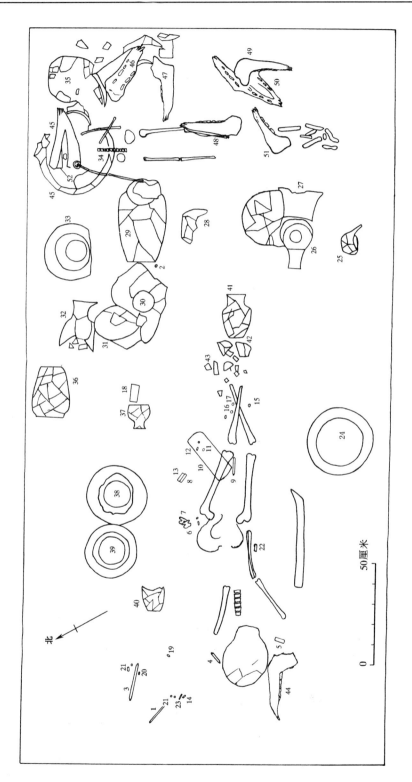

图四八　M35 平面图及陶器组合

1、3、4、5、9. 玉锥　2、11、12、14~17、19~22. 玉珠　6、7. 玉佩　8、13. 玉管　10. 玉斧　18. 石饼　23. 玉坠　24、34. 陶缸　25. 陶盃　26、30、41. 陶壶　27、31、33、35、37、43. 陶豆　28、29、36、38、39. 陶罐　32. 陶鬶　40、42. 陶鬶　44~51. 猪颌骨　52. 玉镯

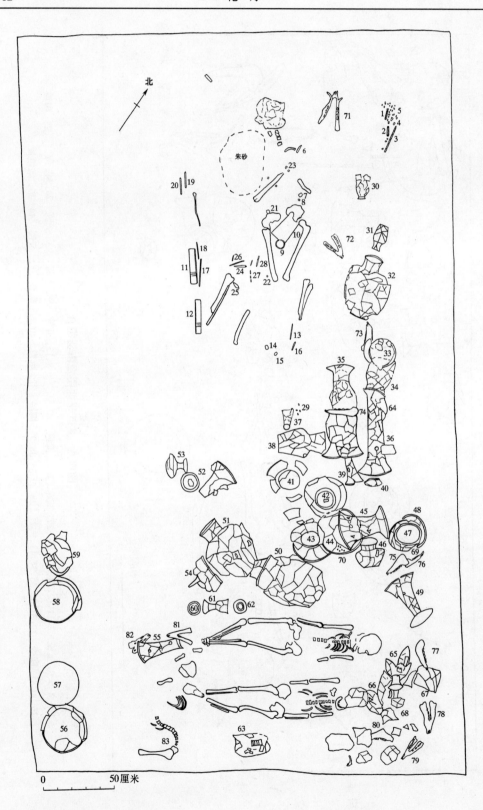

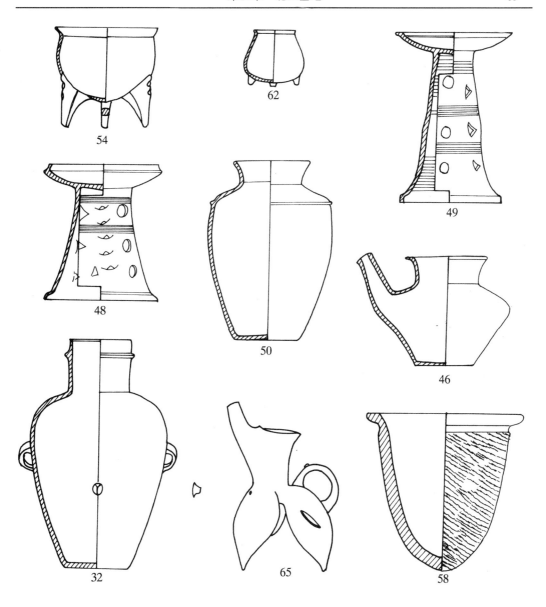

图四九　M50 平面图及陶器组合

1、2.玉琮形管　3、6、13、17~20.玉锥　4、7、8、14、15、21、22、23.玉珠　5.项饰　9.玉琮　10.玉斧　11、12.有段玉锛　16.玉管　24、25.石镞　26、27、28.角锥　29.绿松石饰件　30、61.陶杯　31、32、38.陶壶　33、35、36、39、41~45、48、49、52、53、55、63.陶豆　34、50、60、62.陶罐　37、69.陶盆　40、64.器盖　46.陶盂　47、54.陶鼎　51.陶背壶　56、57、58、59.陶缸　65、66.陶鬶　67.陶碗　68.器座　70.玉饰片　71~82.猪下颌骨　83.猪骨架

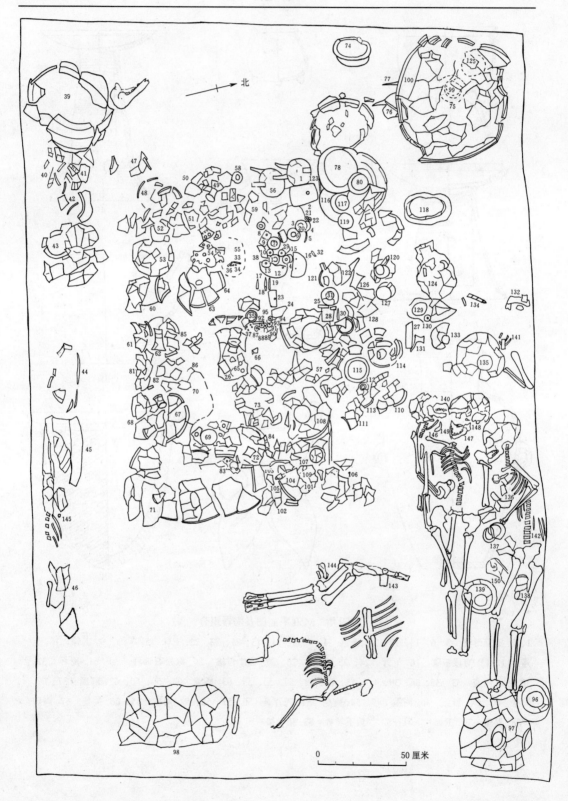

北

0   50厘米

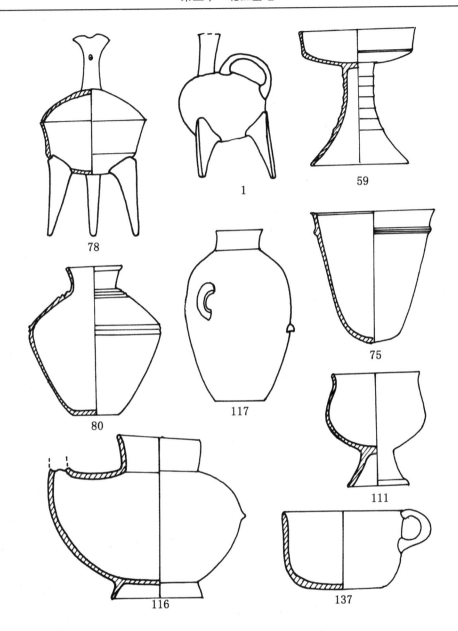

图五〇　M60平面图及陶器组合

1.陶鬶　2、24、143、144.石斧　3～7、11、13～15、20～22、29、31、38、87～95、147、148.玉环　10、16.玉佩　12.项饰(24件编为1个号)　17、18、33、34、36.玉锥　23、28.石刀　25、35.玉镯　26、27、86.石锛　19、30、32.玉坠　37、145.玉珠　39、41～48、50、52、68、74、79、80、82、85、96、97、99、101、104、107、110、114、115、118、124、127、128、129.陶罐　40、105、112、117.陶壶　81.陶背壶　49、51、53、54、55、58、59、62、64、67、69、83、100、125、126、131、133、138.陶豆　56、57、61、70、72、73、76、77、78、84、103、109、121、122、132、136、140.陶鼎　60、71、75.陶缸　65、139.器盖　66.砺石　111、137.陶杯　116、120.陶盉　123、134.骨器　130.陶纺轮　141.獐牙勾形器　142.骨柶　8、9、146、149.玉饰　63、98、102、106、108、113、119、135.残陶器

M50 紧挨在 M16 的北边，在 M16 与 M35 之间。方向 104°。仰身直肢，骨架散乱，头骨碎裂，被挤压成扁薄状，上肢骨无存，小腿骨散落在两侧。经鉴定是一 25 岁左右的强壮男子。

长方形竖穴土坑墓，墓底距地表深 1.45 米。墓坑长 5.1、宽 3.08 米。

墓葬规模较大，随葬品丰富，随葬品 70 件，有陶鼎 2 件、陶鬶 2 件、陶豆 16 件、陶壶 4 件、陶罐 4 件、陶盉 1 件、陶杯 1 件、陶缸 4 件、陶盆 2 件、陶碗 1 件、器座 1 件、器盖 2 件、玉琮 1 件、玉锥 7 件、玉管 3 件、玉珠 8 件、项饰 1 串、玉斧 1 件、玉锛 2 件、玉饰片 1 件、绿松石片 1 组（10 片）、石镞 2 件、角锥 3 件。其精美的镯式琮和长条形有段大玉锛及双孔玉钺放置在墓主腹部和腿部，头左上方有琮形管和 20 多颗玉珠穿成的玉项饰。各式陶器放置在四周，有大陶壶、盉、鼎、豆、折肩深腹罐、红陶鬶、大口篮纹缸等。四件大口缸排列在墓坑的西北角，引人注目。另外，紧挨墓主的右上方，发现一片面积 0.4×0.3 厘米的朱红色土面，可能是一件大型漆器腐烂的痕迹。在距双孔玉斧 1.2 米的对应位置，发现 10 粒抛光极好的椭圆形绿松石嵌饰，从出土位置判断，应是玉钺柄端饰件。

墓主脚后殉葬 2 具少儿骨架，头向南，面部侧向西，仰身直肢。东侧骨架长 1.3 米，小腿并拢，年龄 8~9 岁。西侧骨架长 1.27 米，小腿亦并拢，年龄 10~11 岁。

墓内还随葬猪下颌 12 个，残猪架 1 具。整个墓葬气势宏大，随葬器物壮观，现已作了考古陈列复原（图四九；彩版七，1、2；图版一，1）。

M60 长方形竖穴土坑墓，长 4.35、宽 3、深 2.2 米，墓主方向 102°。经鉴定系 30 岁左右男子。随葬品有 149 件。有陶鼎 17 件、陶鬶 1 件、陶豆 19 件、陶壶 5 件、陶罐 38 件、陶盉 2 件、陶杯 2 件、陶缸 3 件、陶纺轮 1 件、器盖 2 件、玉镯 2 件、玉环 25 件、玉佩 3 件、玉锥 5 件、玉坠 3 件、玉珠 2 件、玉项饰 1 件、玉饰 4 件、石斧 4 件、石锛 3 件、石刀 2 件、砺石 1 件、骨锥 2 件、骨柶 1 件、獐牙勾形器 1 件。在墓主胸部发现由 24 件斑斓缤纷的鸟纹玉佩、半圆形玉璜和玉环、玉坠组成的特大型项饰。左右手臂上戴有环式玉镯。随葬的 80 多件陶器，大多碎裂，碎片盖满墓主全身，似乎是有意识打碎并铺盖在死者身上的，这种特殊做法，可能与宗教和葬俗有关。

在随葬品左外侧，殉葬着中年男女骨架各一具，在女体的身旁依偎着一个 10~12 岁的儿童骨架，在他们的头上方还有一具 6~7 岁幼儿骨架，在墓的南侧还有一具少儿骨架，骨架被挤压成扁薄状，紧贴在坑壁上。墓主脚后还殉葬着一头猪架和一条狗架，全墓殉葬 5 人，在大汶口文化墓葬中实属罕见（图五〇；彩版八，1、2）。

M61 位于 T208 西北角。长方形竖穴土坑墓，墓底距地表深 1.7 米，墓坑长 3.5、宽 1.6 米。方向 114°。仰身直肢。墓主为女性青年。左侧偏下置一女性少年，两腿交叉，似被捆绑，侧身面向墓主。墓主随葬丰富，共 50 件，以玉器和陶器为主。有陶鼎

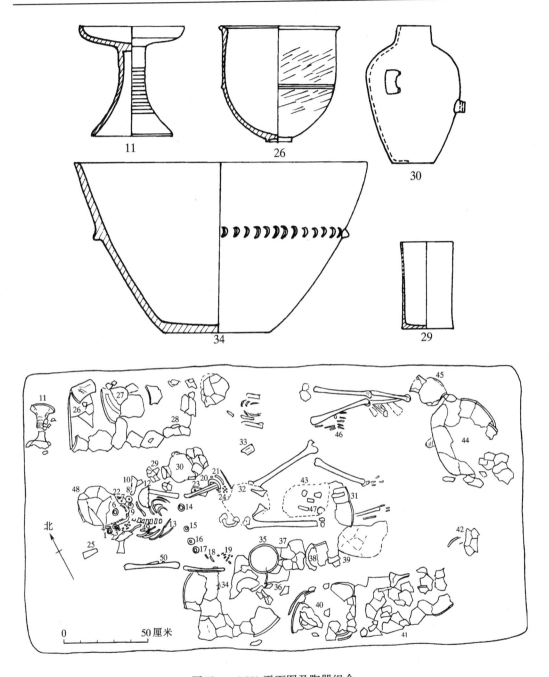

图五一 M61平面图及陶器组合

1、2、3、6、7、9、14、15、16、17.玉环 4、22.绿松石耳坠 5、19、24.玉珠 8.玉璧 10.玉璜 11、35.陶豆 12.玉佩 13、49.玉锥 18、20、21.残玉镯 23.石刀 25.砺石 26.陶缸 27、28、36、37、39、40、41、42、43.陶罐 29.陶杯 30.陶壶 31、34.陶钵 32、33、38.陶鼎 44、45.残陶器 46.骨锥 47.石锛 48.骨梳 50.残石镯

3件、陶豆2件、陶壶1件、陶罐8件、陶钵2件、陶杯1件、陶缸1件、陶盆2件、玉镯3件、玉环11件、玉佩1件、玉坠2件、玉锥2件、玉珠2件、玉璜1件、玉璧1件、石锛1件、石镯1件、砺石1件、石刀1件、骨锥2件、骨梳1件。玉佩、玉环、玉珠和松绿石坠饰放置在胸部、颈部和耳部，手腕戴2只玉镯，左右手腕还分别戴着玉珠串饰。墓主周围放置鼎、豆、壶、罐、杯、大口缸等陶器。在墓主头骨下还发现一残骨梳。从墓主丰富的随葬品判断，此青年女子地位显赫。而左侧下方的这一少年女子屈居从属地位，可见她们只能是主仆关系（图五一；图版一，3）。

二、中型墓葬

北区墓地已发现的中型墓葬32座，占该区已发现墓葬的半数。墓号分别为M1、M2、M3、M5、M8、M10、M12、M13、M17、M19、M21、M25、M26、M27、M28、M29、M30、M31、M32、M36、M37、M40、M41、M42、M45、M46、M47、M48、M49、M55、M56、M58。中型墓是介于大型墓和小型墓之间，墓坑一般长2~3、宽1~2米，一般埋得较浅。有的墓随葬品也较丰富，但与大墓比相去甚远。

M1 位于T104中部。方向114°。仰身直肢，人骨架保存较差。墓底距地表深0.52米。根据随葬品分布范围，墓坑约长1.9、宽0.9米。随葬品13件，放置在骨架的周围及骨架上，两只玉镯分别套在墓主左右手腕上。有陶鼎4件、陶豆3件、陶壶1件、陶罐2件、陶纺轮1件、玉镯2件（图五二）。

M2 位于T2南中部偏北，方向82°，仰身直肢，牙齿、头骨、腿骨尚有保存，青年男性。长方形土坑竖穴，长2.9、宽1.5、墓口深0.35、墓底深0.75米。为埋葬所填的

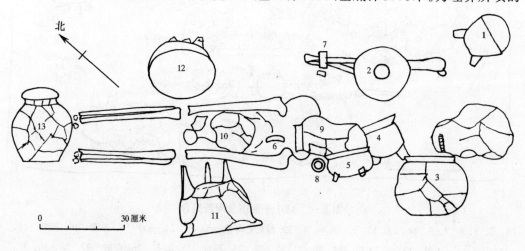

图五二 M1平面图

1、4、5、11.陶鼎 2、11、12.陶豆 3、13.陶罐 6.陶壶 7、8.玉镯 9.陶纺轮

图五三　M2 平面图

1、3、4.玉坠　2.玉珠　5、12、17.陶豆　6、7、9.陶杯　8.陶背壶　10.陶盉　11、13、15.陶罐
14、18.残陶器　16.骨锥（5个）　19~25.猪颌骨

图五四　M3 平面图

1.残玉柄饰　2.玉珠　3、15.玉坠　4、8、9、12、16.陶豆　5.陶盉　6、10.陶杯　7.陶罐　11、13.残角
锥（5个）　14.陶缸　17~19.猪颌骨

灰土与周围黄土有明显界线。随葬品18件，有陶豆3件、陶壶1件、陶罐3件、陶盉1件、陶杯3件、残陶器2件、玉坠3件、玉珠1件、骨锥1件。腹部随葬玉器，脚后部相对集中随葬各式陶器。随葬猪下颌7个，头上方和腹、胯部各有1个，脚后4个（图五三）。

M3 位于T3南部偏中，方向100°，长方形竖穴土坑墓，长2.55、宽1.6、墓口深0.3米。人骨架已腐朽。随葬品16件，有陶豆5件、陶罐1件、陶盉1件、陶杯2件、陶缸1件、玉坠2件、玉珠1件、残玉柄饰1件、残角锥2件。陶器酥碎，保存较差，集中分布在后半部。在右侧坑边随葬猪下颌3个（图五四）。

M5 位于T2南中部偏东，方向114°，侧身直肢，只有牙齿、颅骨、肱骨、胫骨。长方形土坑竖穴，长2.1、宽1.7、墓口深0.5、墓底深0.8米。随葬品13件，有陶鼎1

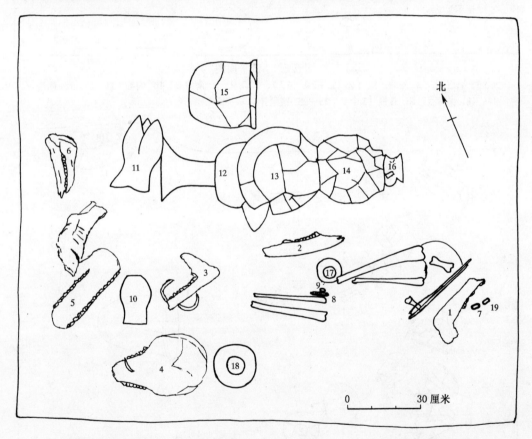

图五五 M5平面图

1～6.猪颌骨 7、9、19.玉珠 8.玉锥 10.陶壶 11.红陶鬶 12.陶豆 13.红陶钵 14.红陶盉 15.陶缸 16.陶鼎 17、18.陶罐

件、陶鬶 1 件、陶豆 1 件、陶壶 1 件、陶罐 2 件、陶盉 1 件、陶钵 1 件、陶缸 1 件、玉锥 1 件、玉珠 3 件。头部和膝部随葬玉珠，人骨架右侧后半部随葬陶器，陶色以红陶为主。腹部和腿右侧各随葬猪颌骨 1 个，足后部随葬猪颌骨 4 个，共 6 个（图五五）。

M8　位于 T2 南中偏东南边缘，方向 114°。仰身直肢，严重破碎，有部分颅骨、牙齿、肱骨、腿骨。青壮年。长方形土坑竖穴，长 2.3、宽 1.08、墓口深 0.5、墓底深 0.69 米。随葬品 10 件，有陶豆 2 件、陶罐 4 件、陶盉 1 件、陶杯 1 件、玉坠 2 件。人骨架右侧随葬玉坠 2 件。陶器集中分布在人骨架右侧和足下方。4 个猪下颌分别放置在人骨架的腹部、腿部和足部（图五六）。

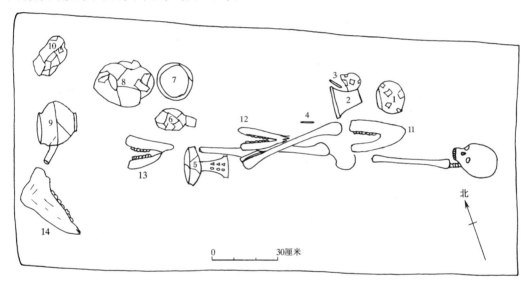

图五六　M8 平面图

1.灰陶杯　2、5.陶豆　3、4.玉坠　6、7、8、10.陶罐　9.灰陶盉　11～14.猪颌骨

M10　位于 T1 南之东南角，方向 106°。仰身直肢，大体保存骨架轮廓，长约 1.8 米。墓口深 0.5、墓底深 0.7 米、墓坑长 2.85、宽 1.05～0.85 米。随葬品 6 件，有陶豆 1 件、陶罐 1 件、陶盉 1 件、玉锥 1 件、玉玲 1 件、石斧 1 件。随葬猪颌骨 6 个：头、上肢骨、下肢骨、右侧各 1 个，脚下 3 个。口中有玉玲一粒（系最后作人骨鉴定时清理头骨从下颌骨中取出），右上肢骨侧有玉坠、穿孔石斧和灰陶高柄豆各 1 件，脚下右侧有折腹灰陶罐、灰陶盉各 1 件（图五七）。

M12　位于 T2 北中部，方向 80°。长方形土坑竖穴，长 2.55、宽 1.65、墓口深 0.3、墓底深 0.55 米。共发现 4 具人骨架，主体骨架 A、B 2 具，A 为仰身曲肢，B 为仰身直肢，紧贴在 A 的上部。主体骨架左侧有 C、D 2 具小孩骨架。随葬品 15 件，其中玉坠、玉戒指（放置在主体骨架右手指）各 1 件。陶器 13 件，放置在骨架右侧和脚后部，其中有灰陶壶 1 件、黑陶罐 3 件、陶豆 5 件、红陶鬶 2 件、黑衣陶钵 1 件、陶鼎

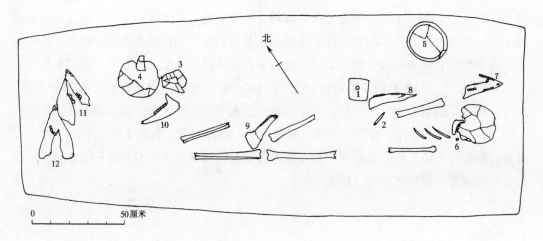

图五七　M10 平面图

1.穿孔石斧　2.玉锥　3.灰陶罐　4.陶盉　5.陶豆　6.玉琀　7、11、12.猪上颌骨　8～10.猪下颌骨

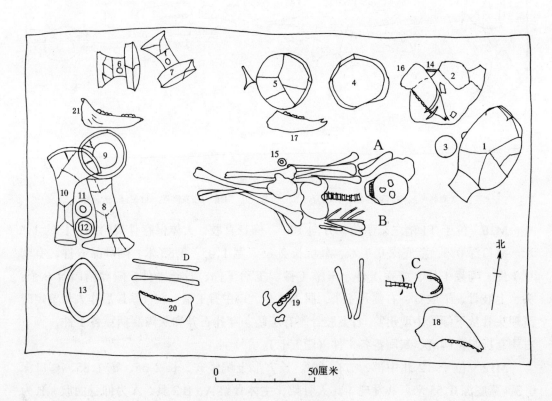

图五八　M12 平面图

1.陶背壶　2、3、4.陶罐　5.陶鼎　6～10.陶豆　11、12.陶鬶　13.陶钵　14.玉坠　15.玉指环　16～21
猪颌骨

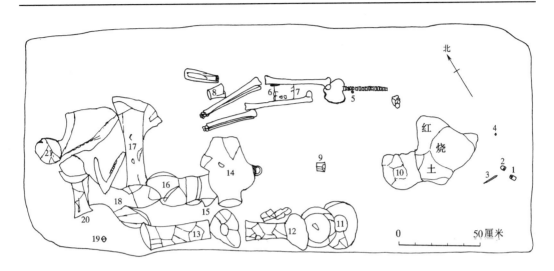

图五九 M13平面图

1、2、4、5.玉珠 3、6.玉坠 7~9.陶杯 10、22.陶钵 11~13、15、17、20、21.陶豆 14.陶背壶
16、19.残陶器 18.红陶鬶

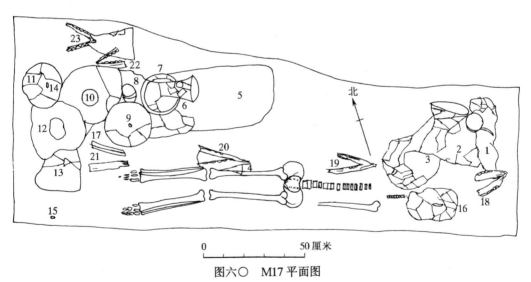

图六〇 M17平面图

1、5、12、13.残陶器 2、3、6~11.陶豆 4.石刀 14、17.玉珠 15.小玉片 16.玉锥 18~23.猪颌骨

1件。人骨架左右两侧各放置3个猪下颌,共6个(图五八)。

M13 位于T1北中部,方向120°。仰身直肢,保存有脊椎骨、下肢骨。

有墓圹,长3.17、宽1.4米。墓口深0.45、墓底深0.73米。随葬品22件,有陶
鬶1件、陶豆7件、陶壶1件、陶钵2件、陶杯3件、残陶器2件、玉坠2件、玉珠4
件、猪下颌3个(未编号)。头部左侧有一堆红烧土,上下有大玉珠、玉锥和夹砂红陶

钵，人骨架自脊椎骨下段至下肢骨有玉珠、玉锥、红陶薄胎小杯、灰陶小杯，人骨左侧偏下处有灰陶高柄豆、背壶、鬶等大型陶器 10 余件（图五九）。

M17 位于 T1 北之东南部，方向 110°。仰身直肢，基本保存人骨架轮廓。有墓圹，墓口深 0.4、墓底深 0.7、长 2.54、宽 0.75～1.03 米。随葬品 17 件，有陶豆 8 件、残陶器 4 件、玉珠 2 件，小玉片、石刀、玉锥各 1 件。头部随葬陶豆 3 件，下肢骨右下侧有石刀、陶豆等器物，头骨下有玉锥 1 件，3 件小玉器分布足后。头部、胸部、下肢右随葬猪下颌各 1 件，足后有猪下颌骨 3 件，共 6 件（图六〇）。

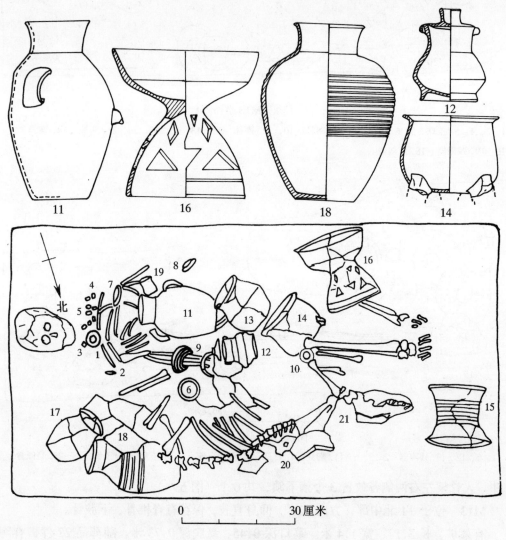

图六一　M19 平面图及陶器组合

1. 玉环　2. 玉锥　3. 绿松石耳坠（玉坠）　4、5. 玉珠　6、7、8. 玉镯　9. 陶环　10. 陶纺轮　11. 背壶　12、19. 陶壶　13、17、18、20. 陶罐　14. 陶鼎　15、16. 陶豆　21. 狗骨架

M19　位于探沟 T18 内，距南壁 8 米，距西壁（扩方）2.9 米。在探沟的北半部。方向 110°。仰身直肢，少年，头骨已残，上下肢骨保存较好。长方形竖穴，长 1.3、宽 0.6、墓口距地表深 0.3、墓底深 0.7 米。在人骨架的右侧陪葬 1 条完整的狗。随葬品较丰富精致，以玉器和陶器为主。人骨架的颈部和胸部有小巧的玉环和由大小鼓形玉珠及玉坠组成的串饰。左臂和手腕上套 2 件玉镯，右手腕套 1 件玉镯和 1 件灰陶环。腿右侧放 1 件陶纺轮。陶器主要放置在骨架的腹部和腿部，有陶壶 3 件、罐式鼎 1 件、镂孔圈足豆 1 件，4 件陶罐置于肩右侧和中部。脚下 1 件灰圈足豆（图六一；彩版三，2）。

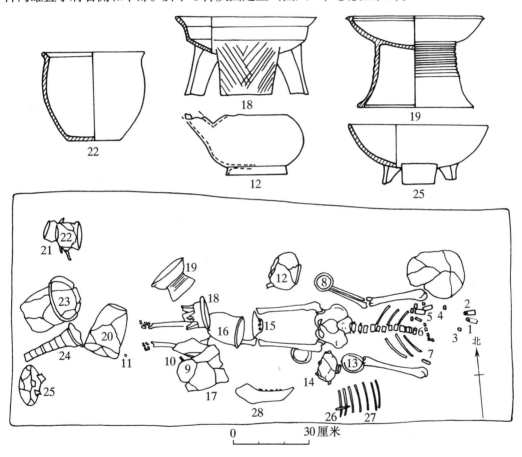

图六二　M21 平面图及陶器组合

1、2、4~7. 绿松石坠饰（玉坠）　3、11. 玉珠　8. 玉镯　9、10. 玉锥　12. 陶盉　13、14、16、17、20、22、23. 陶罐　15. 陶器盖　18、21. 陶鼎　19、24. 陶豆　25. 陶三足钵　26. 骨锥　27. 残骨器　28. 猪颌骨

M21　位于 T7 中部偏北。方向 100°。仰身直肢，保存较差。少年（幼童）。长方形竖穴土坑墓，长 2.03、宽 0.93 米。开口于第二文化层，坑口距地表深 0.4、坑底距地表深 1.2 米。随葬品 26 件。以玉器和陶器为主。墓主头部及胸部放置绿松石坠饰 6

件，玉锥 2 件，玉珠 2 件，右手腕套 1 件精美的玉镯。陶器主要放在下肢和脚后，有瓦
足鼎 2 件、圈足豆 2 件、陶罐 7 件、陶盉 1 件、器盖 1 件、陶钵 1 件、石锥 1 件。腰腹
左侧放置 1 件造型别致形态生动的猪形罐（图六二；彩版四，1）。

　　M25　位于 T206 东南。方向 120°。仰身直肢，头颅破碎，牙齿有三颗完整，枕外
隆突平坦，可能属女性。臂骨、腿骨有数截不完整，残缺严重。长方形竖穴土坑墓，墓
坑长 1.94、宽 1.08 米。随葬品 13 件。有玉锥 1 件、石锛 1 件、陶器 11 件。陶器集中
放置在人骨架下半部。有陶鼎 4 件、陶豆 1 件、陶壶 1 件、陶罐 3 件、陶杯 1 件、器盖
1 件。随葬的还有猪的犬齿 2 枚和猪的前腿骨 1 副（图六三）。

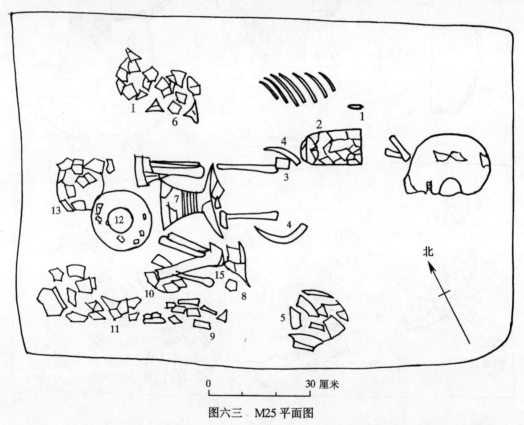

0　　　　　　30 厘米

图六三　M25 平面图

1. 玉锥　2. 灰陶杯　3. 石锛　4. 猪犬齿　5、11、12. 黑陶罐　6、9、13、14. 红陶鼎　7. 陶豆　8. 黑陶壶
10. 陶器盖　15. 猪腿骨

　　M26　位于 T201 西北部。方向 110°。仰身直肢，头向南侧，右手搭在腹部，人骨
架长 1.45 米，保存较好。长方形土坑墓，长 2.6、宽 1.5、墓底距地表深 0.8 米。墓坑
内填土为土质坚硬的黄褐土。随葬品 16 件，其中玉冠状佩 2 件、陶器 14 件。陶器集中
在人骨架右侧和足后端。器形有陶豆 9 件，陶鬶、陶壶、陶罐、陶盆、陶杯各 1 件。此
墓特点是以陪葬各色陶豆为主。另在人骨架足下方随葬猪下颌 5 个（图六四）。

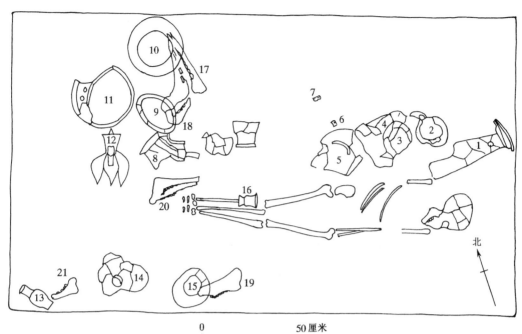

图六四　M26 平面图

1～5、10、11、14、15.陶豆　6、7.小玉佩　8.黑陶罐　9.陶盆　12.红陶鬶　13.陶壶　16.圈足杯　17～21.猪颌骨

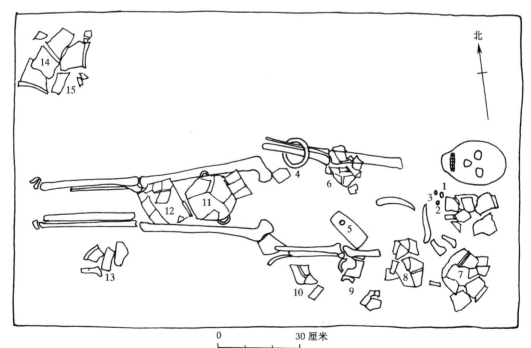

图六五　M27 平面图

1、2、3.玉珠　4.玉镯　5、15.穿孔石斧　6、8、9、10.残陶器　7、13、14.陶鼎　11.陶背壶　12.陶罐

M27 位于 T202 中部略偏北。方向 98°。仰身直肢，上下肢骨保存较好，骨骼粗壮，形体高大，在 1.7 米以上。墓坑长 1.9、宽 1.15 米。随葬品 15 件，墓主右手腕戴玉镯 1 只，颈部有小玉珠 3 件。胸部放置 2 件穿孔石斧。陶器集中放置在人骨架左侧和下肢间。器形有鼎 3 件、背壶 1 件、罐 1 件、残陶器 4 件，未发现用猪下颌随葬（图六五）。

M28 位于 T206 东南部。方向 108°。仰身直肢，人骨架保存一般。长方形土坑竖穴，墓坑长 2.1、宽 1.2、墓底距地表深 0.7 米。随葬品 14 件。有玉器 2 件，一件为残玉坠，一件为玉锥。扁平穿孔大石斧 1 件。陶器 11 件，有陶豆 2 件、陶鼎 3 件、陶罐 4 件、陶壶 1 件、陶杯 1 件。其中 8 件陶器放置在人骨架下半部。人骨架右上肢旁随葬一根牛肋骨，右肩部放置 1 牛牙，无猪骨随葬。这是一个较奇特的现象（图六六）。

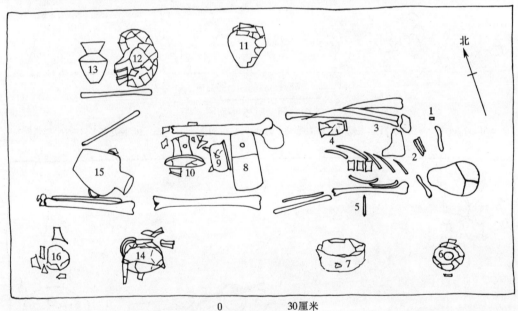

0　　　　30厘米

图六六　M28 平面图

1. 玉坠　4. 陶杯　5. 玉锥　6、10. 陶豆　7、11、12、13. 陶罐　8. 穿孔石斧　9、14、16. 陶鼎　15. 陶壶
2. 牛牙　3. 牛肋骨

M29 位于 T202，在 M27 南面 70 厘米处，比 M27 低 50 厘米。方向 108°。仰身直肢，女（?），人骨架长 1.6 米。在底层石头上凿凹槽埋葬，墓坑长 2.15、宽 1.05、墓底距地表深 1.7 米。随葬品 20 件，有陶鼎 3 件、陶豆 2 件、陶壶 1 件、陶罐 1 件、器盖 1 件、残陶器 2 件、玉镯 2 件、玉环 2 件、玉锥 2 件、玉指环 1 件、石斧 1 件、石锛 1 件、石刀 1 件。玉指环戴在左手上，玉镯戴在左右两手，陶器放置在胸、腹部及脚下方。右下侧随葬猪下颌 1 个（图六七）。

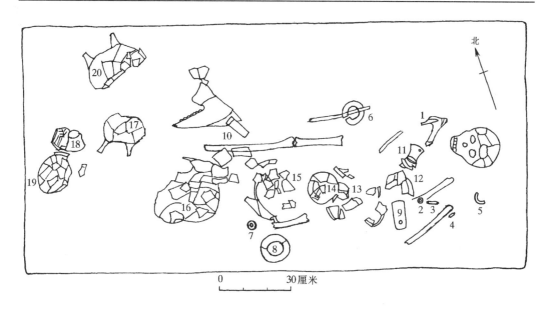

图六七　M29 平面图

1. 石刀　2、5. 玉环　3、4. 玉锥　6、8. 玉镯　7. 玉指环　9. 穿孔石斧　10. 石锛　11、12. 陶豆　13、14、15. 陶罐　16. 陶壶　17、18. 残陶器　19. 器盖　20. 陶鼎

M30　位于 T201 西北部。方向 112°。仰身直肢，头骨被挤压变形，侧向南。人骨架保存较差，骨架长 1.52 米。墓坑长 2.02、宽 1、墓底距地表深 0.8 米。随葬品共 17件。以陶器为主，随葬陶器 10 件，器形有黑衣陶钵 1 件、灰陶杯 3 件、陶豆 3 件、陶壶 2 件、折肩罐 1 件。玉器 2 件，有玉锥、玉坠各 1 件。石器 5 件，有石锛、石刀、石镞、彩色石、刮削器各 1 件。随葬品集中在人骨架右侧。另随葬猪颌骨 2 件（图六八）。

M31　位于 T203。方向 103°。仰身直肢，人骨架保存较好，青年女性。长方形竖穴土坑，墓坑长 2.3、宽 0.8、墓底深 0.95 米。随葬品 15 件，其中有玉环 1 件、玉锥 3件、玉片 1 件、骨锥 1 件，玉器、骨器均放置在人骨架头部。陶纺轮 1 件，放置在右臂内侧。陶器 8 件，集中放置在人骨架胯部和足部，陶器严重碎裂，可辨器形有陶鼎 1件、陶杯 1 件、残陶器 6 件（图六九）。

M32　位于 T206。方向 118°。仰身直肢，人骨架保存一般。长方形竖穴土坑墓，墓坑长 3.2、宽 1.5、墓底距地表深 1.1 米。随葬品 25 件，其中玉器 15 件，有玉饰片 1组（6 件）、玉环 5 件、玉坠 2 件、玉璜、玉佩各 1 件，玉器集中放置在人骨架颈部右侧。石器有双孔石斧 2 件，放置在左下方。陶器 13 件，集中放置在人骨架左侧和脚下方。有灰陶豆 1 件、红陶罐 2 件、夹砂红陶鼎 3 件、灰陶壶 3 件、灰陶罐 1 件、灰陶杯1 件、红陶鬶 1 件、器盖 1 件。其中一件小红陶罐压在大红陶罐底部，有较多灰烬。人骨架脚后随葬一条狗骨架（?）（图七〇）。

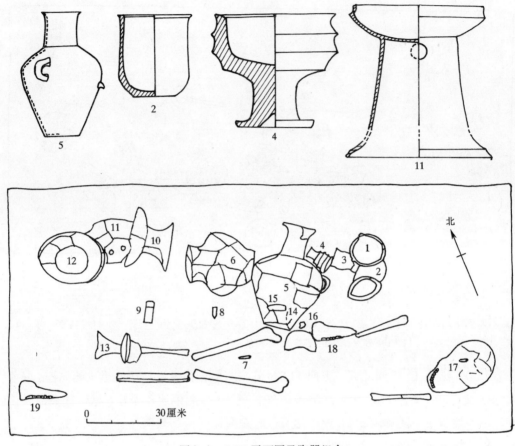

图六八　M30 平面图及陶器组合

1.陶钵　2、3、4.陶杯　5.陶背壶　6.陶壶　7.玉锥　8.刮削器　9.石锛　10、11、13.陶豆　12.陶罐　14.石镞　15.石刀　16.彩色石　17.玉锥　18、19.猪颌骨

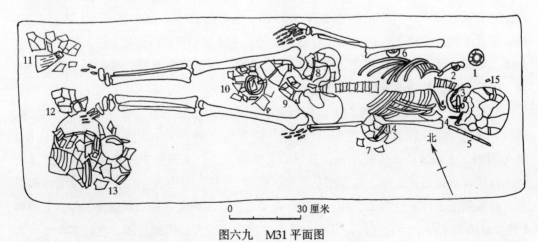

图六九　M31 平面图

1、7、9、10、12、13.残陶器　2.玉环　3、4、14.玉锥　6.陶纺轮　8.陶杯　11.陶鼎　15.玉饰片

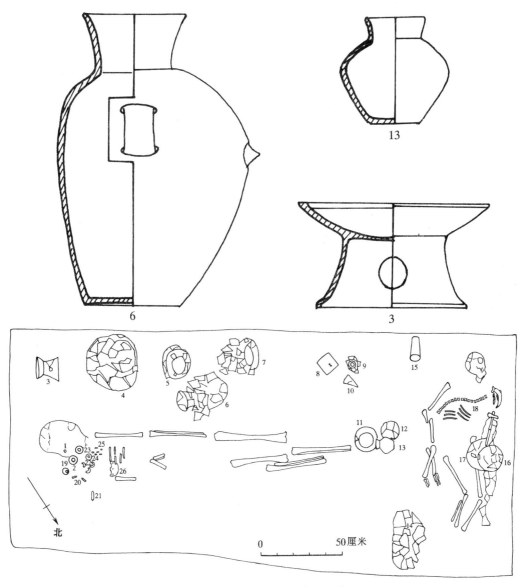

图七〇　M32 平面图及陶器组合

1、21.玉坠　2、19、20、23、24.玉环　3.陶豆　4、13、14.陶罐　5、11、17.陶鼎　8、15.石斧　6、7、16.陶壶　9.陶杯　10.陶鬶　12.器盖　22.玉璜　25.玉饰片（6个）　26.玉佩　18.狗骨架

M36　位于 T203 北部。方向 125°。仰身直肢，人骨架保存较好。男性，25 岁左右。长方形竖穴土坑墓，墓坑长 1.95、宽 1.05、墓底距地表深 0.95 米。随葬品 37 件，有陶鼎 3 件、陶豆 5 件、陶壶 2 件、陶罐 4 件、陶鬶 2 件、陶盉 1 件、陶钵 1 件、玉镯 1 件、玉环 8 件、玉佩 1 件、玉锥 2 件、玉璜 2 件、玉瑗 1 件、骨笄 1 件、小玉指环 1 件、石锛 2 件，玉器放置在人骨架的胸和颈部，8 个玉环环绕在颈项，胸部放置玉佩、

玉璜、双臂穿戴玉镯。从放置部位，明显反映出这些玉器的确切用途。陶器放置在腹部和脚部（图七一；彩版四，2）。

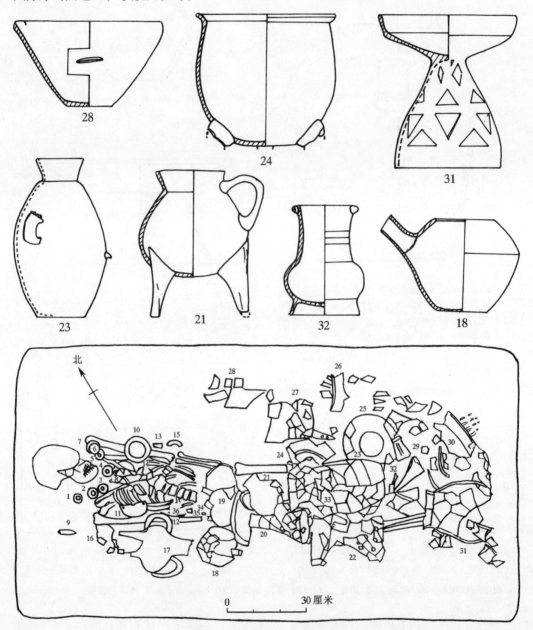

图七一　M36平面图及陶器组合

1～8. 玉环　9、36. 玉锥　10. 玉瑗　11、15. 玉璜　12. 玉镯　13、35. 石锛　14. 玉佩　16、17、26、30. 陶罐　18. 陶盉　19、24、29. 陶鼎　20、22、25、31、33. 陶豆　21、27. 陶鬶　23. 陶背壶　28. 陶钵　32. 陶壶　34. 小玉指环　37. 骨笄

M37　位于 T203。方向 125°。仰身直肢，人骨架保存较好，男性，青壮年。长方形竖穴土坑墓，坑长 2.3、宽 0.8、墓底距地表深 0.95 米。随葬品 30 件，其中石器 3 件，有石锛 2 件、砺石 1 件；骨器 10 件，有骨锥 5 件、獐牙勾形器 2 件、骨镞 1 件、残骨器 1 件、角丫形器 1 件，骨器集中放置在人骨架右下方和左上方；陶器 17 件，放置在人骨架头部、腿部和脚下，分布成窄长条形。有陶鼎 4 件、陶壶 1 件、陶罐 5 件、陶杯 2 件、陶缸 1 件、残陶器 4 件。鼎、罐各占 4 件以上，为陶器主体。此墓的特点是，骨器数量较多，还有用作加工骨器的砺石，无常作随葬用的玉饰件和猪颌骨。这些现象可能与墓主生前职业有关（图七二）。

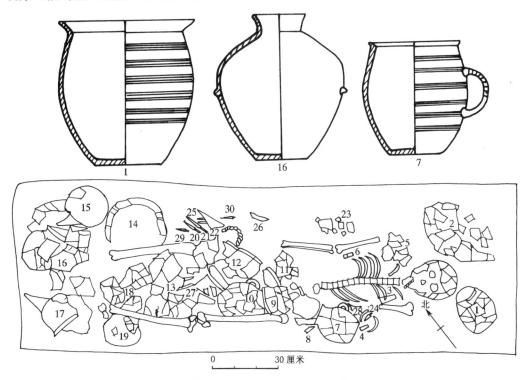

图七二　M37 平面图及陶器组合

1、9、11、16、18.陶罐　2.陶缸　3、6.石锛　4.砺石　5、14、19、23.残陶器　7、27.陶杯　8、26.獐牙勾形器　10.陶背壶　12、13、15、17.陶鼎　20、21、22、25、29.骨锥　24.骨镞　28.角丫形器　30.残骨器

M40　位于 T206 南半部。方向 112°。仰身直肢，青年女性，肢骨保存较完整。墓坑长 1.85、宽 0.96、墓底距地表深 0.95 米。随葬品 17 件，有陶鼎 3 件、陶豆 1 件、陶壶 1 件、陶罐 7 件、陶纺轮 2 件、陶匜 1 件、玉镯 1 件、玉坠 1 件。陶器放置在人骨架上下、左右。此墓随葬 2 件纺轮，显示了女性墓主的独特身份。另一个特点是随葬陶罐 7 件，占随葬陶器的近半数（图七三）。

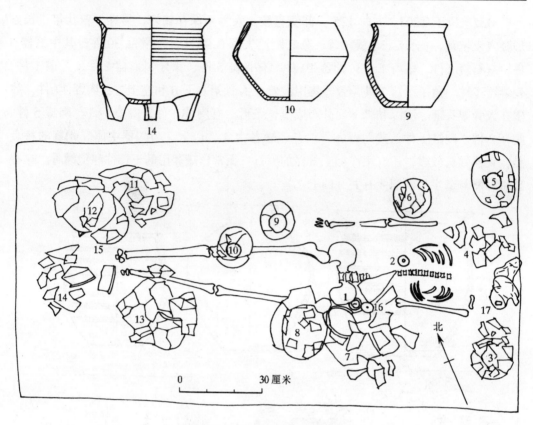

图七三　M40 平面图及陶器组合

1. 玉镯　2、16. 陶纺轮　3~7、9、10. 陶罐　8. 陶豆　11、12、14. 陶鼎　13. 陶壶　15. 陶匜　17. 绿松石耳坠（玉坠）

M41　位于 T206 南半部。方向 106°。仰身直肢，中年女性，人骨架保存较好。墓坑长 1.8、宽 1.15、墓底距地表深 0.95 米。随葬品 11 件。玉珠 2 串（共 20 颗），墓主左手腕戴 7 颗，右手腕戴 13 颗，这是玉珠用途的实例。水晶石 1 件、燧石 1 件，放置在右臂上侧，两件石器均打制未成型，应是用作玉器加工工具。陶器 7 件，其中陶罐 3 件，陶鼎、豆、壶各 1 件，放置在人骨架两腿中间和人骨架右侧及左下方，陶镯 1 件，放置在左上臂内侧。另有猪犬齿 2 件，放置在人骨架右上臂外侧（图七四，彩版五，1）。

M45　位于 T202。方向 118°。仰身直肢，头骨和部分肢骨保存较好。墓坑长 2.35、宽 1.15、距地表深 1.5 米。随葬品 29 件，有陶鼎 5 件、陶豆 4 件、陶壶 1 件、陶罐 5 件、陶盉 2 件、陶钵 1 件、残陶器 7 件、玉锥 1 件、双孔玉饰 1 件、石锛 2 件。陶器放置在人骨架腹部胯部和四周，头部集中放置了 8 件陶器，脚下方仅放置 2~3 件陶器，这与其他墓略有不同。陶器大多数已严重破裂，呈成片覆盖状。腿右下侧随葬猪头骨 1 个（图七五）。

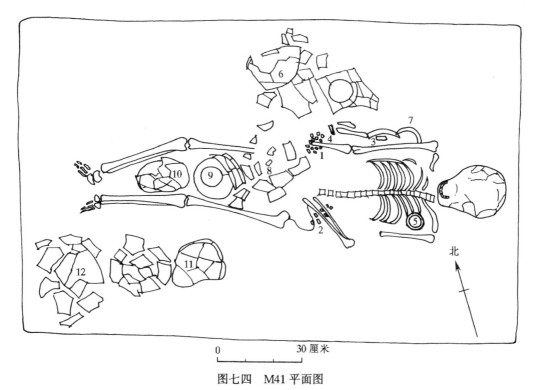

图七四 M41 平面图

1、2.玉珠 3.水晶石 4.燧石、5.陶环 6.陶壶 8.黑陶豆 9、10、12.陶罐 11.陶鼎 7.猪犬齿

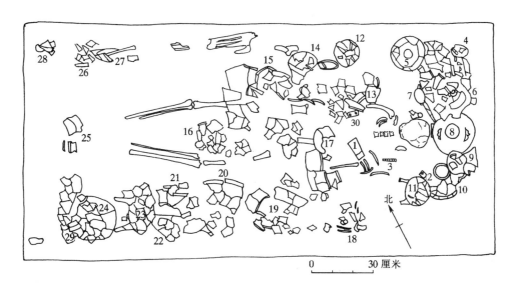

图七五 M45 平面图

1、2.石锛 3.玉锥 4.陶壶 5、7、13、19、23.陶鼎 6、9、10、22.陶豆 8.陶钵 11、24.陶盉 12、16、17、20、21.陶罐 14、15、18、25、26、28、29.残陶器 27.猪头骨 30.双孔玉饰

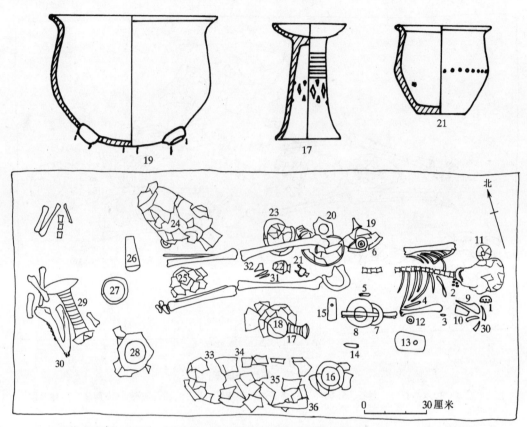

图七六　M42平面图及陶器组合

1. 玉佩　2. 玉珠　3、4. 玉坠　5. 玉锥　6. 玉镯　7、8. 玉瑗　9、31、32. 骨锥　10. 砺石　11. 器盖　12、
18、21、22、25、27、28、34、35、36. 陶罐　15、26. 石斧　13. 石刀　14. 石锛　16、24. 陶壶　17、20、
29. 陶豆　19、23、33. 陶鼎　30. 猪犬齿

　　M42　位于 T206 南半部。方向 102°。仰身直肢，中年女性，人骨保存较好。长方
形竖穴土坑墓，墓坑长 2.45、宽 1.2、墓底距地表深 1 米。随葬器物 35 件。玉器 8 件，
有玉瑗 2 件、玉镯 1 件、玉佩 1 件、玉坠 2 件、玉锥 1 件、珠 1 串，其中玉佩放置在人
骨架左耳部，颈部有玉珠 5 颗，玉锥放在左侧胸部，左小臂戴玉瑗 2 个，右臂部有 1 个
残缺玉镯，断口部有穿孔。石器 5 件，有斧 2 件、锛 1 件、砺石 1 件、石刀 1 件。骨锥
3 件。陶器 19 件，放置在人骨架的下半部，有鼎 3 件、豆 3 件、壶 2 件、罐 10 件、器
盖 1 件。墓主脚后随葬一猪骨架（图七六）。

　　M46　位于 T202。方向 114°。仰身直肢，头骨侧向左侧，身体亦微向左侧弯曲，
右腿骨明显向里斜，人骨架残长 1.6 米。墓底距地表深 1.5 米，据人骨架及器物分布范
围墓坑长约 2.2、宽约 1.7～1.8 米。属中型墓葬。随葬器物 39 件。其中玉器 26 件，
品种有玉珠 4 件、玉环 13 件、玉佩 2 件、玉镯 3 件、玉斧 1 件、玉坠 3 件，玉器放置

在墓主的头、颈、胸和左、右手腕部位，特别是左右手腕分别戴有由 24 及 19 颗小玉珠穿成的串饰，起着明显的装饰作用。陶器 13 件，集中放置在人骨架左侧和右下方。陶器较残碎，可辨器形有陶鼎 1 件、豆 4 件、壶 1 件、鬶 3 件、罐 2 件、残陶器 2 件。人骨架左侧还随葬有 1 个猪下颌和猪骨（图七七）。

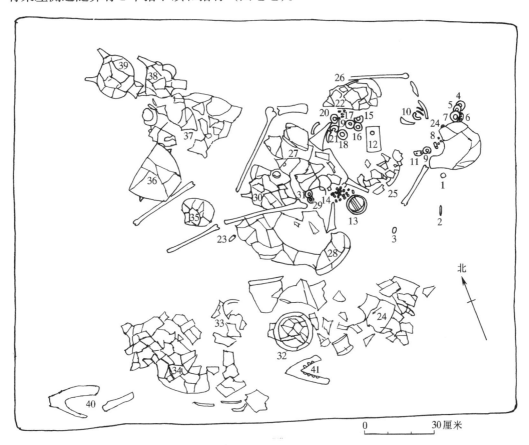

图七七　M46 平面图

1、3、14、22.玉珠　2、8、23.玉坠　4、5、7、9、10、15～20、24、31.玉环　6、11.玉佩　12.玉斧
13、21.玉镯　25、26、28、32.陶豆　27、30、38、39.陶鼎　29、37.陶罐　35.陶背壶　33、34.残陶器
36.陶钵　40.兽骨　41.猪颌骨

M47　位于 T206，清理西隔梁时，发现 M47、M52、M54 三座墓葬，并有相互打破关系，从现场观察，M52 与 M54 两座小型墓分别打破 M47。方向 103°。仰身直肢，人骨架保存一般。墓坑长 2.9、宽 1.4、墓底距地表深 1.25 米。随葬品 15 件，有陶豆 1 件、陶壶 1 件、陶罐 5 件、陶钵 1 件、陶杯 1 件、玉锥 2 件、玉坠 1 件、石斧 1 件、石锛 2 件。陶器大部分放置在人骨架右侧。墓主脚后有一猪架随葬（图七八）。

M48　位于 T203。方向 118°。骨架未见（?），可能是腐朽或特殊原因尸骨未能归

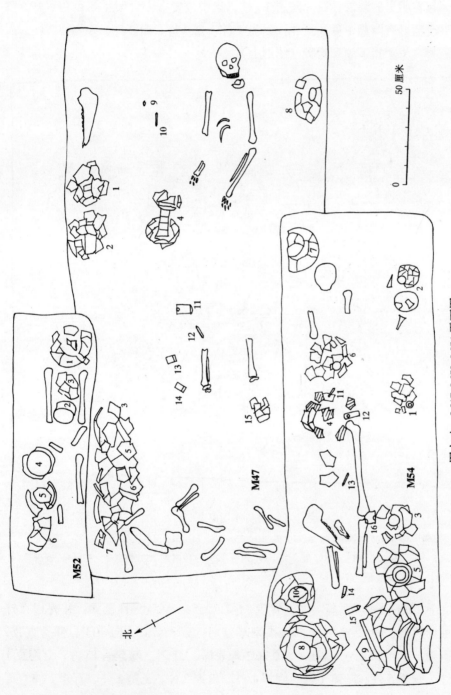

图七八　M47、M52、M54 平面图

M47:1、3、5、6、7. 陶罐　2. 陶钵　4. 陶豆　8. 陶壶　9. 陶壶　10、12. 玉坠　11. 石斧　13、14. 石　15. 陶杯

M52:1. 陶钵　2. 陶杯　3、6. 陶鼎　4、5. 陶杯　　　　　　　　　　　　　　　　　　　　　　　　　陶杯

M54:1. 陶杯　2、9. 陶鼎　3、5. 陶壶　4、6、7、8、10. 陶罐　11、13. 玉锥　14、15. 石锛　12、16. 石斧

葬。长方形竖穴土坑墓，墓坑长1.85、宽0.95、墓底距地表深0.75米。随葬品35件。其中玉器9件，有玉环7件、玉镯1件、玉锥1件，另有3件玉环已腐朽，未取。从放置位置判断，应是在人骨架的头、胸部。石器4件，有石镞2件、小石锛2件。陶器22件，分布在长1.6、宽0.8米人骨架位置的范围内，有陶鼎4件、陶鬶1件、陶豆4件、陶壶2件、陶罐5件、陶环4件、器盖2件，品种多样，陶色齐全。下方有兽骨一堆，可能是猪骨。另随葬猪下颌骨2个（图七九）。

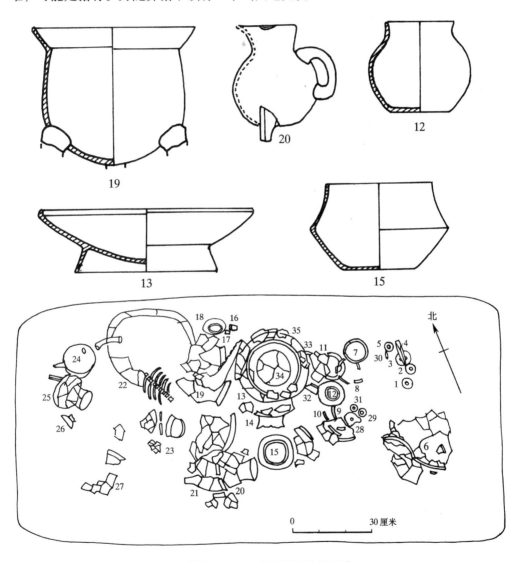

图七九　M48平面图及陶器组合

1、2、3、5、28、29、31.玉环　4、35.石镞　6、13、14、23.陶豆　7~10.陶环　11.残玉镯　12、15、22、27、33.陶罐　16、17.石锛　18、25.陶壶　19、21、24、34.陶鼎　20.陶鬶　26、32.陶器盖　30.玉锥

M49　位于 T201 东南部。方向 108°。男性，25 岁左右。仰身直肢，头骨挤压破碎。肢骨保存较好。长方竖穴土坑墓，长 2.2、宽 1.4 米。随葬品 19 件：其中玉环 1 件、玉珠 2 件、骨锥 4 件、獐牙勾形器 1 件，玉珠放置在头部，左手握有獐牙勾形器，是保存骨器较多的一座墓。陶器 11 件，集中放置在墓主脚下方的 1 米多距离内，其中有陶鼎 3 件、陶豆 2 件、陶罐 2 件、陶钵 1 件、陶缸 1 件、残陶器 2 件，陶质陶色有夹砂灰陶和红陶和黑皮陶。在人骨架下面有一堆兽骨，似为猪骨（图八〇）。

M55　位于 T203。方向 105°。仰身直肢，人骨架保存一般。长方形竖穴土坑墓，墓坑长 2.5、宽 1.15、墓底距地表深 0.75 米。随葬品 24 件，其中玉器 4 件，有玉锥 1 件、玉坠 1 件、玉瑗 2 件。石器 5 件，有斧 2 件、锛 2 件、砺石 1 件，是此墓地随葬石器较多的一座墓葬。陶器 15 件，放置在人骨架的右侧、腿部及脚下方，有陶鼎 1 件、陶豆 1 件、陶壶 1 件、陶罐 2 件、陶杯 1 件、残陶器 8 件、器盖 1 件。在人骨架的脚下方，和陶器同在一起随葬一具较完整的狗骨架。奇怪的是人骨架的部分脊髓、胸骨、上肢骨移位在人骨架的右外侧（图八一）。

M56　位于 T203 北部偏西。方向 100°。仰身直肢，人骨架保存较好。长方形竖穴土坑墓，墓坑长 2.35、宽 1.2、墓底距地表深 1.4 米，属中型墓。随葬品 45 件，以陶器为主，陶器放置在人骨架周围，有陶鼎 4 件、陶豆 3 件、陶壶 3 件、陶鬶 2 件、陶罐 8 件、陶盉 1 件、陶钵 2 件、残陶器 6 件、器盖 3 件、陶盆 2 件、陶匜 1 件。玉器和骨器有玉镯 2 件、玉锥 1 件、玉珠 1 件、玉饰片 1 件、骨锥 4 件、骨栖 1 件（图八二；彩版六，2）。

M58　位于 T208 中南部。方向 108°。仰身直肢，人骨架保存较好。依据牙齿已经脱落、牙槽已愈合萎缩、枕外隆突显著等特征，鉴定为老年男性。有墓坑，墓坑长 2、宽 1、墓底距地表深 1.35 米。随葬品 27 件，有陶鼎 1 件、陶鬶 1 件、陶豆 2 件、陶壶 1 件、陶罐 6 件、陶钵 1 件、残陶器 1 件、器盖 1 件、石斧 1 件、石锛 10 件、石刀 2 件。石器集中放置在人骨架左腿部外侧，右手握有一石锛。陶器放置在人骨架两侧及足下方。足左下方随葬狗架 1 具。此墓的特点是随葬石器的数量较多且品种单一。未见随葬玉器。可能与制作石器专长有关（图八三；图版一，1）。

三、小型墓葬

北区墓地已发现的小型墓葬 19 座，数量次于中型墓。墓号分别为 M6、M7、M9、M11、M14、M15、M22、M24、M33、M38、M39、M43、M44、M51、M52、M53、M54、M57、M59。所谓小型墓是对中型墓相对而言的，一般墓坑较小，随葬品偏少而单一，个别墓葬甚至一无所有。这批墓葬社会地位低下，无单独的埋葬区，往往夹杂在中型墓之间，处于从属地位。

以下就北区 19 座小型墓葬依次分别介绍。

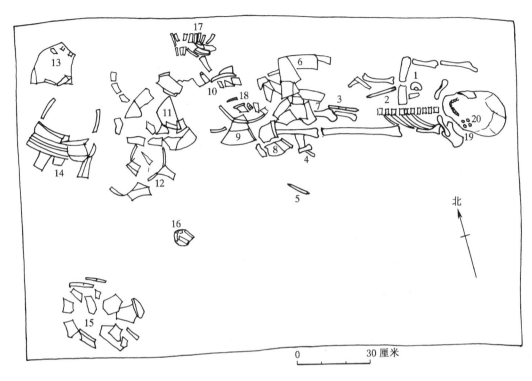

图八〇 M49平面图

1.玉环 2、3、5、18.骨锥 4.獐牙勾形器 6、8.陶罐 7、9.陶豆 10、12、14.陶鼎 11.陶钵 13、16.残陶器 15.陶缸 17.兽骨 19、20.玉珠

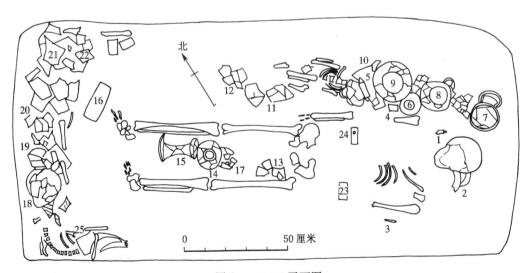

图八一 M55平面图

1.玉坠 2.玉瑗 3.玉锥 4、23.石锛 5.砺石 6.玉瑗 7.陶杯 8.陶背壶 10、11、12、17、19、20、21、22.残陶器 9、14.陶罐 13.陶器盖 15.陶豆 16、24.石斧 18.陶鼎 25.狗骨架

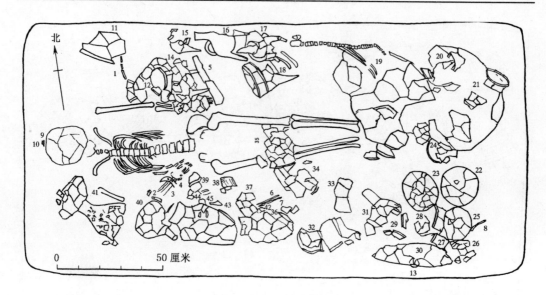

图八二　M56平面图

1、6、7、8.骨锥　2、3.玉镯　4.玉珠　5.骨栖　9.玉锥　10.玉饰　11、30.陶盆　12、24、42.陶器盖
13、15、18、32.陶鼎　14、19、21、23、25、27.34、35.陶罐　16、17.陶鬶　20、29、33、37、38、44.残
陶器　22、28.陶钵　26、39、41.陶豆　31.陶匜　36、43、45.陶壶　40.陶盉

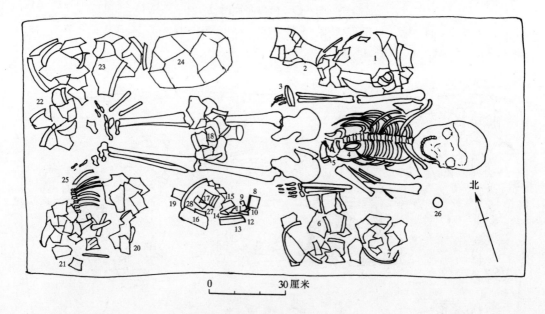

图八三　M58平面图

1、6、7、20、22、23.陶罐　2、17.陶豆　3、8~13、19、27、28.石锛　4.陶器盖　5.陶壶　14、15.石刀
16.石斧　18.陶鬶　21.陶鼎　24.残陶器　25.狗骨架　26.陶钵

M6　位于 T3 南部偏东。方向 98°。仰身直肢，保存较完整。墓坑略呈长方形，边缘不清。填土为灰土。此墓不见玉器，仅随葬 3 件陶器。人骨架头部右侧随葬灰陶小杯、陶罐各 1 件、距人骨架北约 1 米随葬陶罐 1 件。人骨架右侧及足下方随葬猪架 5 具，猪头、猪牙、猪蹄保存较完整。墓内以这种形式埋葬众多猪头猪蹄，除财富的象征外，可能另有含义（图八四）。

M7　位于 T1 南之东。方向 120°。仰身直肢，人骨架保存不好，仅存肢骨一段。墓坑边缘不明显，墓口深 0.5、墓底深 0.6 米。随葬品 6 件，有陶罐 2 件、陶豆 1 件、残器 3 件。随葬猪牙床 3 个（图八五）。

M9　被 M4 和 M20 打破，属残墓。方向 108°。仅剩头盖骨及其他零星骨片。残存范围东西 1、南北 0.4 米。因墓葬被打破和扰乱，随葬陶器均已破碎，器形难以认清，惟一可辨者为 1 泥质陶罐。另在右肩下发现 1 玉坠（图八六）。

M11　位于 T9，距西壁 3.95 米，距南壁 3 米。方向 100°。仰身直肢，为一 10 岁左右儿童。墓坑长 1.3、宽 0.6、墓口深 0.63 米。随葬品 5 件，有陶罐、陶钵、陶杯、残陶器、玉镯各 1 件（图八七）。

M14　位于 T9，距西壁 8.2 米，距南壁 4.5 米。方向 94°。仰身直肢，是一个小孩墓葬。墓坑长 1.15、宽 0.4～0.6、墓底深 0.9 米。随葬品 3 件，夹砂红陶鼎、黑陶杯、灰陶钵各 1 件（图八八）。

M15　位于 T9 东面中部，距西壁 9.35、距南壁 2.1、深 1 米。方向 93°。墓坑边缘不明显，为仰身略侧向右侧。人骨架保存较差，仅长 1 米左右，为一个小孩墓葬。随葬品 5 件，有陶壶、陶鼎、陶豆、陶罐、陶钵各 1 件，分布在人骨架右侧和下方（图八九）。

M22　位于 T8 北隔梁。方向 114°。仰身直肢，少年，朽蚀严重。不甚规则的竖穴式长方形墓坑，长 1.6、宽 0.61～0.83、墓口深 0.3、墓底深 1.25 米。随葬品 8 件。在人骨架颈部有 18 颗小玉珠、玉管组成的串饰 1 件。7 件陶器集中于人骨架右侧及下肢部，陶器有陶钵 1 件、杯 1 件、豆 1 件、罐 1 件、残陶器 3 件。陶器残损十分严重。另外，在人骨架左侧手部发现獠牙 1 枚，残猪骨 1 段（图九○）。

M24　位于 T201 东南部，部分压在与 T9 间的隔梁下。方向 96°。仰身直肢，身体略向南侧。头骨和上肢骨保存较差，骨盆和下肢骨保存较好，腿骨较为粗壮，依据体形判断，似为一男性少年。墓底距地表深 0.95 米。在人骨架的胯部仅随葬 1 件黑衣陶罐（图九一）。此墓紧靠 M50 大墓墓坑上方，估计是作为人祭殉葬墓，与 M50 有关。与之紧相挨的 M16 大墓亦有类似情况。

M33　位于 T203。方向 120°。仰身直肢，人骨架保存一般。长方形竖穴土坑，坑口 不明显，已深及积岩土，长 1.85、宽 0.5、墓底距地表深 0.95 米。无随葬品（图九

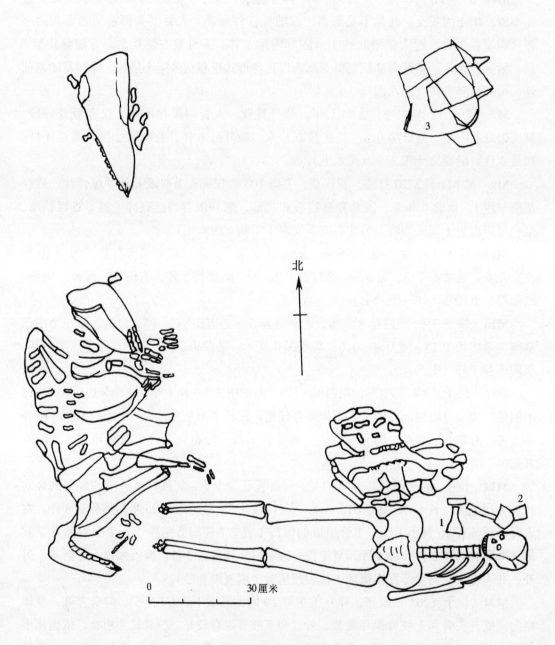

图八四　M6 平面图

1.陶杯　2、3.陶罐

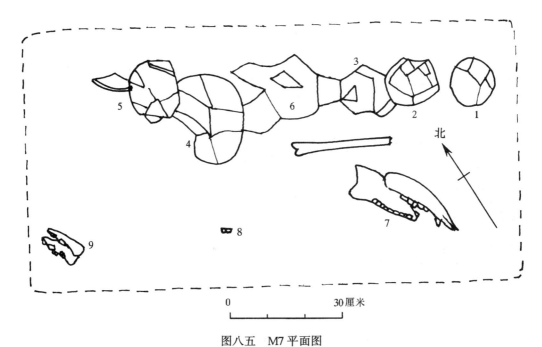

图八五　M7 平面图

1、2. 陶罐　3、陶豆　4、5、6. 残陶器　7~9. 猪牙床

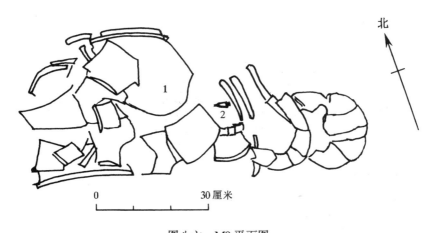

图八六　M9 平面图

1. 陶罐　2. 玉坠（压在右肩下）

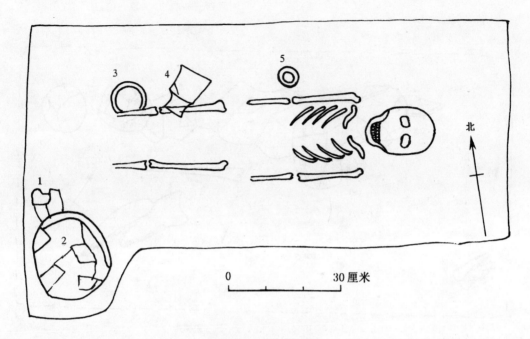

图八七　M11平面图

1.残陶器　2.陶罐　3.陶钵　4.陶杯　5.玉镯

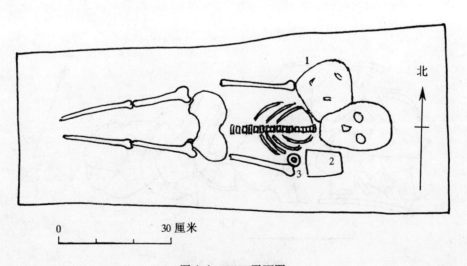

图八八　M14平面图

1.陶鼎　2.陶杯　3.陶钵

北

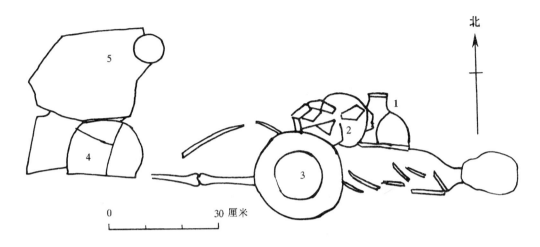

图八九　M15平面图

1.陶壶　2.陶罐　3.陶钵　4.陶鼎　5.陶豆

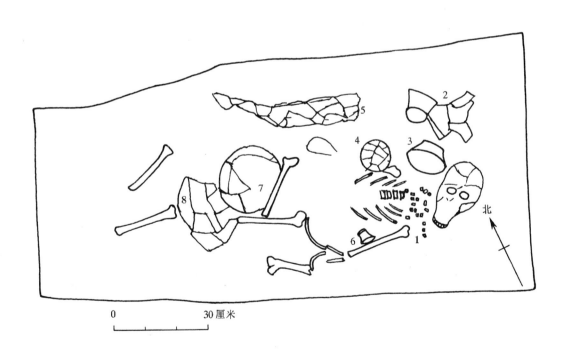

北

图九〇　M22平面图

1.项饰（玉珠18颗）　2、4、5.残陶器　3.陶钵　6.陶杯　7.陶罐　8.陶豆

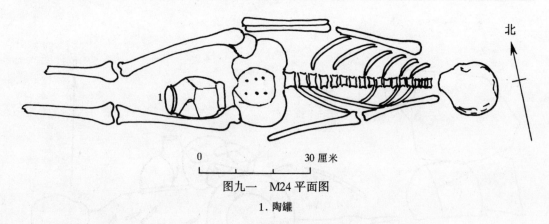

0　　　　　　　30 厘米

图九一　M24 平面图
1. 陶罐

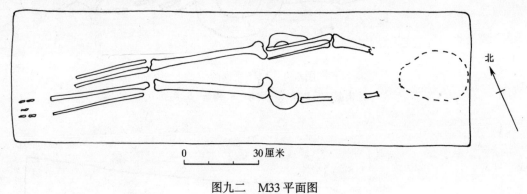

0　　　　　　　30 厘米

图九二　M33 平面图

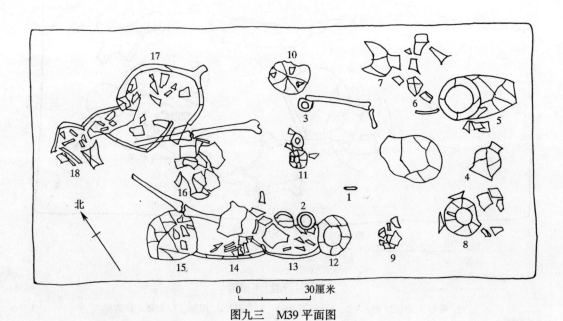

0　　　　　　　30 厘米

图九三　M39 平面图

1. 玉锥　2、3. 玉镯　4. 陶杯　5、16. 陶罐　6. 陶鼎　7、10、11. 陶鬶　8. 陶盉　9. 陶背壶　12~15、17、18. 残陶器

二）。此墓一无所有，紧靠大型墓葬 M23 右上方，与 M50 上方一墓情况一致，也应与 M23 陪葬或作人祭有关。

M39　位于 T202。方向 111°。仰身直肢，人骨架保存较差，仅存部分肢骨，女性。墓底距地表 1.65 米，比相邻的 M38 低 0.5 米。推测 M38、M39 也许是夫妻关系。墓坑长 2.12、宽 1.05 米。随葬品 18 件。其中玉器 3 件，有镯 2 件、锥 1 件。陶器 15 件，器形有鼎 1 件、壶 1 件、鬶 3 件、罐 2 件、杯 1 件、盉 1 件、残陶器 6 件。器物放置在人骨架周围。无猪头骨随葬（图九三）。

M38　位于 T202，在 M39 北边，相距不到 1 米。方向 110°。仰身直肢，下肢保存较好。墓底距地表深 1.15 米，M38 的头骨较 M39 的头骨高出 50 厘米。据器物分布范围墓坑大小长约 1.8、宽约 1.4 米，仅以虚线表示。随葬品 14 件。有玉环 1 件；石斧 1 件、石镞 1 件；陶器 11 件，器形有鼎 2 件、豆 1 件、壶 2 件、罐 1 件、钵 1 件、缸 1 件、残陶器 3 件。左侧上方放置 1 件大陶缸，陶器集中放置在腿部（图九四）。大陶缸已碎裂，现场测量直径为 52～58 厘米、高 23 厘米（发掘者仅采集陶缸标本 10 余块，据记录大缸已碎成数百块，无法修复）。

M43　位于 T206 南半部。方向 108°。仰身直肢，初步鉴定为女性。人骨架保存好。长方形竖穴土坑墓，墓坑长 2.1、宽 0.85 米、墓底距地表深 0.95 米。随葬品 12 件（组）。玉珠 1 组（6 颗），放在墓主颈部，在左胸部有 1 件玉锥，左小臂内侧有 1 件玉镯。陶器 9 件，放在墓主左侧和脚后，陶器器形有鼎 3 件、豆 2 件、壶 1 件、罐 2 件、纺轮 1 件（图九五）。

M44　位于 T202，在 M38 之东，与 M38 并列。无人骨保存，葬式不清。根据遗物分布范围，墓坑大约长 1.65、宽 1.25 米。随葬陶器 5 件，有陶鼎 1 件、陶罐 1 件、陶壶 1 件、残陶器 2 件。随葬猪颌骨 2 个（图九六）。此墓是一小墓，又经前后二次才清理完（87 年发现时因恰巧一半压在隔梁内，深度较深，故未扩方，采取就地覆盖保护，待下次发掘时打隔梁再做），所以有些如墓坑大小等无法搞得很清楚。

M51　位于 T206 北半部中间。方向 95°。仰身直肢，人骨架保存较差，仅存头骨和部分下肢骨。经鉴定为青年，人骨架长 1.25 米。长方形竖穴土坑墓，长 1.6、宽 0.63、墓底距地表 1 米。随葬品 9 件，有陶鼎 2 件、陶壶 1 件、陶罐 4 件、玉镯 1 件、玉珠 1 件（3 颗编为 1 个号）。陶器陈放在胸腹部和足部（图九七）。

M52　位于 T206 西隔梁下。方向 103°。仰身直肢，人骨架保存一般。墓坑长 1.5、宽 0.4、墓底距地表深 1.25 米。在 M47 右下方，头向一致。随葬品 6 件，皆为陶器，分布在人骨架上下，有鼎 2 件、罐 2 件、杯 1 件、钵 1 件（参见图七八）。

M53　位于 T203。方向 115°。仰身直肢，人骨架未见头部。长方形竖穴土坑墓，墓坑长 1.5、宽 0.65、墓底距地表深 0.84 米。随葬品很少，仅随葬陶器 4 件，陶器放

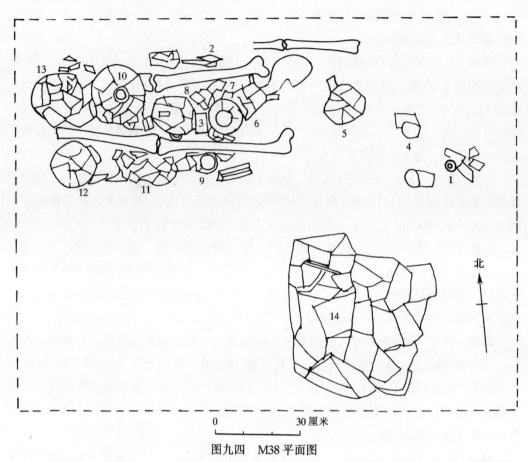

0　　　　　　30 厘米

图九四　M38 平面图

1. 玉环　2. 石镞　3. 石斧　4、11、12. 残陶器　5. 陶钵　6、13. 陶鼎　7. 陶罐　8、9. 陶壶　10. 陶豆　14. 陶缸

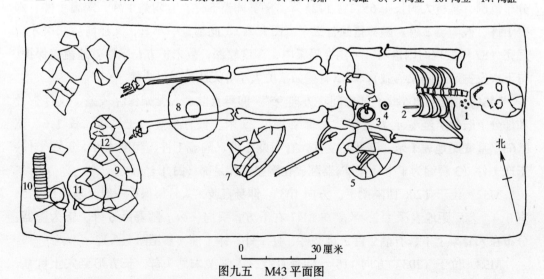

0　　　　　　30 厘米

图九五　M43 平面图

1. 玉珠（6 颗）　2. 玉锥　3. 玉镯　4. 纺轮　5、10. 陶豆　6、7、11. 陶鼎　8、9. 陶罐　12. 陶壶

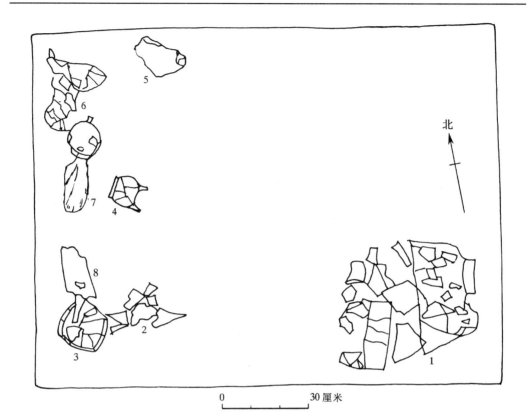

图九六　M44 平面图

1.陶背壶　2、6.残陶器　3.陶罐　4.陶鼎　5.红烧土块　7、8.猪头骨

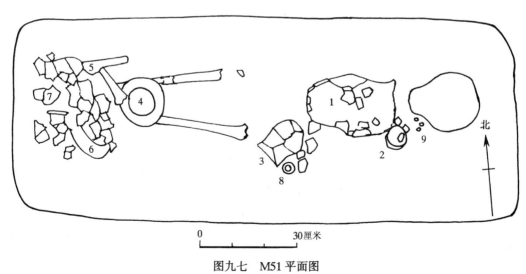

图九七　M51 平面图

1、2、3、7.陶罐　4.陶壶　5、6.陶鼎　8.玉镯　9.玉珠

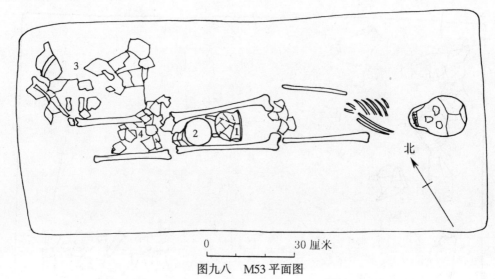

图九八　M53 平面图
1. 陶鼎　2. 陶罐　3. 陶豆　4. 残陶器

置在人骨架的腿部和右下方，其中鼎 1 件、豆 1 件、罐 1 件、残陶器 1 件（图九八）。

M54　位于 T206 西隔梁下。方向 100°。仰身直肢，人骨架保存一般。墓坑长 2.5、宽 0.8、墓底距地表深 1.25 米。位于 M47 左下方，两墓方向一致，有打破关系。随葬品 16 件。玉器有玉锥 2 件。石器 4 件，有穿孔石斧 2 件、石锛 2 件。陶器 10 件，分布在人骨架左侧和胸、腹及脚后，陶器器形有鼎 2 件、壶 2 件、罐 5 件、杯 1 件，其中以罐的数量居多。墓内随葬猪颌骨 1 个（参见图七八）。

M57　位于 T203。方向 112°。仰身直肢，人骨架保存较差，仅存右上肢和下肢骨。长方形竖穴土坑墓，墓坑长 1.7、宽 0.7、墓底距地表深 1.2 米。随葬器物较少，仅有 5 件陶器和 1 件骨锥。骨锥长约 30 厘米，放置在人骨架右下侧。陶器放置在右上侧和左下方。陶器有陶鼎 3 件、红陶壶 1 件、红陶小罐 1 件。未有常见的玉器和猪颌骨随葬（图九九；图版一，1）。

M56、M57、M58、M59 并排安葬。与《大汶口》报告中情形相似，这应是氏族制度在墓葬中的表现。

M59　位于 T208 中南部。方向 110°。仰身直肢，人骨架右半部保存较好。有墓坑，墓坑长 2.4、宽 0.9、墓底距地表深 1.3 米。随葬品 10 件，全为陶器，其中鼎 4 件、豆 2 件、罐 1 件、壶 1 件、盉 1 件、缸 1 件。主要放置在人骨架左侧及足下方。紧挨右腿部外侧随葬 1 具狗架。此墓与 M58 相并列，并紧靠在一起。两墓间可能存在着某种联系（图一〇〇）。

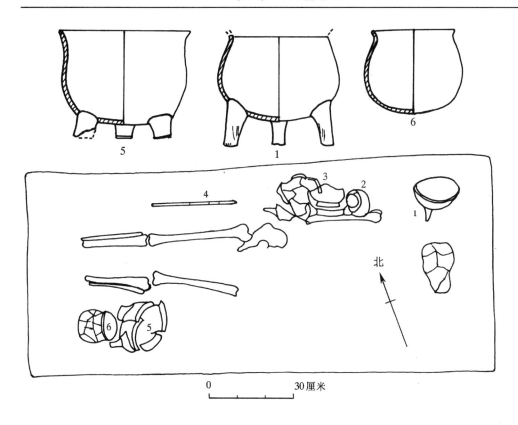

图九九 M57 平面图

1、3、5.红陶鼎 2.陶壶 4.骨锥 6.陶罐

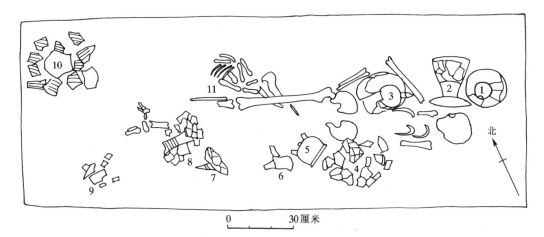

图一〇〇 M59 平面图

1.陶罐 2、8.陶豆 3.陶盉 4.陶壶 5、6、7、9.陶鼎 10.陶缸 11.狗骨架

第三节　随葬器物

主要有陶、玉、石、骨角器等类，共计1430余件。

一、陶器

北区出土的陶器866件。有的墓中陶器成堆叠放，由于陶质火候低，较为酥碎，大部分保存很差，难以分辨器形和修复，经修复完整的仅300余件。这些陶器绝大部分与大汶口文化陶器相同，只有一小部分与太湖地区良渚文化相似。陶质以夹砂陶和泥质灰陶为主，有少量的黑皮陶。泥质陶器上常饰镂孔、刻划等，夹砂陶器上常饰附加堆纹、篮纹等。常见器形有背壶、罐形鼎、钵形鼎、镂孔圈足豆、实足鬶、袋足鬶、高足杯、大口缸等。这些都是大汶口文化的典型器，有着鲜明的特点。另一小部分陶器带有崧泽—良渚文化的特点，如饰有圆形镂孔和三角形弧线刻划纹的高柄豆、贯耳壶、阔把杯等。

陶器的器类主要有鼎、鬶、豆、壶、罐、盉、钵、杯、缸、盆、碗、环、篮、纺轮等。

鼎　119件，为泥质陶和夹砂陶两种，分为3型。

Ⅰ型　釜形，口径大于腹径。标本M50:54，夹砂红陶。侈口，宽折沿，凿形足，足根有二个捺窝，侧面有一道深划纹。口径17.5、高16.4厘米（图一〇一，3）。标本M48:19，夹砂褐陶。宽折沿，足残缺。口径19、高15厘米（图一〇一，6）。标本M36:24，夹砂褐陶。宽折沿，深腹，平底，从残留足根判断，原有三个扁锥形足。口径21.4、残高20厘米（图一〇一，7）。标本M48:34，夹砂褐陶，与M48:19相似。口径11.8、残高12.5厘米（图一〇一，2）。标本M40:14，夹细砂红陶，宽折沿，腹壁斜直，靠颈部饰有数道弦纹。口径25.6、高22.3厘米（图一〇二，2）。标本M57:5，夹砂褐陶，侈口，弧鼓腹，圆锥足残。口径17.5、高15厘米（图一〇一，5）。标本M42:19，夹砂褐陶。折沿，弧鼓腹，足残缺。口径19.3、高15厘米（图一〇一，8）。标本M18:39，夹砂红陶。敛口，宽折沿，圆唇，深弧腹，圜底。三角凿形足，足上端有四个小捺窝。覆碗式鼎盖，纽缺损。口径11.3、通高15.1厘米（图一〇一，1；图版二，4）。标本M19:14，夹砂褐陶。敛口，宽折沿，圆唇，深弧腹，最大径在腹下部，平底。三足残缺，从足根看应为三角形锥足。口径12.5、残高10.6厘米（图一〇一，4）。

Ⅱ型　罐形。口径小于腹径。标本M59:5，夹细砂褐陶，圆锥体足。口径9.6、高11厘米（图一〇二，5）。标本M57:1，夹砂红陶。口沿残，矮扁足，足两侧呈凹弧形。

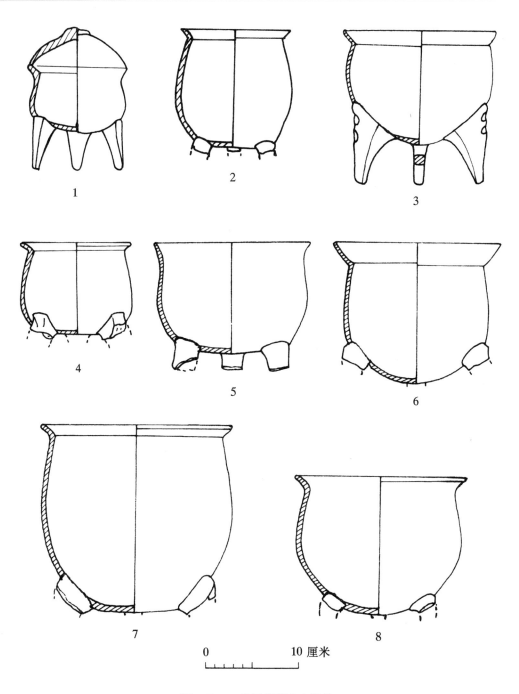

图一〇一　北区墓葬出土陶鼎

1. I型（M18:39）　2. I型（M48:34）　3. I型（M50:54）　4. I型（19:14）　5. I型（M57:5）

6. I型（M48:19）　7. I型（M36:24）　8. I型（M42:19）

口径 13、高 13.8 厘米（图一〇二，7）。标本 M56：13，夹细砂褐陶。侈口，圆鼓腹圜底，足为扁平形。口径 8、高 7.8 厘米（图一〇二，3）。标本 M44：4，夹细砂红陶，腹、底相接似球形，扁锥足。口径 10、高 12.5 厘米（图一〇二，6）。标本 M34：34，泥质红陶。敛口，小折沿，弧鼓腹，最大径在下腹，与底相接似球形。自颈至上腹饰弦纹数道，凿形小足，整个器形小巧精致。口径 7.2、高 8.5 厘米（图一〇二，4；图版二，2）。

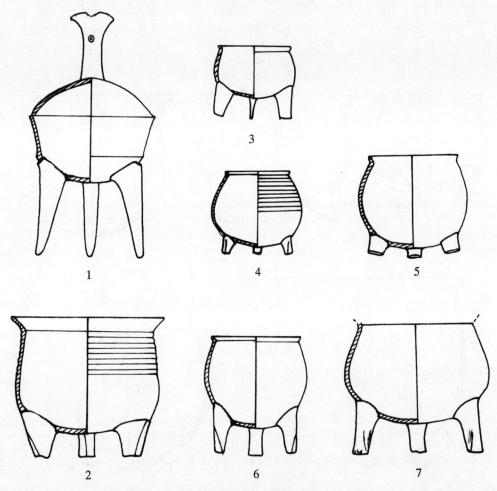

图一〇二　北区墓葬出土陶鼎

1. Ⅲ型（M60：78）　2. Ⅰ型（M40：14）　3. Ⅱ型（M56：13）　4. Ⅱ型（M34：34）　5. Ⅱ型（M59：5）
6. Ⅱ型（M44：4）　7. Ⅱ型（M57：1）　（1、2 为 1/6，其余为 1/4）

Ⅲ型　盆形。标本 M60：78，泥质灰陶。鼎身为盆形并带盖。敞口，圜底，羊角形足外撇。盖纽呈扁平长条形，两侧似两个鸟头，纽上部中间有一圆孔。口径 21.5、通高 38.8 厘米（图一〇二，1；图版二，1）。标本 M20：57，泥质褐陶。口沿残，直腹，

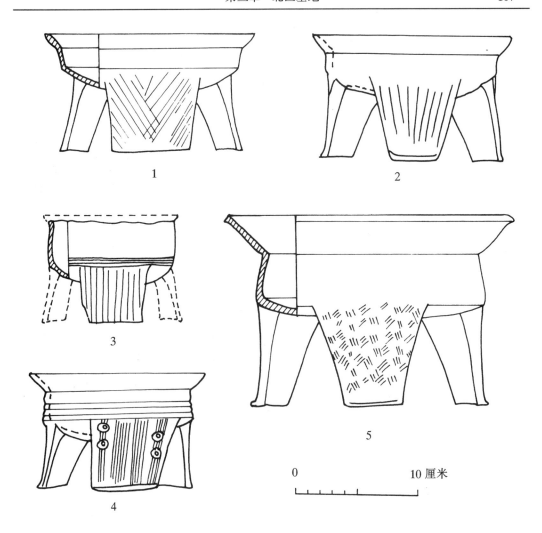

图一〇三　北区墓葬出土陶鼎

1.Ⅲ型（M21:18）　2.Ⅲ型（M18:29）　3.Ⅲ型（M20:57）　4.Ⅲ型（M18:41）　5.Ⅲ型（M20:40）

弧底，瓦形足面饰竖条划纹，两足残缺。下腹部有三周弦纹。口径 10.8、高 8.2 厘米
（图一〇三，3）。标本 M18:41，橙色泥质陶。敞口，口沿宽大向外斜折，直腹，弧底，
瓦形足上宽下窄，足端外撇。腹部有弦纹三周，足面饰二十余道竖条划纹。一是原断为
两段，段口两侧分别有两个对应的小圆孔，便于缚绳固定。口径 14.5、高 9.3 厘米
（图一〇三，4；图版三，3）。标本 M18:29，泥质灰陶。敞口，宽折沿，浅直腹，圜
底，瓦形足上宽下窄，足端外撇。足面饰刻划竖条纹。口径 16.8、高 10 厘米（图一〇
三，2；图版三，6）。标本 M21:18，泥质浅灰陶。敞口，宽折沿，尖唇，浅直腹，圜
底，瓦形足较宽扁。足面饰多道斜向刻划状纹。口径 17.4、高 9.5 厘米（图一〇三，
1；图版三，5）。标本 M20:40，泥质黑衣陶。敞口，宽折沿，浅折腹，底微弧，瓦形

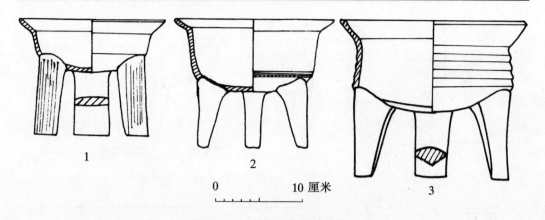

图一〇四　北区墓葬出土陶鼎

1. Ⅲ型（M34:18）　　2. Ⅲ型（M27:7）　　3. Ⅲ型（M49:14）

足上宽下窄，足端外撇。足面饰编织纹。口径24.3、高15.3厘米（图一〇三，5；图版三，4）。标本M34:18，夹砂灰陶。宽折沿，浅腹近直，底略弧，腹底间有明显转折。宽扁足，足间饰六道竖划纹。口径17.5、高13厘米（图一〇四，1）。标本M49:14，夹砂黑陶。侈口，圆唇，足为三角形扁锥足，腹部饰数道凹弦纹，足面刻曲折纹。口径22、高17.4厘米（图一〇四，3）。标本M27:7，夹砂灰陶。折沿，斜直腹，底略弧，圆锥足较高。下腹饰三道凹弦纹和一周小捺窝纹。口径19.6、高15厘米（图一〇四，2）。

　　鬶　28件，皆为夹砂陶，分为2型。

　　Ⅰ型　实足，分为2个亚型：

　　ⅠA型　细高领，把在背上。标本M60:1，夹细砂红陶。口微侈，宽短流，球形腹，小平底，凿形足，肩腹部有环形鋬。通高28、腹径18厘米（图一〇五，4）。标本M60:56与上述器相似。高28、腹径18厘米（图一〇五，5；彩版九，3）。

　　ⅠB型　粗高领，把在一侧。标本M36:27，夹细砂红陶。侈口，宽短流，束颈，椭圆腹，平底，凿形足，宽扁鋬。口径8.2、腹径13.3、高24.4厘米（图一〇五，3）。标本M36:21，夹细砂灰陶。口微侈，平沿，一侧有流，粗短颈，圆鼓腹下收圈底，扁圆足，足根外侧有二个捺窝。上腹一侧有鋬。口径9.2、高22厘米（图一〇五，2）。标本M48:20，夹细砂红陶。侈口，带流，高颈，圆鼓腹，平底，扁锥足残。口径10.4、腹径15、残高19厘米（图一〇五，1）。标本M58:18，夹砂灰陶。口微侈，宽流，短颈，球腹，圈底，凿足，足外侧有一长条深槽。上腹一侧有鋬，器身厚重。口径6.7、高21.5厘米。上有一盖（M58:4），呈椭圆形，偏一边有一圆纽，纽中间有一圆孔。盖高1.4厘米（图一〇五，6）。

　　Ⅱ型　空足。分为2个亚型：

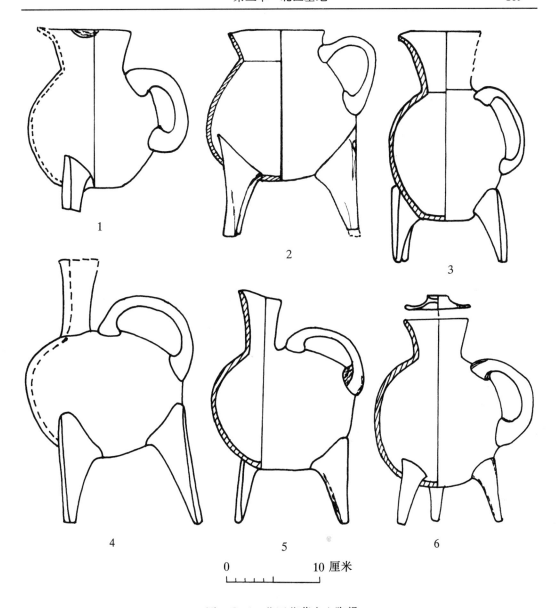

图一〇五　北区墓葬出土陶鬶

1.ⅠB型（M48：20）　2.ⅠB型（M36：21）　3.ⅠB型（M36：27）　4.ⅠA型（M60：1）　5.ⅠA型（M60：56）　6.ⅠB型（M58：18、M58：4 盖）

　　ⅡA型　口一侧捏出一流。标本 M26：12，夹砂红陶。宽沿，细高颈，颈上有一向上斜伸的尖长流。袋足粗，足尖尖细，裆的间隔较大。后腿与颈相连处有一半环形宽鋬。口径 8、高 24.2 厘米（图一〇六，3；图版四，1）。标本 M34：39，夹砂红陶。口径 11.5、高 34.5 厘米（图一〇六，2；图版四，2）。

　　ⅡB型　管状流。标本 M50：65，夹砂红陶。漏斗状口，宽折沿，高颈，颈上有高

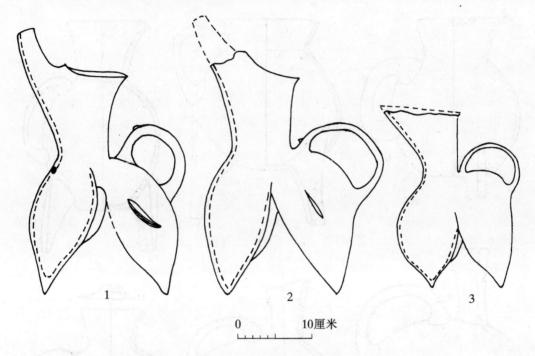

0　　　　　　　　　10厘米

图一〇六　北区墓葬出土陶鬹

1．ⅡB型（M50:65）　2．ⅡA型（M34:39）　3．ⅡA型（M26:12）

翘的冲天管状流，流口有两个对称的小尖凸。袋足腿部粗壮，后腿与颈相连处有一半环形宽鋬，上方饰二个小圆饼状乳突。鋬下方腿的两侧捏成二个弧状短翅。前面两腿靠颈部饰有二个小圆圈，中心凸出，眼目圆睁。抽象的器物造型，犹如一昂首站立的雄鹰。口径9.2、高34厘米（图一〇六，1；彩版九、2）。

豆　173件。皆为泥质陶，分为6型。

Ⅰ型　矮圈足，盘口沿内欸。标本M48:13，泥质灰陶。豆盘如钵形，矮圈足。口径24.7、高6.9厘米（图一〇七，2）。标本M36:25，泥质灰陶。豆盘如钵形，素面。圈足残缺。口径26.5、残高7厘米（图一〇七，1）。

Ⅱ型　高圈足，盘口沿内欸。标本M34:15，泥质灰陶，豆柄两侧各有二个上下对应的圆形镂孔。上下部饰有一周禽鸟形小镂孔，口径20.5、高16厘米（图一〇七，4）。标本M32:3，泥质灰陶。豆盘如钵形，圈足两侧各有一个圆形镂孔。口径21.2、高11厘米（图一〇七，3）。标本M19:15，泥质褐陶。敞口，弧折腹，粗喇叭形圈足，上部饰瓦楞纹多道，口径17、底径14.6、高10.8厘米（图一〇八，4）。标本M18:45，泥质褐陶，敞口，口沿略宽，斜折腹，浅盘粗喇叭形圈足，足上饰圆形和凹弧边三角形大镂孔。口径18.8、底径16.8、高12.5厘米（图一〇八，5；图版七，3）。标本M20:35，泥质褐陶。斜弧腹，浅盘，喇叭形高圈足，饰瓦楞纹。口径11.5、底径11、高14

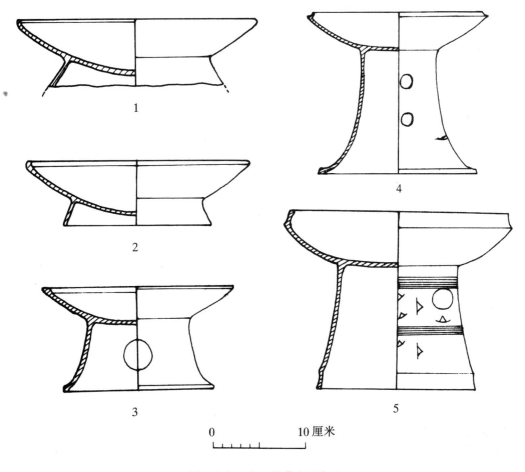

图一〇七　北区墓葬出土陶豆

1. Ⅰ型（M36:25）　2. Ⅰ型（M48:13）　3. Ⅱ型（M32:3）　4. Ⅱ型（M34:15）　5. Ⅲ型（M35:27）

厘米（图一〇八，2）。标本 M34:17，泥质灰陶。口微敛，平唇短沿。柄两侧各有四个圆形镂孔。口径 22、底径 14、高 29 厘米（图一〇八，3）。标本 M21:19，泥质黑皮陶。敞口，弧折腹，粗喇叭形圈足上饰瓦楞纹数道。口径 17、底径 14.6、高 10.8 厘米（图一〇八，1；图版七，1）。标本 M50:36，泥质灰陶。敞口，折沿，斜折腹，浅盘。喇叭形圈足，足端外撇，底径大于盘口，豆盘小巧。圈足上布满圆形和三角形镂孔。口径 19.8、底径 21.5、高 58 厘米（图一〇八，6；图版五，2）。

　　Ⅲ型　高圈足，盘口沿内折。标本 M50:44，泥质灰陶。斜弧腹，喇叭形状圈足。圈足上饰禽鸟形和圆形镂孔，靠上部饰五道弦纹。口径 26、底径 24.5、高 29 厘米（图一〇九，5）。标本 M35:27，泥质灰陶。口微敛，豆柄粗壮，上下各有一组细密的弦纹和小三角形镂孔。上部还有三个等距的大圆孔。口径 25、底径 17.6、高 19 厘米（图一〇七，5）。标本 M30:11，泥质灰陶。侈口，圆唇，豆盘较浅。圈足上饰有圆形镂孔。

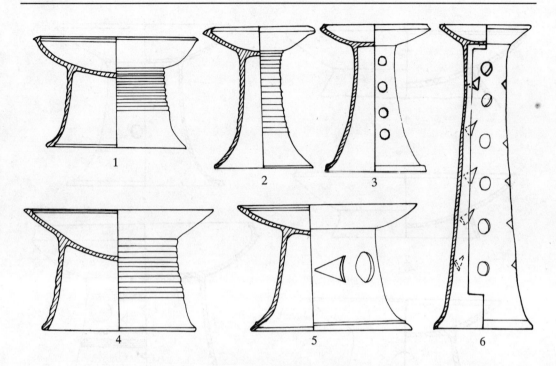

图一〇八　北区墓葬出土陶豆

1.Ⅱ型（M21:19）　2.Ⅱ型（M20:35）　3.Ⅱ型（M34:17）　4.Ⅱ型（M19:15）　5.Ⅱ型（M18:45）　6.
Ⅱ型（M50:36）　　（3、6约为1/8，其余为1/5）

口径20.4、高20.5厘米（图一〇九，6）。标本M50:45，泥质灰陶，弧腹，浅盘，喇
叭形圈足，足上饰圆形、禽鸟形和凹弧三角形镂孔，相间饰弦纹数道。口径21.4、底
径22.6、高29厘米（图一〇九，1）。标本M50:48，泥质灰陶。斜弧腹，喇叭形高圈
足，足根外撇，圈足上部饰二周细密弦纹，圈足饰禽鸟形、凹弧三角形、圆形镂孔，口
径23、底径24、高29.6厘米（图一〇九，4；图版五，3）。标本M8:5，泥质灰陶，斜
直沿，折腹、浅盘，喇叭形高圈足，饰圆形和弧边三角形镂孔。口径14.4、底径13.4、
高15.5厘米（图一〇九，3）。标本M50:53，泥质灰陶。口微敛，斜折腹，浅盘，腹
上有一周凸棱，圈足上饰二道弦纹和二周禽鸟形镂孔，喇叭形圈足贴地处外撇。口径
13.3、底径9.2、高9厘米（图一〇九，2）。

　　Ⅳ型　高圈足，盘折沿外侈。标本M61:11，泥质灰陶。浅盘，柄部细长，饰有弦
纹数道，喇叭口贴地处宽大。口径21.7、底径11.2、高21.5厘米（图一一二，1）。标
本M36:31，泥质灰陶。浅盘，圈足上饰三角形镂孔。口径19.8、底径16、高23厘米
（图一一一，4；图版六，1）。标本M20:63，泥质黑皮陶。敞口，凹弧腹。喇叭形圈
足，饰圆形镂孔。口径15.5、底10.7、高12.4厘米（图一一〇，3；图版七，2）。标
本M60:59，泥质灰陶。浅盘，柄饰弦纹数道，口径23.4、底19.8、高26厘米（图一

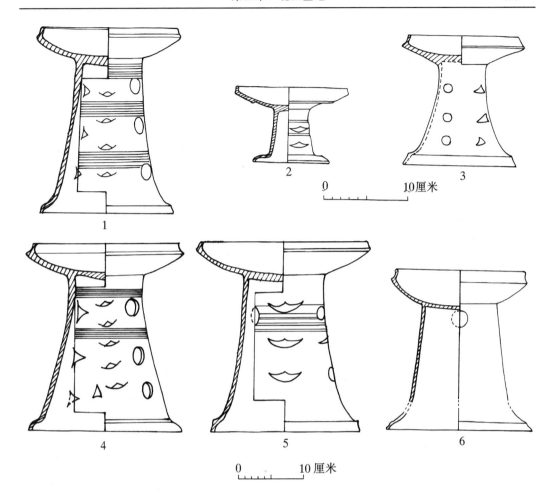

图一〇九 北区墓葬出土陶豆

1. Ⅲ型 （M50：45） 2. Ⅲ型 （M50：53） 3. Ⅲ型 （M8：5） 4. Ⅲ型 （M50：48） 5. Ⅲ型 （M50：44） 6. Ⅲ型 （M30：11）

一二，2）。标本 M20：59，泥质灰陶。折腹、浅盘，喇叭形圈足，上部饰瓦楞纹。口径 15.7、底径 11.4、高 13.3 厘米（图一一〇，4）。标本 M50：43，泥质灰陶。敞口，盘较深，柄部饰瓦楞纹。口径 14.3、底径 11.8、高 14 厘米（图一一一，2）。标本 M12：7，泥质灰陶。腹部平直，盘极浅，粗喇叭形圈足，上部饰一对称圆形镂孔。口径 23、底径 22.6、高 17 厘米（图一一〇，2）。标本 M60：62，泥质灰陶。直口，折沿，圈足上饰一周禽鸟纹和圆圈镂孔，下部有一周凸棱，上部有三道凹弦纹。器形敦实。口径 28、底径 22.7、高 20 厘米（图一一一，3；图版五，1）。标本 M19：16，泥质黑皮陶。敞口，折腹，粗喇叭形圈足上饰大三角形和菱形镂孔。靠足沿有两周弦纹，口径 19.6、底径 16、高 19 厘米（图一一〇，1）。

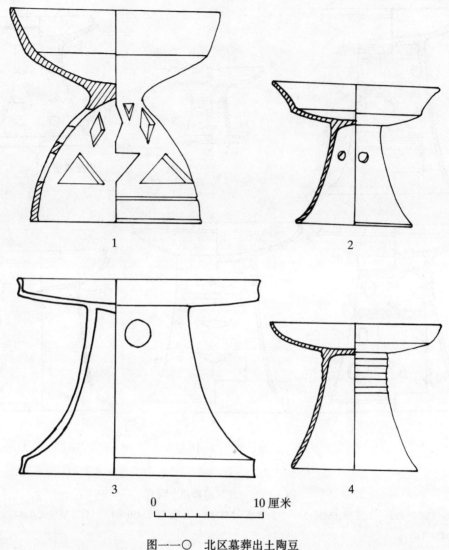

1　　　　　　　　　　　　　　2

3　　　　　　　　　　　　　　4

0 ├─┼─┼─┼─┼─┤ 10厘米

图一一〇　北区墓葬出土陶豆

1.Ⅳ型（M19∶16）　2.Ⅳ型（M12∶7）　3.Ⅳ型（M20∶63）　4.Ⅳ型（M20∶59）

　　Ⅴ型　高圈足，浅盘折沿外侈。标本 M50∶49，泥质浅灰陶。浅盘，斜弧腹。喇叭形圈足，圈足饰大圆形和弧直边小三角形镂孔，上中下饰三周细密的弦纹。口径 19.8、底 17.6、高 27.7 厘米（图一一二，3；图版五、4）。标本 M20∶38，泥质浅灰陶。弧腹，浅盘，柄部饰瓦楞纹。口径 14.6、底径 14.1、高 16 厘米（图一一三，2；图版六，4）。标本 M35∶33，泥质灰陶。宽沿，浅盘。足上饰三个竖长方形大镂孔，孔间饰长短不一的弧状划纹。器形独特。口径 17.7、底径 15.2、高 14 厘米（图一一二，4）。标本 M35∶31，泥质灰陶。同上述器形相似。口径 17.7、底径 15.6、高 14.5 厘米（图一一二，5）。标本 M20∶32，泥质黑皮陶。大敞口，斜直折腹，浅盘，喇叭形圈足，饰直角弧边三角

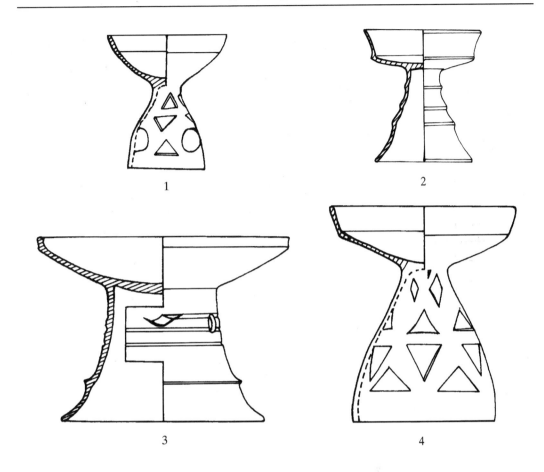

图——— 北区墓葬出土陶豆

1.Ⅳ型（M36:33） 2.Ⅳ型（M50:43） 3.Ⅳ型（M60:62） 4.Ⅳ型（M36:31） （1 为 1/6,其余为 1/4）

形和圆形镂孔。口径 19.3、底径 15.7、高 25 厘米(图——三,1;图版六,3)。

Ⅵ型 高圈足,盘壁圆弧。标本 M36:33,夹细砂红褐陶。敞口,腹较深。豆柄上部为束颈,往下扩肩成筒形圈足。圈足上饰相间三角形和大圆形镂孔。口径 19.8、底径 13.2、高 21.4 厘米（图———,1）。标本 M50:55,泥质淡灰陶。斜弧腹,浅盘,柄部饰圆形和弧边小三角形镂孔,并相间三周细密的弦纹。口径 18.5、底 16.8、高 30 厘米（图——四,3;图版六,2）。标本 M42:17,泥质灰陶,敞口,浅盘,圈足高大,上部饰五道弦纹,中部饰三角形和菱形镂孔。口径 8.4、底径 7.2、高 12.7 厘米（图——四,1）。标本 M34:13,泥质灰陶。豆盘为钵形,圈足上饰细弦纹。口径 17.5、底径 12.8、高 13.6 厘米（图——四,2）。标本 M60:49,夹细砂红陶。豆盘为钵形。口径 8.8、底径 6.4、高 8.5 厘米（图——四,6）。标本 M60:83,夹细砂红陶。同上述器形

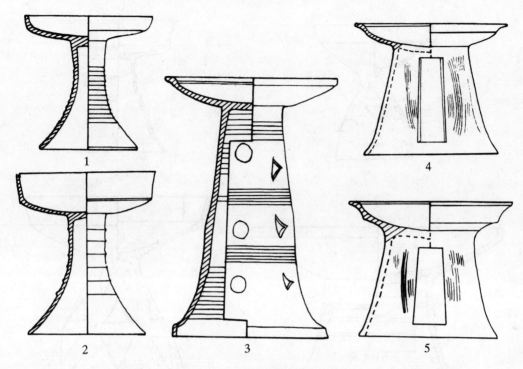

图一一二　北区墓葬出土陶豆

1.Ⅳ型(M61:11)　2.Ⅳ型(M60:59)　3.Ⅴ型(M50:49)　4.Ⅴ型(M35:33)　5.Ⅴ型(M35:31)

(1、2 为 1/6,其余为 1/4)

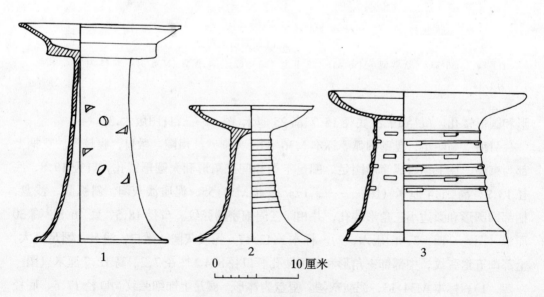

图一一三　北区墓葬出土陶豆

1.Ⅴ型（M20:32）　2.Ⅴ型（M20:38）　3.Ⅵ型（M4:33）

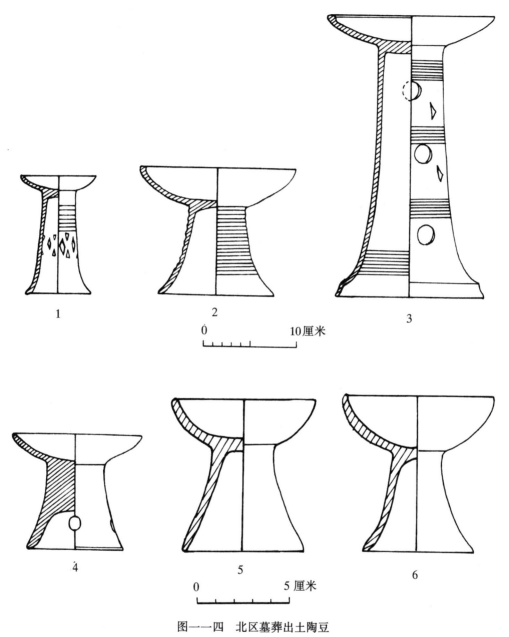

图一一四　北区墓葬出土陶豆

1.Ⅵ型（M42:17）　2.Ⅵ型（M34:13）　3.Ⅵ型（M50:55）　4.Ⅵ型（M29:11）　5.Ⅵ型（M60:83）
6.Ⅵ型（M60:49）

相同。口径9.1、底径6.8、高8.3厘米（图一一四，5）。标本M4:33，泥质灰陶。敞口，唇内卷，大喇叭圈足，上有六道凸弦纹，紧靠弦纹有窄长方形镂孔。器壁匀薄，器形粗壮。口径22.7、底径19.5、高16.9厘米（图一一三，3；图版七，4），标本M29:11，夹细砂红陶。敞口，圆唇，浅盘，喇叭形圈足，圈足饰小圆形镂孔。口径7.6、底径5.4、高6厘米（图一一四，4）。

壶　42件。为泥质和夹砂陶两种。分为2型。

Ⅰ型　平底，可分为2个亚型：

ⅠA型　鼓肩。标本M23∶40，泥质浅灰陶。侈口，宽折沿，高颈，折腹，平底。口径9.8、底径6.1、高20.5厘米（图一一五，2）。标本M16∶38，泥质灰陶。直口，平沿高颈，弧腹，平底微凹。器壁较薄。口径12、底径10、高22.3厘米（图一一五，1；图版一〇，4）。

ⅠB型　垂腹。标本M35∶26，泥质灰陶。侈口束颈，圆鼓腹，平底。圆形盖，小纽。口径5.6、底径6、高14.4厘米（图一一五，4）。

Ⅱ型　矮圈足。标本M34∶49，泥质红陶。侈口，高颈，鼓肩，深腹，矮圈足。口径12.6、底径8、高22.5厘米（图一一五，3）。

背壶　30件。为泥质和夹砂陶两种，有一件出自地层。分为2型。

Ⅰ型　矮领。标本M20∶46，泥质灰陶。色较浅，器身粗壮。腹上部有一对半环状或宽带式竖鼻，两鼻间腹壁平直，另一侧腹壁弧鼓，上有一鸟喙或鸟尾式突纽。口径8.8、底径8.7、高23厘米（图一一六，2）。标本M36∶23，泥质红陶。侈口，圆唇，瘦折肩，颈肩转折处形成一小平台，平底，器身为橄榄形。上腹两侧有一对称半环形耳，前面偏下有一鸟喙形泥突。口径10.8、底径10.8、高36厘米（图一一五，9）。标本M55∶8，夹细砂灰陶。侈口，圆唇，宽圆肩，深弧腹，下腹内收成平底。肩腹处有一对半环形耳，另一侧有一泥凸。口径10.2、底径10.2、高28.4厘米（图一一五，6）。标本M16∶23，夹砂灰陶。腹部有鸟尾式突纽，器身如橄榄形，器形小巧。口径6.1、底径5.2、高16.9厘米（图一一六，1；图版一一，5）。标本T208∶1，泥质灰陶。同M55∶8器形相似。口径10.6、底径10.2、高31.5厘米（图一一五，7）。标本M60∶117，泥质红陶。口微侈，折沿，沿面内凹。弧肩，椭圆腹，平底。上腹有双耳，一侧有一鸟喙突纽。口径10.7、底径10.2、高33厘米（图一一五，8）。标本M61∶30，泥质灰陶。直口，圆唇，圆肩，弧折腹，平底。上腹部有双耳，一侧有一竖纽，中有穿孔。口径7.8、底径9、高26.5厘米（图一一五，5）。

Ⅱ型　高领。标本M16∶39，泥质灰陶。窄平沿，宽圆肩，深折腹，平底。肩腹间有一对竖鼻，腹壁微平，另一侧有一鸟喙式突纽。口径10.1、底径9.5、高34.8厘米（图一一七，3）。标本M50∶51，泥质灰陶。直口，窄折沿，颈部饰一周凸棱，宽圆肩，深弧腹，平底，腹上部有一对宽带式斜竖耳。两耳间腹壁平直，另一侧有鸟喙突纽。口径12.8、底径13、高47厘米（图一一八，1；图版一一，1）。标本M12∶1，泥质灰陶，窄平沿，沿面微凹，圆唇，圆肩，深腹，平底。肩腹处有一对竖鼻耳，两鼻间腹壁平直，另一侧有一鸟喙形泥凸。口径12.5、底径10.5、高35厘米（图一一七，1）。标本

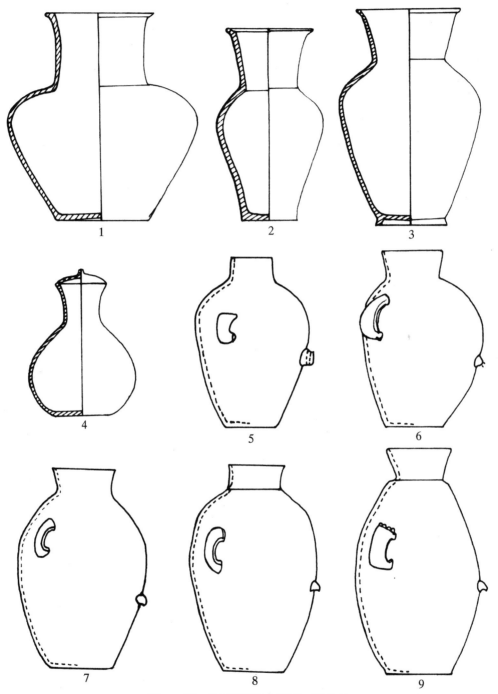

图一一五　北区墓葬出土陶壶、陶背壶

1.ⅠA型壶（M16∶38）　　2.ⅠA型壶（M23∶40）　　3.Ⅱ型壶（M34∶49）　　4.ⅠB型壶（M35∶26）　　5.Ⅰ
型背壶（M61∶30）　　6.Ⅰ型背壶（M55∶8）　　7.Ⅰ型背壶（T208∶1）　　8.Ⅰ型背壶（M60∶117）　　9.Ⅰ型
背壶（M36∶23）　　（1～4为1/4，其余为1/6）

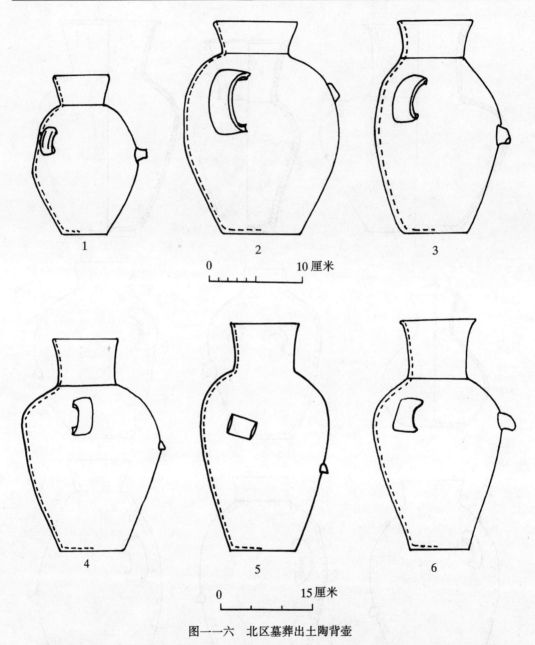

0   10 厘米

0   15 厘米

图一一六　北区墓葬出土陶背壶

1. I 型（M16:23）　2. I 型（M20:46）　3. II 型（M19:11）　4. II 型（M4:25）　5. II 型（M35:30）

6. II 型（M34:14）

M30:5，泥质灰陶。侈口，平沿，广圆肩，深折腹，平底较小。肩腹处有一半环形耳，另一侧有泥凸。口径 11.8、底径 10.8、高 36.4 厘米（图一一七，2）。标本 M34:14，泥质灰陶。口径 12.8、底径 9.6、高 37 厘米（图一一六，6）。标本 M35:41，泥质灰陶。口径 8、底径 6.6、高 19.6 厘米（图一一七，4）。标本 M35:30，泥质灰陶。口径

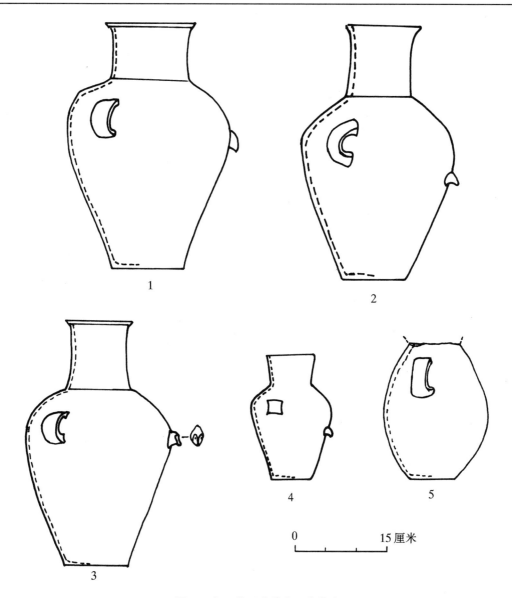

图一一七　北区墓葬出土陶背壶

1.Ⅱ型（M12∶1）　2.Ⅱ型（M30∶5）　3.Ⅱ型（M16∶39）　4.Ⅱ型（M35∶41）　5.Ⅱ型（M60∶81）

11.8、底径 10.8、高 36.4 厘米（图一一六，5）。标本 M4∶25，夹砂红褐陶。侈口，宽弧肩，深折腹，肩腹间有一对竖鼻，另侧有一鸟喙式突纽，平底。口径 11、底径 11、高 34 厘米（图一一六，4）。标本 M20∶49，夹砂红陶。侈口，宽圆肩，深弧腹。肩腹部有一对称竖鼻耳，两耳间壁近平直，另侧弧鼓，上有一鸟尾式突纽，平底。口径 12、底径 9.8、高 30.5 厘米（图一一八，7；图版一一，4）。标本 M50∶32，泥质灰陶。口微侈，圆唇，宽圆肩，深弧腹，下腹内收成矮圈足。颈上部有四个乳钉，肩腹处有一对

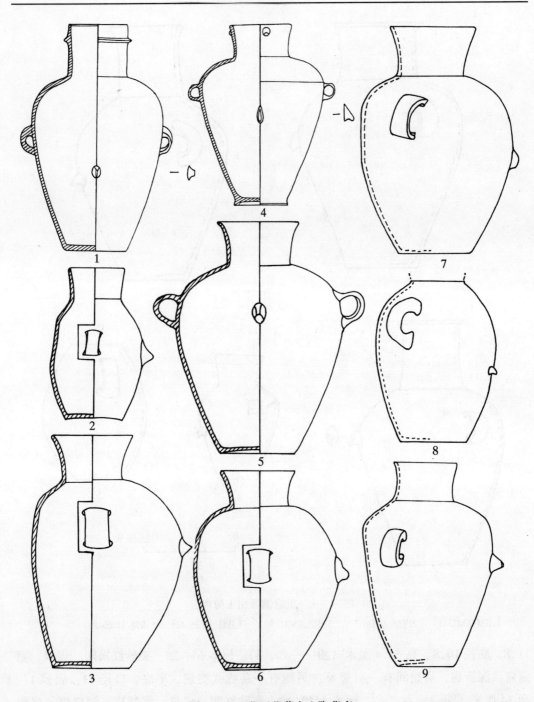

图——八　北区墓葬出土陶背壶

1.Ⅱ型（M50:51）　2.Ⅱ型（M27:11）　3.Ⅱ型（M32:6）　4.Ⅱ型（M50:32）　5.Ⅱ型（M32:16）

6.Ⅱ型（M41:6）　7.Ⅱ型（M20:49）　8.Ⅱ型（M37:10）　9.Ⅱ型（M18:42）　（1、4约1/8，

其余为1/5）

半环形耳，另一侧有一鸟喙形泥凸。口径 13.2、底径 11.3、高 37.5 厘米（图一一八，4；图版一一，6）。标本 M32：16，泥质灰陶。口径 7.2、底径 10、高 31.2 厘米（图一一八，5）。标本 M27：11，泥质黄陶。侈口，圆唇，肩腹部有一对竖耳，另一侧有一鸟喙突纽。口径 8、底径 8.4、高 20.5 厘米（图一一八，2；图版一一，3）。标本 M19：11，泥质黑衣陶，部分绘朱彩。弧肩，深弧腹，平底。腹上部有一对半环状或宽带式竖鼻，两壁间腹壁平直。另一侧腹壁弧鼓，上有一鸟喙突纽。口径 8.8、底径 7.6、高 22.9 厘米（图一一六，3）。标本 M18：42，泥质灰陶。宽圆肩，半环状竖鼻，平底内凹，口径 9.1、底径 8.6、高 27.5 厘米（图一一八，9）。标本 M37：10，泥质红陶。敛口，折沿，无颈。圆肩，弧腹，平底。肩腹部有半环形双耳，前下方有一鸟喙泥凸。口径 7.5、底径 8.8、高 21.5 厘米（图一一八，8）。标本 M60：81，泥质灰陶。口沿残缺。底径 7.2、残高 21.5 厘米（图一一七，5）。标本 M41：6，泥质灰陶。口径 10.4、底径 10、高 26 厘米（图一一八，6）。标本 M32：6，泥质灰陶。口径 11.4、底径 11、高 31.2 厘米（图一一八，3；图版一一，2）。

贯耳壶　4 件。皆为泥质陶，分为 3 型。

Ⅰ型　折肩，垂腹。标本 M18：38，泥质灰陶。直口，高颈，深弧腹，最大径在器腹下部。肩腹间有一对贯耳，并有一周折棱。口径 10.2、底径 11.2、高 15.2 厘米（图一一九，1）。

Ⅱ型　折腹。标本 M19：12，泥质褐陶。口微侈，高颈，口沿外有对称贯耳，弧肩，折腹矮圈足。覆豆式盖，上有两个小圆孔，便于系线。底径 7.6、高 11.8 厘米（图一一九，2；图版一〇，1）。

Ⅲ型　高领，弧腹。标本 M18：46，泥质陶，橙色。覆豆式盖，盖上有两个小圆孔。侈口，扁弧腹，喇叭形高圈足。底径 8.1、高 16.8 厘米（图一一九，4；图版一〇，2）。标本 M36：32，泥质灰陶。侈口，扁弧腹，矮圈足。颈部有三道弦纹。口径 8.6、底径 10.8、高 16.5 厘米（图一一九，3）。

罐　224 件。为泥质和夹砂陶两种，分为 7 型。

Ⅰ型　深腹，平底。分为 2 个亚型：

ⅠA型　弧腹　标本 M19：17，泥质黑皮陶。侈口，圆唇，弧圆肩，深腹，平底。口径 8.4、底径 5.5、高 15.1 厘米（图一二一，3；图版九，6）。标本 M56：21，侈口，平沿，圆鼓腹，平底。腹两侧各有一鸡冠状短把。口径 13.2、底径 13.3、高 37 厘米（图一二〇，3）。标本 M19：18，泥质褐陶。喇叭口，高颈，圆肩，深弧腹，底微凹，腹上部布满弦纹。口径 12、底径 10.3、高 30 厘米（图一二一，2）。标本 M60：39，夹细砂红陶。宽沿外侈，束颈，瓦楞腹，平底。口径 23.3、底径 17、高 41 厘米（图一二〇，1）。标本 M41：12，泥质灰陶。侈口，圆唇，高颈，弧腹，腹两侧各有一个鸡冠短

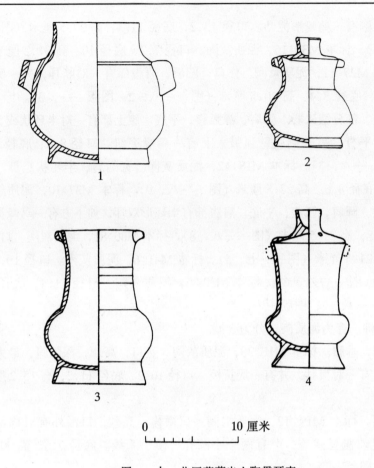

0　　　　　　　　　10 厘米

图一一九　北区墓葬出土陶贯耳壶

1. I 型（M18:38）　II 型（M19:12）　3.III 型（M36:32）　4.III 型（M18:46）

耳。口径 10.4、底径 11.3、高 29 厘米（图一二一，1；图版八，2）。标本 M37:16，泥质灰陶。口微侈，尖唇，短颈，圆肩，长弧腹，平底。腹两侧各有一个鸡冠状耳。口径 17.8、底径 12.8、高 35.5 厘米（图一二二，2）。

I B 型　折肩。标本 M35:29，泥质灰陶。喇叭口，高颈，折肩，深腹，平底。肩部有一周凸棱，腹部有水波纹和浅划纹。口径 17.7、底径 11.6、高 41 厘米（图一二二，5）。标本 M28:13，泥质灰陶。腹部饰水波纹和浅划纹。器形与 M35:29 相同。口径 17.7、底径 8.4、高 41 厘米（图一二二，4）。标本 M35:39，泥质灰陶。侈口，平沿，高颈，长圆腹。口径 19.2、底径 10.8、高 38 厘米（图一二二，1）。标本 M50:50，泥质灰陶。喇叭口，圆唇，颈略高，折肩，长圆腹，肩部有一周凸棱。口径 19、底径 14.8、高 44 厘米（图一二〇，2）。标本 M60:80，泥质红陶。侈口，沿边外侧有一道凸棱。小口，高颈，圆肩，折弧腹，平底。肩、腹部各饰三周凸棱纹。口径 11、底径

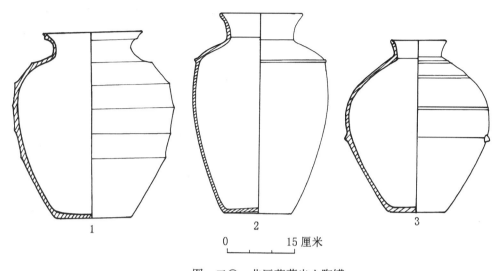

图一二〇　北区墓葬出土陶罐

1. I A型（M60:39）　2. I B型（M50:50）　3. I A型（M56:21）

9、高28.5厘米（图一二二，3）。

Ⅱ型　深腹，矮圈足。标本M34:43，泥质红陶。侈口，短颈，圆肩，弧腹下收为矮圈足，肩两侧各有一竖耳。口径14.5、底径10.2、高27厘米（图一二一，4）。

Ⅲ型　浅腹，平底。标本M32:13，泥质灰陶。侈口，颈较高，圆肩，弧腹，平底。口径6.4、底径6、高14.4厘米（图一二一，6）。标本M48:12，泥质灰陶，侈口，圆弧腹，平底。口径7、底径6.4、高10厘米（图一二一，5）。标本M20:52，泥质灰陶。侈口，尖唇，弧肩，鼓腹收成小平底。最大径在腹中部。口径11、底径6.8、高14厘米（图一二六，1）。

Ⅳ型　浅腹，矮圈足。分为3个亚型：

ⅣA型　弧腹。标本M18:47，泥质灰陶，口微侈，圆唇，圆肩，鼓腹，矮圈足，肩腹间有一周尖折棱。口径10、底径10、高18厘米（图一二四，1；图版九，3）。标本M18:40，泥质陶，橙色，侈口，高颈，宽肩，弧腹，矮圈足，肩部饰两周凸棱纹。口径6.1、底径6.3、高9.7厘米（图一二三，6）。标本M18:43，泥质灰陶。侈口，高颈，宽圆肩，球腹，矮圈足，肩部有四周弦纹。口径6.4、底径5.9、高12.2厘米（图一二三，4；图版四，3）。标本M18:48，泥质灰陶，直口，小圆唇，矮颈，圆肩，弧腹，矮圈足。肩腹间有一周尖折棱。口径9.4、底径7.8、高9.9厘米（图一二三，3）。标本M20:30，泥质黑皮陶。侈口，瓦楞肩，弧腹，矮圈足。口径8.6、底径9、高7厘米（图一二三，2；图版九，2）。标本M55:14，泥质灰陶。口微侈，圆弧肩，弧腹，矮圈足。口径8.2、底径7.2、高10.6厘米（图一二四，2）。标本M25:5，泥质灰陶。口沿残缺，圆鼓腹，矮圈足。口径7.8、底径7.6、高11.5厘米（图一二四，3）。

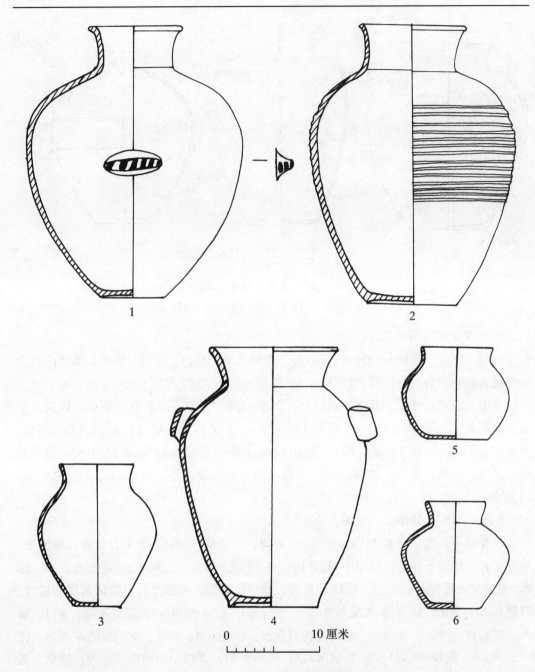

图一二一　北区墓葬出土陶罐

1.ⅠA型（M41:12）　2.ⅠA型（M19:18）　3.ⅠA型（M19:17）　4.Ⅱ型（M34:43）　5.Ⅲ型（M48:12）　6.Ⅲ型（M32:13）

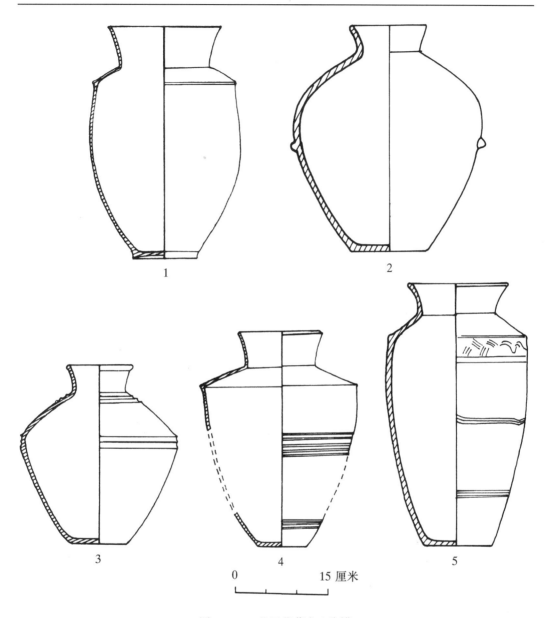

图一二二　北区墓葬出土陶罐

1.ⅠB型（M35:29）　2.ⅠA型（M37:16）　3.ⅠB型（M60:80）　4.ⅠB型（M28:13）　5.ⅠB型（M35:29）

ⅣB型　折肩。标本 M18:34，泥质灰陶。侈口，圆肩，高颈，宽折肩，斜折腹，底微凹。口径6.8、底径5.9、高10.4厘米（图一二三，5）。

ⅣC型　无颈。标本 M4:20，泥质红褐陶。敛口，尖圆唇，球腹，矮圈足。口径5、底径6.6、高8.4厘米（图一二三，1）。

Ⅴ型　大口，平底。分为3个亚型：

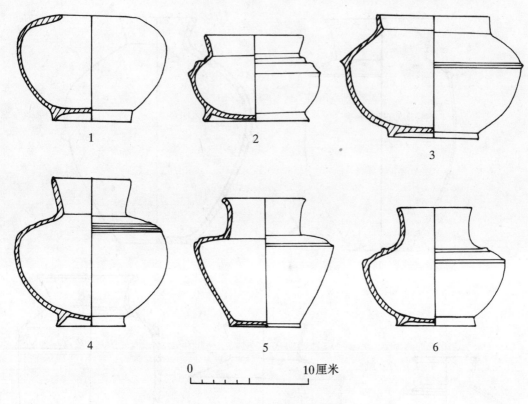

图一二三 北区墓葬出土陶罐

1.ⅣC型（M4:20） 2.Ⅳ型（M20:30） 3.Ⅳ型（M18:48） 4.ⅣA型（M18:43） 5.ⅣB型（M18:34）
6.ⅣA型（M18:40）

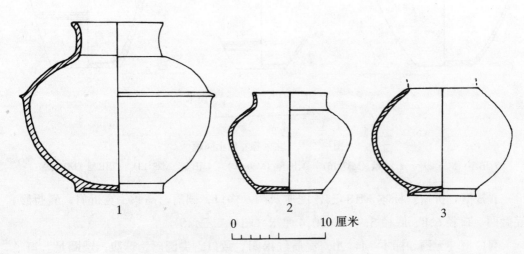

图一二四 北区墓葬出土陶罐

1.ⅣA型（M18:47） 2.ⅣA型（M55:14） 3.ⅣA型（M25:5）

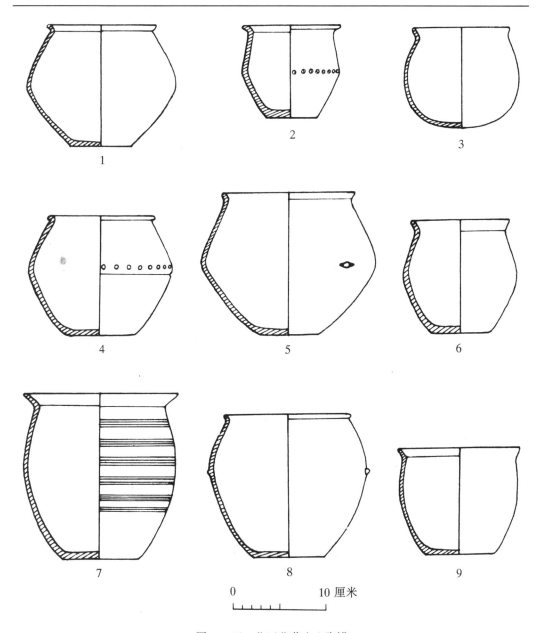

图一二五　北区墓葬出土陶罐

1.ⅤB型（M56：25）　2.ⅤB型（M42：21）　3.ⅤA型（M57：6）　4.ⅤB型（M56：14）　5.ⅤB型
（M56：27）　6.ⅤA型（M40：9）　7.ⅤA型（M37：1）　8.ⅤA型（M60：47）　9.ⅤA型（M58：22）

　　ⅤA型　弧腹。标本 M60：47，泥质红陶。唇外翻，深弧腹，平底。口径 14、底径
7.4、高 15.3 厘米（图一二五，8）。标本 M58：22，夹细砂红陶。唇外侈，长弧腹较深，
平底。口径 13.8、底径 7.6、高 11.3 厘米（图一二五，9）。标本 M4：30，泥质灰陶。侈
口，折沿，深弧腹，平底。口径 13、底径 8.6、高 14.8 厘米（图一二六，6）。标本 M37：

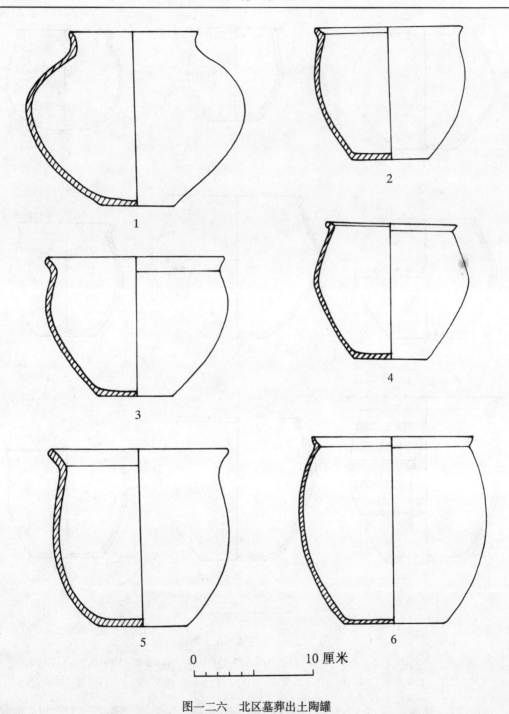

0　　　　　　　　10 厘米

图一二六　北区墓葬出土陶罐

1.Ⅲ型（M20:52）　2.ⅤA型（M21:22）　3.ⅤA型（M4:24）　4.ⅤB型（M19:13）

5.ⅤA型（M20:43）　6.ⅤA型（M4:30）

1，泥质灰陶。唇外侈，宽折沿，长圆腹，平底。腹部有六组弦纹。口径17.6、底径8、高17.5厘米（图一二五，7）。标本M40:9，夹砂红褐陶。侈口，折弧深腹，平底。口径11、底径6.4、高12.1厘米（图一二五，6）。标本M21:22，泥质灰褐陶。斜折沿，深弧腹，平底。口径11.8、底径6、高10.5厘米（图一二六，2；图版八，4）。标本M20:43，夹砂灰陶。侈口，圆唇，宽折沿，深弧腹，平底。口径15.5、底7.7、高14.3厘米（图一二六，5）。标本M4:24，泥质灰陶。斜折沿，鼓弧腹，最大径在腹上部，小平底，口径15、底径6.3、高11.1厘米（图一二六，3）。标本M57:6，夹细砂红陶。侈口，球腹，圜底。口径11、高10.5厘米（图一二五，3）。标本M42:12，泥质灰陶。侈口，圆弧腹，平底。器形小巧。口径5.4、底径3、高4厘米（图一二七，2）。

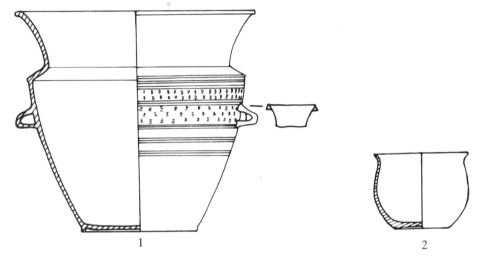

图一二七　北区墓葬出土陶罐
1.ⅤC型（M20:77）　2.ⅤA型（M42:12）　　（1为1/6，2为1/2）

　　ⅤB型　折腹。标本M19:13，泥质褐陶。侈口，窄沿，弧腹，平底。口径11.5、底径6.3、高11.5厘米（图一二六，4）。标本M42:21，夹细砂褐陶。唇外翻，弧折腹，平底，腹部饰有一周锥刺纹。口径11.1、底径5.6、高10厘米（图一二五，2）。标本M56:25，泥质红陶。折沿，弧折腹，平底。口径12、底径6.8、高13厘米（图一二五，1）。标本M56:14，夹细砂红陶。敛口，唇外翻，弧折腹，平底。腹部饰一周压印圆点纹和弦纹。口径11.8、底径8、高12.8厘米（图一二五，4）。标本M56:27，夹细砂红褐陶。侈口，圆唇，弧折腹，腹两侧有鸡冠状短把。口径14.6、底径6.4、高15.2厘米（图一二五，5）。

　　ⅤC型　折肩。标本M20:77，泥质浅灰陶。喇叭口，高颈，斜折肩，深弧腹，矮圈足。腹上部有一对横贯耳，并饰有弦纹和短条纹、半圆点状纹。口径39.4、底径

18.7、高 33.3 厘米（图一二七，1；图版九，1）。

　　Ⅵ型　敛口，折腹，平底。标本 M48∶15，泥质灰陶。尖唇，折腹弧收平底。口径 12.4、底径 8.4、高 9.5 厘米（图一二八，2）。标本 M40∶10，泥质红陶。圆唇，折腹，平底。口径 12.8、底径 6.8、高 13.3 厘米（图一二八，1）。

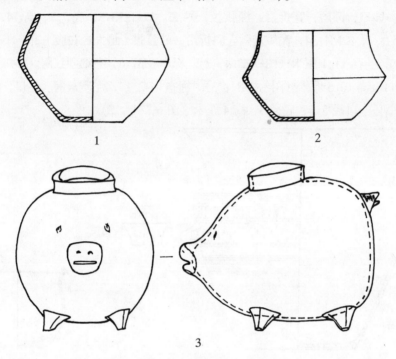

图一二八　北区墓葬出土陶罐

1.Ⅵ型（M40∶10）　2.Ⅵ型（M48∶15）　3.Ⅶ型（M21∶14）　（1、2 为 1/4，3 为 1/3）

　　Ⅶ型　猪形。标本 M21∶14，泥质黑皮陶。塑成猪形，拱鼻，鼻上方有一对菱形小眼，口微张，短锥状四足，短双尾。体态肥壮，造型生动逼真。背部有一矮颈圆口，可注水。是一件精致的艺术品。长 10.6、高 8.9 厘米（图一二八，3；彩版九，1；图版四，4）。

　　三足罐　2 件。为泥质陶，分为 2 型。

　　Ⅰ型　圜底。标本 M50∶62，泥质红陶。折沿，窄肩，圆鼓腹，最宽处在下腹部，小平底，下附三乳钉足。口径 5.4、高 7 厘米（图一二九，1；图版八，3）。

　　Ⅱ型　平底。标本 M4∶21，泥质灰陶。折沿，窄弧肩，圆弧腹，大平底，下附三乳钉足。最宽处在下腹部。口径 5.3、底径 5、高 5 厘米（图一二九，2；图版八，1）。

　　盂　19 件。为泥质和夹砂陶两种，分为 2 型。

　　Ⅰ型　平底。分为 2 个亚型：

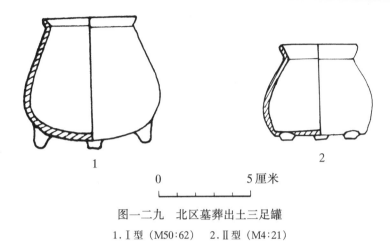

图一二九　北区墓葬出土三足罐

1. Ⅰ型（M50:62）　2. Ⅱ型（M4:21）

Ⅰ A型　直领。标本 M34:47，泥质灰陶。侈口，尖唇，弧折腹，平底。肩一侧有一向上前方伸出管状流。口径 5、底径 4、高 7.5 厘米（图一三〇，6）。标本 M35:25，泥质灰陶。侈口，圆唇，高颈，鼓肩，弧腹，平底。肩一侧有一向上前方伸出管状流。口径 9、底径 8、高 15.5 厘米（图一三〇，4）。标本 M50:46，泥质灰陶。侈口，平折沿，鼓肩，凹弧腹，平底。肩部有一向上方伸出管状流。口径 13.4、底径 10、高 17.8 厘米（图一三〇，5，图版一二，1）。标本 M20:36，泥质黑皮陶。器表绘有朱彩，直口微外斜，短颈，圆肩，鼓腹，平底，腹部有一斜向上翘的管状流，上端残缺。口径 14.2、底径 10.8、高 13.8 厘米（图一三〇，3；图版一二，4）。

Ⅰ B型　敛口。标本 M36:18，夹砂红陶。折腹，平底，一侧有一向前伸出的管状流。口径 9、底径 5.2、高 14 厘米（图一三〇，2）。标本 M59:3，夹细砂红陶。敛口，圆鼓腹，平底。靠口沿一侧有一向上前方伸出的管状流，腹两侧各有一鸡冠小耳。口径 12.5、底径 5.2、高 16.5 厘米（图一三〇，1）。

Ⅱ型　矮圈足。标本 M34:28，泥质红陶。侈口，平沿，鼓肩，弧腹，矮圈足。肩一侧有一向上前方伸出的龟首状流。口径 10.8、底径 7.6、高 18 厘米（图一三一，5）。标本 M5:14，泥质红褐陶。短颈，圆肩，鼓腹，矮圈足。肩部斜向伸出一龟首管状流。昂首瞪眼，形态逼真。口径 13.5、底径 9.8、高 21.2 厘米（图一三一，4；图版一二，3）。标本 M20:50，泥质褐陶。口沿缺损，扁圆腹，腹中部有一周尖折棱，流的口部被部分遮挡收小，便于注水，矮圈足。底径 7.5、高 13.4 厘米（图一三一，2）。标本 M21:12，泥质黑皮陶。口残缺，球腹，肩腹部有斜向上的管状流，流上端残缺，矮圈足。底径 9.9、高 9.6 厘米（图一三一，3；图版一二，2）。标本 M60:116，泥质红陶。直口，高颈，圈足。器腹宽扁呈椭圆形，前有兽头残痕，后有短尾残痕，器身似为猪形。口径 11.3、底径 12.6、高 20 厘米（图一三一，1）。

匜　3件。为泥质和夹砂陶两种，分为 2 型。

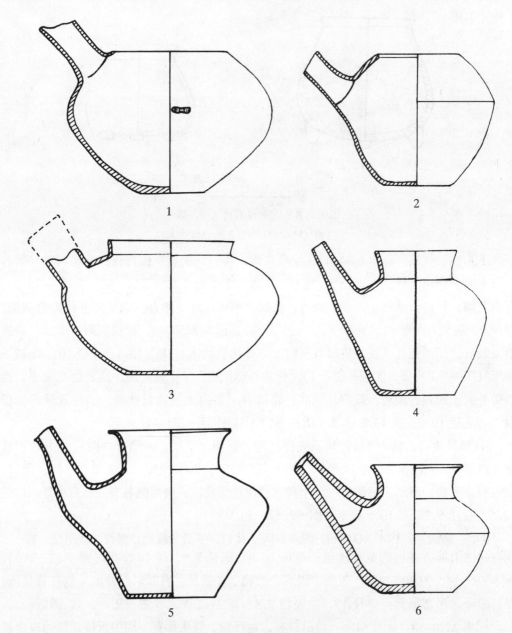

图一三〇　北区墓葬出土陶盉

1.ⅠB型（M59:3）　2.ⅠB型（M36:18）　3.ⅠA型（M20:36）　4.ⅠA型（M35:25）　5.ⅠA型
（M50:46）　6.ⅠA型（M34:47）（1、2、3、5为1/4，4、6.为1/2）

Ⅰ型　钵形。分为2个亚型：

ⅠA型　一侧有一手捏的流。标本 M40:15，泥质黑陶。大口微敛，斜弧腹，小平
底。腹两侧各有一鸡冠耳，近口部有二道凹弦纹。口径 13.5、底径 12，高 13.5 厘米

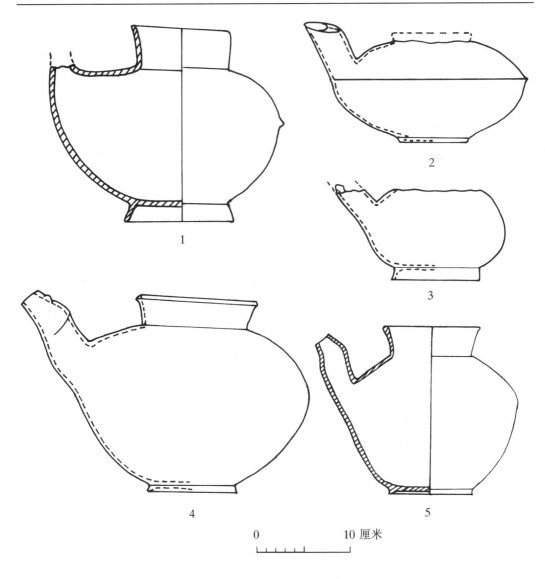

图一三一　北区墓葬出土陶盉

1.Ⅱ型（M60∶116）　2.Ⅱ型（M20∶50）　3.Ⅱ型（M21∶12）　4.Ⅱ型（M5∶14）　5.Ⅱ型（M34∶28）

（图一三二，2）。

　　ⅠB型　一侧出管状流　标本 M56∶31，夹细砂红褐陶。口微敛，圆弧腹下收成小平底。一侧靠口部有一个空心圆把手，腹中部两侧各有一个鸡冠耳，器壁厚重。口径26.8、高17.3厘米（图一三二，1）。

　　Ⅱ型　壶形。标本 M34∶46，泥质灰陶。侈口，短流，肩、腹部各有一道凸棱，一侧有鋬，鋬根部有二个小圆孔，矮圈足。口径3.5、底径4.2、高8厘米（图一三二，3）。

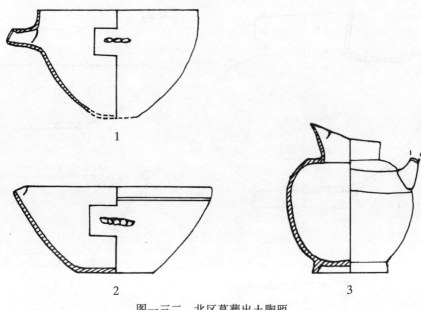

图一三二　北区墓葬出土陶匜

ⅠB型（M56：31）　2．ⅠA型（M40：15）　3．Ⅱ型（M34：46）　（1、2为1/6，3为1/2）

钵　27件。为泥质和夹砂陶两种，分为3型。

Ⅰ型　浅腹　标本M20：58，夹砂褐陶。敞口，方唇，斜直腹，平底。口径24.6、底径12.6、高12.2厘米（图一三三，5；图版三，1）。标本M18：50，夹细砂陶。敞口，斜直腹收为平底。口径19、底径8.5、高8.5厘米（图一三三，3）。标本M49：11，夹细砂红陶。大口微敛，斜弧腹下收成小平底。口径27.3、底径9、高12.8厘米（图一三四，2）。标本M56：28，夹细砂红褐陶。器形与M49：11相同。口径15.8、底径5.6、高5.1厘米（图一三三，1）。标本M38：5，夹砂红陶。敞口，斜弧腹收成平底。口径18、底径11.8、高9.2厘米（图一三三，2）。

Ⅱ型　深腹。标本M61：31，夹砂红陶。敞口，深弧腹，平底，上腹两侧各有一个鸡冠小把手。口径15.5、高11.5厘米（图一三三，6）。标本M4：34，夹砂红陶。敞口，斜弧壁，深腹，平底。上覆一圈足碗作盖。口径22.5、底径10.5、高15.6、盖高6.6厘米（图一三三，4）。标本M34：44，夹砂红陶。敞口，斜直腹，平底。口径29、底径12.6、高20厘米（图一三四，3）。

Ⅲ型　带鋬。标本M36：28，夹砂红褐陶。大口微敛，带短流，斜弧腹，小平底。腹两侧各有一个鸡冠耳，器形较大。口径34.5、底径11.6、高19.3厘米（图一三四，1）。标本M46：36，夹细砂红陶。敞口，斜弧腹，平底。在腹中部两侧各有一个宽扁短耳。口径21.5、底径10.4、高13厘米（图一三五，2）。标本M45：8，夹细砂红陶。敞口，腹两侧各有一个鸡冠耳。口径25.3、底径7.2、高11.2厘米（图一三五，3）。标

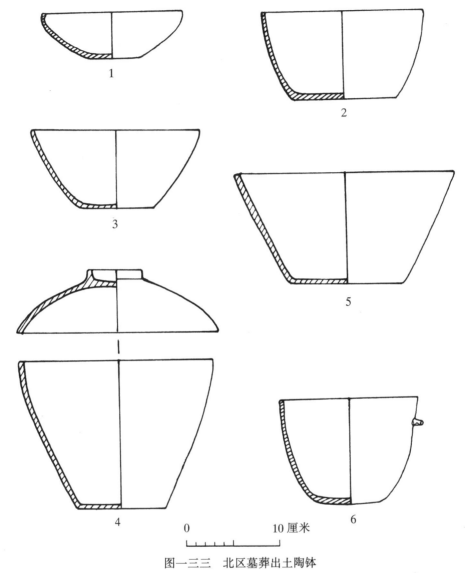

图一三三　北区墓葬出土陶钵

1．Ⅰ型（M56∶28）　2．Ⅰ型（M38∶5）　3．Ⅰ型（M18∶50）　4．Ⅱ型（M4∶34）　5．Ⅰ型
（M20∶58）　6．Ⅱ型（M61∶31）

本 M61∶34，泥质灰陶。敞口，斜弧腹，平底，腹中部两侧各有一个鸡冠耳，并有指捺
纹一周。口径41、底径14.5、高21厘米（图一三五，1）。

　　三足钵　2件。泥质陶和夹砂陶两种，分为2型，举两例。

　　Ⅰ型　小扁足。标本M56∶22，夹砂红陶。敞口，斜弧腹，圜底，口径17，高7.6
厘米（图一三六，1）。

　　Ⅱ型　宽扁足。标本M21∶25，夹砂灰陶。敞口，尖唇，圆弧腹，圜底，宽扁矮

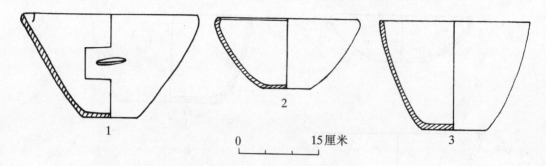

图一三四　北区墓葬出土陶钵

1.Ⅲ型（M36:28）　2.Ⅰ型（M49:11）　3.Ⅱ型（M34:44）

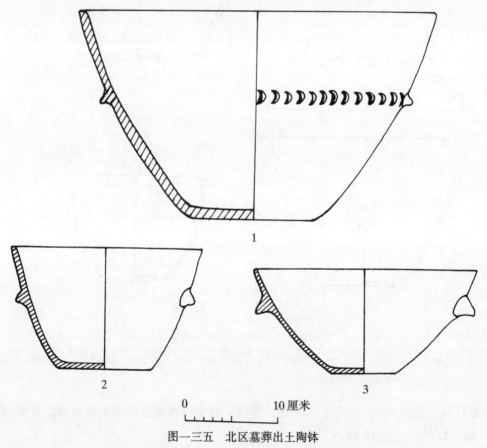

图一三五　北区墓葬出土陶钵

1.Ⅲ型（M61:34）　2.Ⅲ型（M46:36）　3.Ⅲ型（M45:8）

足，器壁厚重。口径17.6、高7.2厘米（图一三六，2；图版七，6）。

碗　3件。为泥质和夹砂陶两种，分为2型。

Ⅰ型　侈口。标本M50:67，泥质灰陶。敞口，宽折沿，弧折腹，腹部有一周凸

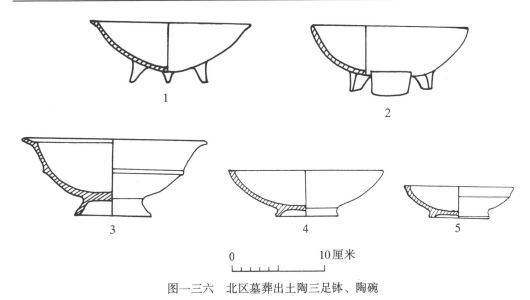

图一三六 北区墓葬出土陶三足钵、陶碗

1.Ⅰ型三足钵（M56∶22）   2.Ⅱ型三足钵（M21∶25）   3.Ⅰ型碗（M50∶67）   4.Ⅱ型碗（M4∶28）   5.Ⅱ
型碗（M4∶23）

棱，矮圈足。口径20.2、底径8.7、高8.2厘米（图一三六，3；图版七，5）。

Ⅱ型 口微敛。标本M4∶28，泥质灰陶。敞口，平沿内钩，弧腹，矮圈足，足沿外撇。口径17.2、底径7.1、高4.8厘米（图一三六，4）。标本M4∶23，夹砂褐陶。敞口，平沿内钩，弧折腹，腹上部有一道折棱，矮圈足。口径12.3、底径6.6、高3.4厘米（图一三六，5）。

盆 10件。为泥质和夹砂陶两种，分为2型。

Ⅰ型 平底。分为2个亚型：

ⅠA型 大平底。标本M18∶37，泥质灰陶。敛口，宽折沿，沿面微凹，鼓腹，小平底。腹部饰凸弦纹一周，底内中心有乳突。口径15.6、底径6.4、高9厘米（图一三七，2；图版一二，6）。标本M34∶16，夹细砂红陶。敞口，圆唇，斜弧腹，平底，口径28.5、底径7.2、高14厘米（图一三七，4）。标本M50∶69，泥质黑衣陶，黑衣大部脱落。敞口，宽折沿，斜弧腹，平底。器壁厚重。口径40.3、底径12、高14厘米（图一三七，3；图版一三，2）。

ⅠB型 小平底。标本M50∶37，泥质淡灰陶。窄平沿，尖唇，上腹弧直，下腹弧凹内收，小平底微凹。口径19.3、底径7.2、高9.6厘米（图一三七，1）。

Ⅱ型 矮圈足。分为2个亚型：

ⅡA型 浅腹。标本M20∶53，夹砂红陶。敞口，内钩沿，弧腹，矮圈足。口径35.2、底径13.2、高12.6厘米（图一三八，1）。标本M18∶51，泥质黑皮陶。敞口，

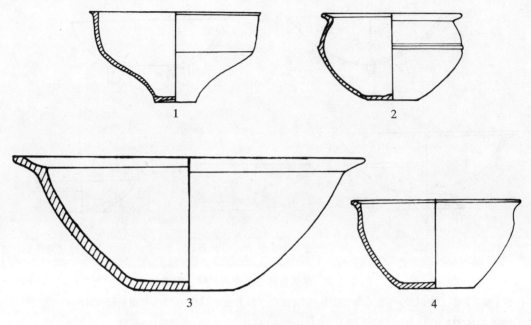

图一三七　北区墓葬出土陶盆

1. ⅠB型（M50:37）　2. ⅠA型（M18:37）　3. ⅠA型（M50:69）　4. ⅠA型（M34:16）　（1～3为1/4
4为1/6）

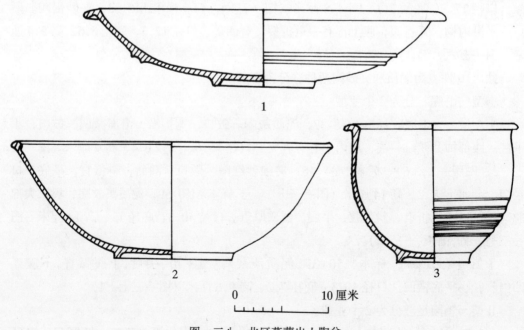

图一三八　北区墓葬出土陶盆

1. ⅡA型（M20:53）　2. ⅡA型（M18:51）　3. ⅡB型（M18:32）

宽沿外卷，弧折腹，腹部有两道凸棱，矮圈足。口径 39.5、底径 10.7、高 8.2 厘米（图一三八，2）。

ⅡB 型　深腹。标本 M18：32，泥质黑皮陶。口微敛，宽沿外翻，深弧腹，矮圈足，腹下部饰六周凹弦纹。口径 19.5、底径 8.1、高 14.7 厘米（图一三八，3；图版一三，1）。

缸　17 件。为夹砂陶，分为 2 型。

Ⅰ 型　圜底。分为 2 个亚型：

ⅠA 型　宽沿。标本 M50：58，夹砂灰陶。大敞口，宽平沿，厚唇外侈，深筒形腹，圜底。器表满布粗壮的篮纹，整个器形庞大厚重。口径 39.5、高 38.5 厘米（图一三九，3）。标本 M50：56，夹砂红陶。口径 38、底径 35.5 厘米（图一三九，4；图版一五，1）。标本 M5：15，夹砂红陶。大口，平沿，深腹，器表布满篮纹。器身大而厚重。

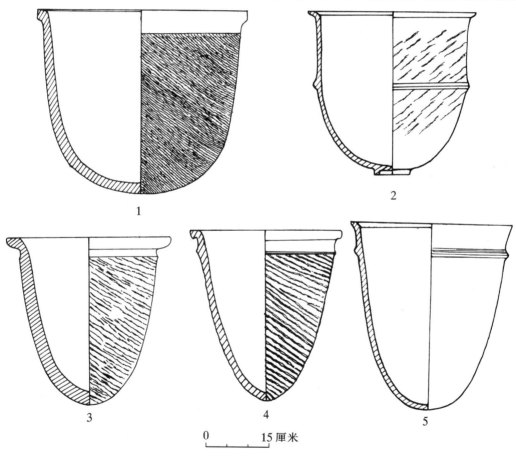

图一三九　北区墓葬出土陶缸

1. ⅠA 型（M5：15）　2. Ⅱ 型（M61：26）　3. ⅠA 型（M50：58）　4. ⅠA 型（M50：56）　5. ⅠB 型（M60：75）

口径 50.4、高 43.2 厘米（图一三九，1；图版一五，4）。

IB 型　窄沿，腹上部出一道凸棱。标本 M60：75，夹砂红陶。敞口，深筒形腹，圜底，上腹部有一道箍形凸棱。素面，器形硕大。口径 41.2、高 42 厘米（图一三九，5）。

Ⅱ 型　小圈足。标本 M61：26，夹砂灰陶。直口，宽折沿，沿面有三道凹弦纹。长圆腹，下收成圜底，圜底附小圈足，稳固器身。腹中部有一周凸棱。器腹饰长条斜向划纹。口径 41.2，高 36.8 厘米（图一三九，2）。

器座　2 件。为泥质陶，分为 2 型。

Ⅰ 型　中腹圆鼓。标本 M50：68，泥质灰陶，黑衣脱落呈淡灰胎。口、底外撇，两端内收，腹中部弧鼓、上下贯通。口沿内侧有数道弦纹，颈、腹间有一周细密弦纹，腹部饰长方形、菱形和圆形镂孔。应为礼器。口径 25、底径 24.4、高 46.5 厘米（图一四○，1；图版一五，3）。

Ⅱ 型　中腹微弧。标本 M23：37，泥质橙红陶。红衣大部脱落。喇叭口，圆唇，粗短颈，椭圆腹，矮圈足。肩部饰六个圆形镂孔，下腹与圈足间一周十个圆形镂孔，腹部上、下有二周两孔相连的镂孔，并饰以条形竖划，腹部还有三道双箍状凸棱。器身颇像

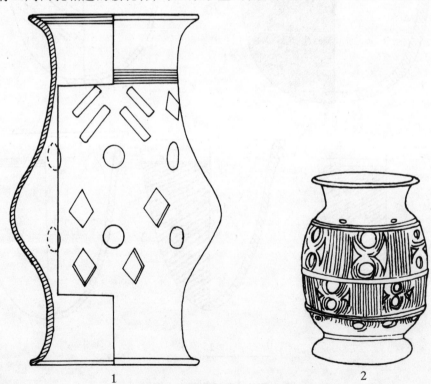

图一四○　北区墓葬出土陶器座

1. Ⅰ 型（M50：68）　2. Ⅱ 型（M23：37）　　（1 为 1/5　2 为 1/6）

腰鼓形，上下贯通。此器塑镂结合，工艺精湛。高33.2厘米（图一四〇，2；彩版九，4；图版一五，2）。

杯　46件。为泥质陶，分为4型。

Ⅰ型　平底，分为2个亚型：

ⅠA型　腹圆弧。标本M34:36，泥质灰陶。口微侈，宽折沿微凹，上腹略凹弧，下腹弧鼓，最大径靠底部，平底。口径12.6、底径7、高15.8厘米（图一四一，4）。标本M30:2，泥质灰陶。口微侈，宽折沿微凹。口径12.7、底径7、高13厘米（图一四一，3）。标本M35:42，泥质灰陶。口微侈，折沿，上腹斜直，下腹弧鼓，小平底。

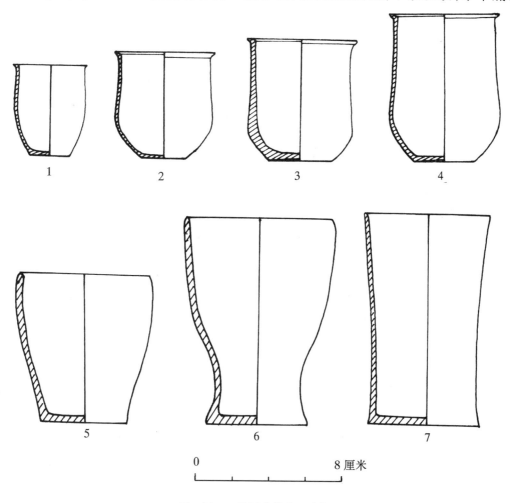

图一四一　北区墓葬出土陶杯

1.ⅠA型（M35:40）　2.ⅠA型（M35:42）　3.ⅠA型（M30:2）　4.ⅠA型（M34:36）　5.ⅠB型（M20:29）　6.ⅠB型（M34:26）　7.ⅠB型（M61:29）（1~4为1/4　5~7为1/2）

口径10.9、底径4.8、高11.4厘米（图一四一，2）。标本 M35：40，泥质灰陶。口微
侈，折沿微内凹，斜弧腹，平底、口径8.7、底径4.4、高9.7厘米（图一四一，1）。

ⅠB型　下腹内收。标本 M20：29，泥质灰陶。敞口，斜弧腹，平底，上大下小。
口径7.3、底径4.8、高7.9厘米（图一四一，5；图版一四，1）。标本 M34：26，泥质
灰陶。口微敞，尖唇，平底。下腹近底部内收，底缘饰一周凹弦纹。器壁匀薄，器形轻
巧。口径8、底径5.7、高11厘米（图一四一，6）。标本 M61：29，泥质灰陶。直筒形，
平底，器壁匀薄。口径7、底径6.4、高11.2厘米（图一四一，7）。

Ⅱ型　圈足。分为3个亚型：

ⅡA型　深弧腹。标本 M34：22，泥质灰陶。直口，折沿，上腹略弧凹，下腹弧
圆，腹部有一周凸棱。圈足底座残。器腹较深，器形似簋。口径13.2、高14.5厘米
（图一四二，3）。标本 M26：16，泥质灰陶。宽折沿，外侈，深腹，最大径在下腹，喇

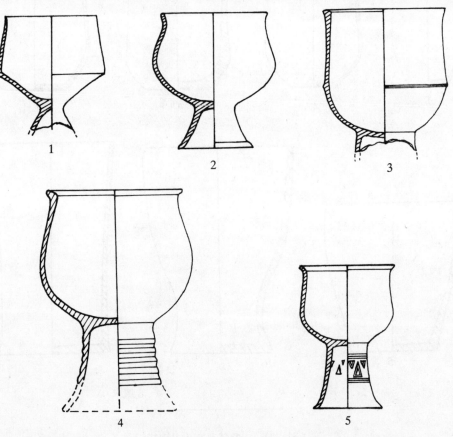

图一四二　北区墓葬出土陶杯

1. ⅡB型（M39：4）　2. ⅡB型（M60：111）　3. ⅡA型（M34：22）　4. ⅡB型（M18：31）

5. ⅡB型（M55：7）　　　（1～3为1/4，4为1/3，5为1/6）

叭形圈足，贴地处外撇，外形似簋。口径 6.7、底径 5.6、高 10.9 厘米（图一四三，4）。

ⅡB 型　弧腹。标本 M34:57，泥质灰陶。短折沿，沿面内凹，沿口外侧有捺窝纹，瓦楞腹，腹圆鼓，矮圈足。口径 5.5、底径 3.6、高 6 厘米（图一四三，1）。标本 M31:8，泥质黑陶。黑衣大部分脱落。口微敛，宽折沿，圆鼓腹下收，矮圈足。口径 10.9、底径 5.6、高 10.5 厘米（图一四三，5）。标本 M18:31，泥质灰陶。敛口，折沿，深弧腹。最大径在下腹部，圈足饰五周凸弦纹，足沿残缺。口径 11.4、残高 16.8 厘米（图一四二，4；图版一四，4）。标本 M35:37，泥质灰陶。侈口，口面微凹，圈足较高，素面。口径 7.8、底径 5.4、高 9.7 厘米（图一四三，3）。标本 M60:111，泥质灰陶。侈口，束颈，鼓腹，高圈足。口径 11.7、底径 8.4、高 14.5 厘米（图一四二，2）。标本 M16:32，泥质灰陶。敛口，折沿，圆弧腹，腹部有一周凸棱，喇叭形圈足。口径 7.3、底径 5.8、高 7.2 厘米（图一四三，2；图版一四，3）。标本 M55:7，泥质灰陶。

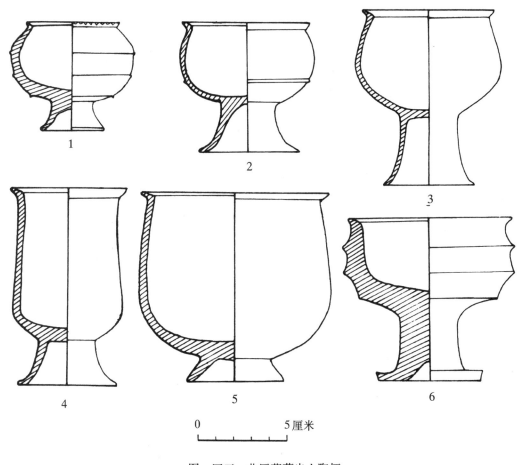

0　　　　　　　　　5厘米

图一四三　北区墓葬出土陶杯

1.ⅡB 型（M34:57）　2.ⅡB 型（M16:32）　3.ⅡB 型（M35:37）　4.ⅡA 型（M26:16）　5.ⅡB 型（M31:8）　6.ⅡC 型（M30:4）

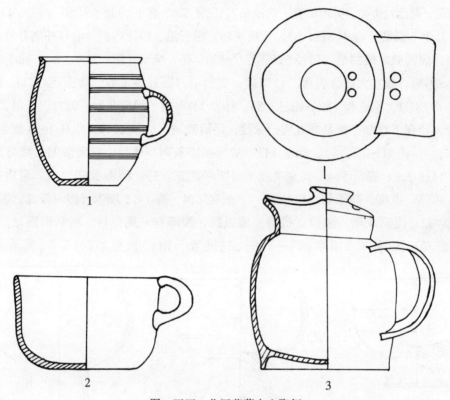

图一四四　北区墓葬出土陶杯

1.ⅢB型（M37:7）　2.ⅢA型（M60:137）　3.Ⅳ型（M18:35）　　（1、2为1/4，3为1/2）

侈口，深腹，最大径在腹下部，柄部饰弦纹，中间饰三角形镂孔。口径16、底径11.4、高22.4厘米（图一四二，5）。标本M39:4，泥质灰陶。直口微敛，折腹，细柄，小圈足残，口径10.4、残高12.3厘米（图一四二，1）。

ⅡC型　瓦楞形腹。标本M30:4，泥质灰陶。侈口，尖圆唇，瓦楞腹，柄上部细直，下部扩为喇叭口形，口径9.5、底径6、高9厘米（图一四三，6）。

Ⅲ型　平底，带把。分为2个亚型：

ⅢA型　腹内收。标本M60:137，夹砂灰陶。直口，筒腹细弧凹，大平底。一侧有鋬。口径16.2、高10厘米（图一四四，2）。

ⅢB型　腹圆鼓。标本M37:7，泥质灰陶。唇外翻，长圆腹，平底。腹部有6组弦纹，腹一侧有环形把手，把手两侧有印纹。口径11.5、底径6.8、高14厘米（图一四四，1）。

Ⅳ型　阔把带流。标本M18:35，泥质灰陶。短直颈，宽短流，窄肩，直腹微弧，矮圈足，上有两个并列小圆孔，与鋬上二孔相对应，便于系绳。器壁匀薄，是典型的良渚文化器物。底径7、通高9.8厘米（图一四四，3；图版一四，2）。

盖　19件。为泥质和夹砂陶两种，分为5型。有一件出自地层。

Ⅰ型　覆碗形，圆圈形纽。标本M25:10，泥质灰陶。圆圈形纽，盖壁斜直略弧。口径16.8、高5.3厘米（图一四五，10）。标本M55:13，器形同上述器相似。口径14.4、高8.5厘米（图一四五，7；图版一三，6）。标本M42:11，泥质灰陶。敞口，盖壁斜直略弧。口径8.8、高3.5厘米（图一四五，3）。标本M56:42，泥质灰陶。口

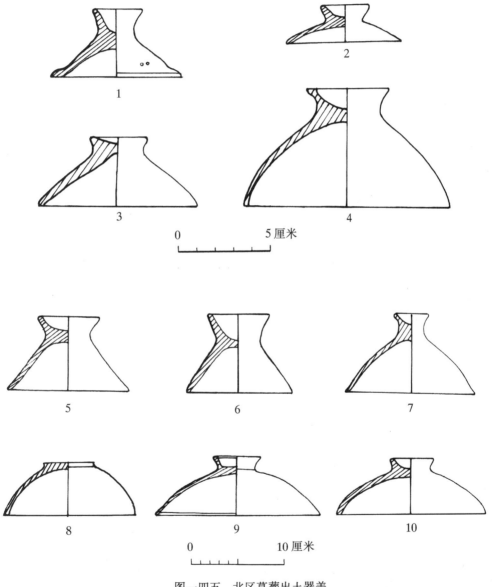

图一四五　北区墓葬出土器盖

1.Ⅰ型（T208）　2.Ⅰ型（M56:42）　3.Ⅰ型（M42:11）　4.Ⅰ型（M29:19）　5.Ⅰ型（M56:24）
6.Ⅰ型（M56:12）　7.Ⅰ型（M55:13）　8.Ⅰ型（M48:32）　9.Ⅰ型（M50:64）　10.Ⅰ型（M25:10）

径 6.5、高 2 厘米（图一四五，2）。标本 M29:19，夹砂褐陶。口径 11.6、高 6.4 厘米（图一四五，4；图版一三，5）。标本 M48:32，夹砂红陶。口径 14.8、高 6 厘米（图一四五，8）。标本 M50:64，泥质灰陶。口径 18.4、高 6 厘米（图一四五，9）。标本 T208，泥质灰陶。盖沿面外侧弧凹，有 2 个小孔。口径 7.5、高 3.6 厘米（图一四五，1）。标本 M 56:12，夹砂红陶。盖壁斜直，较厚实，盖纽较高。口径 12.4、高 8.6 厘米（图一四五，6）。标本 M56:24，夹细砂红陶。口径 13.8、高 7.5 厘米（图一四五，5）。

Ⅱ型 花边形纽。标本 M21:15，夹砂红褐陶。覆盘形，腹壁斜直，上为平顶纽座，座缘饰捺窝纹，口沿内钩。口径 12.8、高 4 厘米（图一四六，1）。标本 M60:139，夹细砂红陶。敞口，斜直腹，平底。底沿有一周捺印纹。器形如僧帽，口径 7.5、高 6.5 厘米（图一四六，2）。

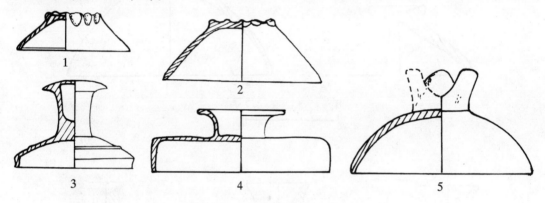

图一四六 北区墓葬出土器盖

1.Ⅱ型（M21:15） 2.Ⅱ型（M60:139） 3.Ⅳ型（M50:40） 4.Ⅴ型（M20:44） 5.Ⅲ型（M60:65（5 为 1/2，其余为 1/4）

Ⅲ型 三叉形纽 标本 M60:65，夹细砂红陶。敞口，斜弧腹。器形如覆钵，器壁厚实。口径 10、高 5.6 厘米（图一四六，5）。

Ⅳ型 蘑菇状高纽。标本 M50:40，泥质灰陶。口斜直微敛，折弧腹，腹上有一周凸棱。盖纽较高，纽顶呈蘑菇状，中间有一个小圆孔，圆柱体空心把。口径 13、高 9 厘米（图一四六，3；图版一三，4）。

Ⅴ型 大平纽。标本 M20:44，泥质灰陶。盖壁平直。口径 20、高 6.6 厘米（图一四六，4；图版一三，4）。

纺轮 10 件 为泥质和夹砂陶两种，分为 2 型。

Ⅰ型 圆台形。标本 M31:6，泥质灰陶。有一小块为红褐色，其余为灰色。上小下大，中间为一圆孔，部分残。直径 3.3～4.4、厚 1.5 厘米（图一四七，1）。标本

M23：29，夹砂红陶，上小下大，边缘呈斜坡状，四周不很规整，呈较粗糙的花瓣形。直径4.2～4.6、厚1.6厘米（图一四七，2）。标本M19：10，泥质红褐陶。扁平圆形。最大径4.3、厚2、孔径0.6厘米（图一四八，4）。标本T9：1，泥质褐陶。直径4、厚1.2厘米（图一四八，3；图版三四，6）。

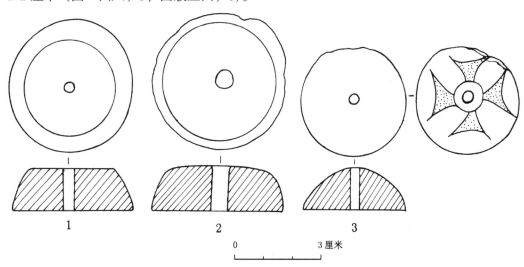

0　　　　　3厘米

图一四七　北区墓葬出土陶纺轮

1. Ⅰ型（M31：6）　2. Ⅰ型（M23：29）　3. Ⅱ型（M34：33）

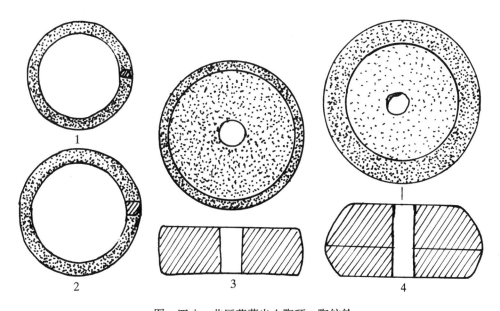

图一四八　北区墓葬出土陶环、陶纺轮

1、2.陶环（M19：9-3、M19：9-1）　3、4.陶纺轮（T9：1、M19：10）（1、2为1/2，3、4为原大）

Ⅱ型　半球形。标本 M34:33，夹细砂灰黑陶。底面饰四组凹弧三角形纹，三角内布满针刺小点，纹饰独具风格，直径 3.6、厚 1.45 厘米（图一四七，3）。

陶环　8 件。为泥质陶，扁圆形，出土时套在手腕上。标本 M19:9-1，灰色。直径 6.7 厘米（图一四八，2）。标本 M19:9-3，红褐色，直径 5.8 厘米（图一四八，1）。

二、玉器

花厅遗址经多次发掘共出土玉器 430 余件（组）。其中特别重要的是在遗址内同时出土了具有良渚文化和大汶口文化特征的玉器。最能反映良渚文化特征的玉器有兽面纹玉琮、玉琮形管、刻简化兽面纹的玉锥形器、长条形有段大玉锛、玉冠饰、大型玉项饰等。玉琮上琢刻繁缛工整、细如毫发的人兽纹，与寺墩 3 号墓、上海青浦福泉山 9 号墓所出的玉器造型、纹饰相似，是良渚文化特有的微雕玉器精粹。

诸如锥、环、镯、管、珠等其他数量较多的玉质装饰品，大都器形较简单、素面无纹，在大汶口墓地等大汶口文化遗址中均可见到相同的器形。

中国的玉，即矿物学及宝石学所称的软玉，属于链状硅酸盐中钙角闪石类的透闪石—阳起石系列矿物，一般具有交织纤维显微结构。花厅出土玉器质料经初步分析为透闪石—阳起石系列的软玉及绿松石，由于花厅玉器经数千年在地下埋藏后所产生的次生变化，即受沁，因玉质的风化与腐蚀，使花厅出土玉器大多以鸡骨白、象牙白等白色基调为主，此外有淡绿、淡黄等色。有的玉器蚀化较重，颜色斑驳，或呈筋条状斑。有的是因矿物溶解和差异风化，造成器面凹凸不平。仅少数玉器仍然玉质晶莹，具有透光性。

花厅出土玉器数量在随葬品中所占比例仅次于陶器。现择其不同类别、品种、用途等代表性器物叙述如下：

琮　2 件。白色，短筒形，镯式。标本 M18:13，上端略大于下端，分上、下两节。上节饰简化的带冠人面纹，两道平行的长横档表示冠，横档上刻数道细如发丝的阴线，以两个圆圈和一条凸横档表示眼睛和嘴巴，下节饰兽面纹，以椭圆形凸面为眼睑，中间以桥形凸面相连，眼睑中间隐约可见用阴线刻成单圈小圆眼，凸起横档表示嘴巴。孔径上 5.4、下 5.3 厘米，射径上 6.7、下 6.5 厘米，高 4 厘米（图一四九，6；图版一六，6）。标本 M50:9，全器分成四组角尺形凸面，每一凸面分上下两段，以中棱为轴向两侧展开，上段琢刻四组简化的人面纹，下段琢刻四组形象的兽面纹。阴刻线条细如毫发，工艺极为精湛。高 3.5、外径 6.9 厘米（图一四九，5；彩版一四，1）。

琮形管　19 件。外方内圆，双面钻孔，形体较小，呈管状。一般相同类型的 2 个一组同时发现，并与玉珠、玉管伴出，经实地观察，经复原的大型玉项饰，均应是此类

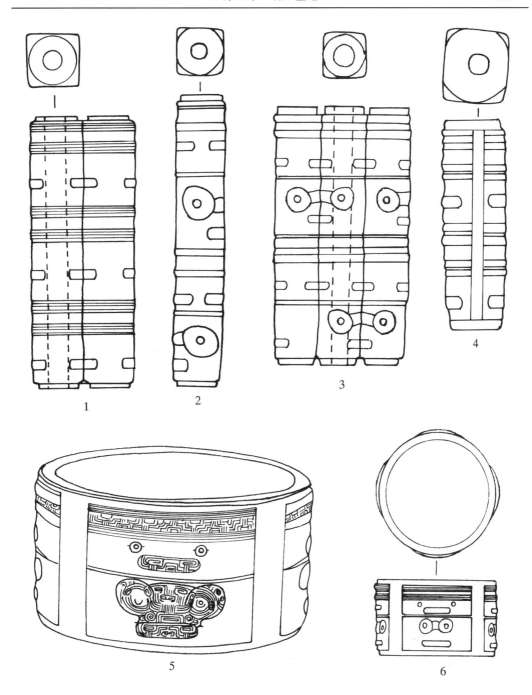

图一四九　北区墓葬出土玉器

1~4.琮形管（M18:20-1、M50:1、M16:5-1、M34:61）　　5、6.玉琮（M50:9、M18:13）

（1~4为原大，5、6为1/2）

项饰上的左右饰件。标本 M50:1，分为四节，其中一、三节刻简化的带冠人面纹，以两组弦纹代表冠。二、四节刻兽面纹，以椭圆形凸面为眼睑，中间以桥形凸面相连，眼睑中间用阴线刻成单圈小圆眼，每两节组成一简化带冠神人兽面纹。高 7.6、宽 1.3 厘米（图一四九，2）。标本 M16:5－1，浅棕色，带粉白斑。造型、纹饰与上述器相同。高 6.8、宽 1.1~1.3 厘米（图一四九，3）。标本 M18:20－1，白色。器分成三节，每节都有相同的纹饰。上部两道平行的短横档，横档上刻三条阴线，下部两侧各一道凸起的短横档，以四角为中线组成简化的带冠人面纹。宽 1.4~1.5、高 7.3 厘米（图一四九，1）。标本 M34:61，白色，饰有简化的带冠人面纹，与 M18:20.1 同一类型。宽 1.9、高 5.5 厘米（图一四九，4；彩版一〇，4）。

冠状佩　12 件。扁平体，腰两侧锯割出深凹槽，顶端圆弧，中段凹缺，中心有尖状突起，底端中部有一扁短榫。中间钻一小孔，两侧斜向钻一小隧孔与中孔相通，形成三通隧孔。正反两面用减地法雕刻成相同的兽面纹。冠状佩形体较小，与琮形管一样，一般也是相同式样的 2 个一组同时出土，均与玉珠、玉管伴出，也应是大型玉项饰上之左右饰件。标本 M16:5－2，浅棕色，带粉白斑。宽 3.35、高 2.5、厚 1.1 厘米（图一五〇，2）。标本 M35:7，灰白色软玉，因受沁，兽面纹已模糊不清。高 2.7、宽 4 厘米（图一五〇，1；图版一六，5）。标本 M42:1，透闪石软玉，鹅黄色。扁薄形，通体光滑，玉质滋润。上宽下窄，呈倒梯形，两边斜直规整。上端中部有钝齿状凹槽，下端内收，呈宽扁短榫，榫中心有一小圆孔。为典型良渚文化器物。高 3.9、宽 7.2、厚 0.7 厘米（图一五〇，5；彩版一四，2）。

佩　2 件。标本 M4:17，白色。扁薄半璧形，下端弧圆，上端作波浪线，左右对称各有一个圆孔，背面有明显的弧线琢痕。长 11.9、宽 6.6、厚 0.7 厘米（图一五〇，6）。标本 M46:6，透闪石软玉，灰白色。半月形，素面无纹，上端两侧为宽凹槽，中心雕成一个凸字形，两侧上部各有一个对钻小圆孔。通体光洁，形制小巧，高 2.8、宽 5.8、厚 0.5 厘米（图一五〇，4；图版一七，2）。

璜　7 件。扁薄半圆形，弧边圆钝，形状大同小异。

标本 M36:11，乳白色，上端平直，中间有一宽 1.5 厘米凹槽。两侧上部各有一个对钻小孔，便于系挂。高 5.9、宽 10.4、厚 0.7 厘米（图一五〇，3；图版一七，5）。标本 M61:10，棕色夹黄褐斑，通体磨制光洁。上端有四个凹槽，中心刻二个小缺口，中间和两侧靠上端有三个小圆孔，一侧边缘上部有缺口。高 6.6、宽 11.9、厚 0.9 厘米（图一五〇，7；图版一七，6）。

项饰　6 组，形制各异。

标本 M16:5，白色软玉，洁白光润，制作精致。整个项饰由 2 个琮形管、2 个冠状佩、23 个弹头形管和 18 颗鼓形珠组成。琮形管为长方柱体，分为四节，上饰简化的带

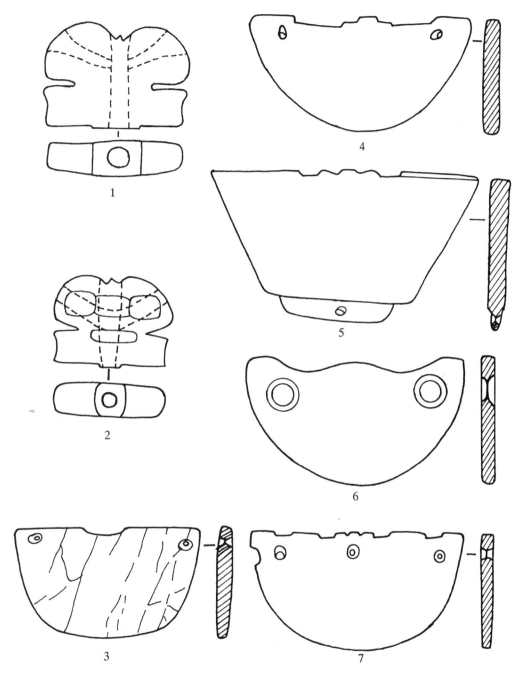

图一五〇　北区墓葬出土玉器

1.冠状佩（M35:7）　2.冠状佩（M16:5-2）　3.璜（M36:11）　4.佩（M46:6）　5.冠状佩（M42:1）
6.佩（M4:17）　7.璜（M61:10）　　（1、2、4、5为原大，3、6、7为1/2）

冠人面纹和兽面纹,中间有对钻的小圆孔,穿挂在项饰左右。冠状佩为扁平体,正反两面饰相同兽面纹。弹头形管串连在项饰的上部,大小不同的鼓形珠挂于琮形管下部。巧妙的是,在冠状佩三通隧孔两侧,分别用十数颗小玉珠,串连成小圆环,自然地垂挂下方,使整个项饰恰到锦上添花的装饰效果,独具匠心。周长约92厘米(图一五一;彩版一〇,2)。

标本 M18:20,白色带浅棕斑,磨制抛光,制作精致。由琮形管、弹头形管、钟形珠、鼓形珠组成。琮形管饰简化带冠人面纹。2个琮形管穿挂在项饰的左右两侧。2颗钟形珠,长2.4、最大径2.2厘米,束腰似钟形,位于琮形管上方。弹头形管共22个,长1.9~2.1厘米,穿缀在项饰四周。鼓形珠57颗,长0.5~0.6厘米。其中有2颗长3.1、最大径2.4厘米,垂挂于项饰下方正中。项饰周长114厘米(图一五二;图版一七,3)。

标本 M50:5,透闪石软玉,轻微受沁。白色夹浅棕色斑。由33个珠、管组成。2个琮形管穿挂在项饰的两侧,2个钟形珠位于琮形管上方,11个弹头形珠穿缀在项饰上部,大小不一的17颗鼓形珠环绕在项饰的下方。整串项饰和谐协调,高雅美观。此项饰出土时并非放置在墓主颈项部位,而是陈放在墓主头部左上方(图一五三;图版一七,4)。

标本 M60:12。由环14、璜3、佩2、坠5共24件串连成。此项饰所有组件皆为透闪石软玉精磨制成,呈棕红色带黄褐色花斑,不同程度受沁,其中一部分玉器或呈鹅黄色,或作鸡骨白。14件玉环,皆作扁平圆形,单面钻孔,表面磨平抛光,制作细巧精致。直径3至6.3厘米不等,孔径0.65~3.05厘米,厚薄为0.28~0.5厘米。器形较大的是3件半月形璜,形状大同小异,弧边圆钝,平背中段为长短不等的凹缘,凹缘两旁各有一个对钻的小孔。最大的一件宽15.5、高7.6、厚0.7厘米。右边的一件宽12.2、高7.5、厚0.4厘米,左边的一件宽10.7、高7.4、厚0.4厘米。制作最为精致的是鸟纹玉佩,玉色鹅黄带褐斑。一件外廓略作平行四边形,宽4.6~5、高4.2、厚0.2厘米。中间有一孔单钻而成,孔径1.8(正面)、1.5厘米。正背两面的四角有以浮雕手法精琢的小鸟,一面四只,两面共八只。其形象为左右两鸟,相向而伏,一大一小,似分雌雄,造型作扁喙、小头、鼓腹、翘尾,酷似鸳鸯。如从侧面看,正背面对应的两鸟合为一只立体的伏鸟,鸟身厚0.5厘米,又可视为圆雕。这是我国最早的一件采用浮雕和圆雕相结合的技法制成的玉雕珍品。另一件,每面浮雕三鸟,下方右侧一鸟琢成头向朝外,左侧一鸟未琢成,表面微凸,全器两侧边缘斜直,未琢磨出凹凸起伏的弧线,是一件未完成的玉雕。5件坠饰,长短粗细不一,长3.5~6.5厘米。尖端朝下,另一端有榫,上有对钻小孔。出土时位于大玉璜的下方,并列挂于下部。项饰的整体组合,左右对称,错落有序,是至今发现的最为精美的大型良渚文化项饰(图一五四;彩

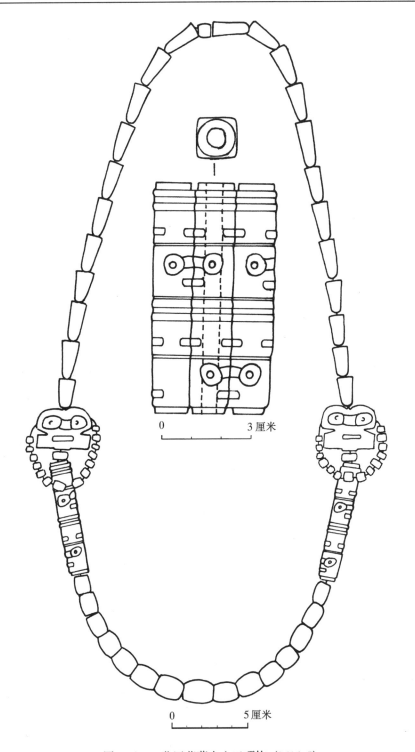

图一五一　北区墓葬出土玉项饰（M16:5）

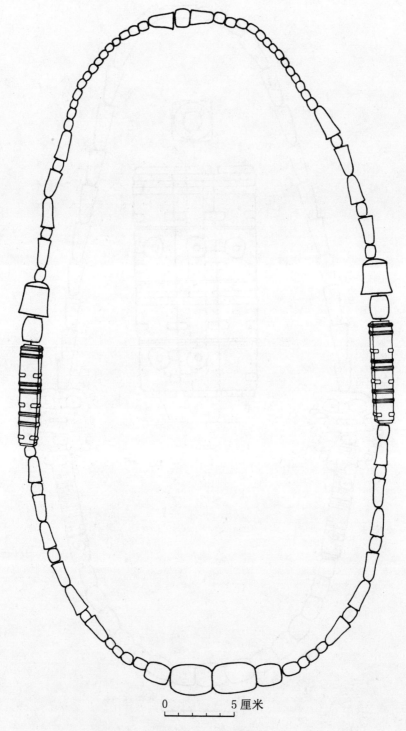

0　　　　　5厘米

图一五二　北区墓葬出土玉项饰（M18:20）

版一〇，1）。

新石器时代的项饰在南京北阴阳营、山东大汶口墓地等处均有发现，制作材料有大理石、松绿石、玉等，磨制成珠、管以及石片等，然后分别串连成项饰，形式简洁单一。良渚文化的玉项饰，已是配件齐全、制作非常精美的大型项饰，其用途已远非仅审美意义上的装饰品。大型项饰大多发现在大型墓葬内，代表墓主财富与权力，是宗教礼仪的重器。花厅北区墓地M16、M18、M50、M60四座大型墓葬出土的四件大型项饰，各具特色，有的配件上还琢有变体兽面纹和雕刻成鸟形，造型古朴典雅，放射出浓厚的时代气息，具有极高的艺术价值和历史价值。除花厅外，在太湖地区的武进寺墩出土由18件玉珠、玉管、玉锥形坠组成的项饰；在上海青浦福泉山良渚文化墓出土由71个玉管、玉珠、玉坠串组的项饰，色泽富丽柔美，其侧面两颗玉珠，还琢有变体兽面纹，最下面的一颗玉坠为小钟形。另一件是由47颗大小不同形的玉珠和2件玉管、6件玉

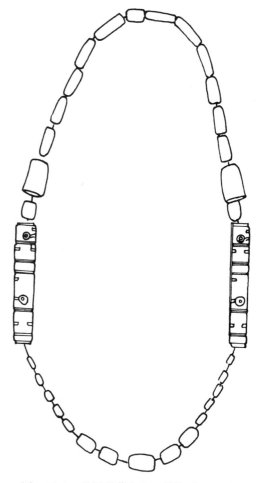

图一五三　北区墓葬出土玉项饰（M50:5）

锥形器组合的项饰；在余杭瑶山出土由39颗玉管分内外两圈串连，内圈16颗，外圈23颗，下与玉璜相接。另一件由14颗断面呈现凹形的半管与2颗整管串联而成，造型古朴奇巧。以上项饰均是良渚玉器精品，弥足珍贵。

镯　34件。可分2型。

Ⅰ型　标本M21:8，浅棕色，色泽光润，通体圆整光洁。内壁弧圆，紧贴内壁有一周同心圆弦折，外壁平直。幼童墓出土，器形小巧，为小孩用品。直径7.7、孔径5.7厘米（图一五五，2；彩版一一，1）。标本M19:6，黄绿色。环状，圆周规整，内壁平直，外壁弧圆，出土时套在少儿的右臂上。直径6.4、孔径5.3、厚1.1厘米（图一五五，1；图版一八，2）。标本M27:4，浅棕色。通体磨光，里厚外薄，外壁弧圆，孔壁留有明显的制作痕迹，系两面钻孔。直径9.8、孔径6.5、厚1.45厘米（图一五五，4；图版一八，1）。标本M42:6，乳白色。外壁平直，内壁斜直，通体磨制光滑。

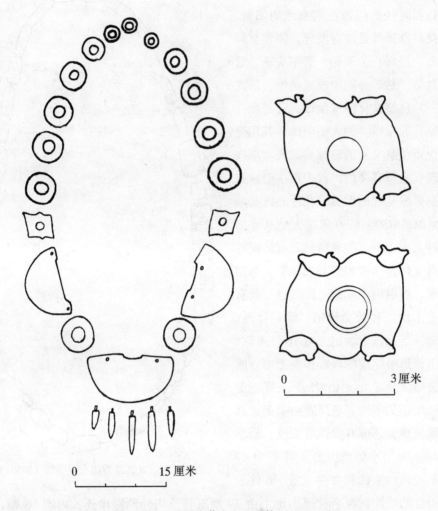

图一五四　北区墓葬出土玉项饰（M60:12）

断裂接头处有穿孔。直径8.2、孔径6、厚0.8厘米（图一五五，3）。

Ⅱ型　有高矮之分，有半筒形，筒形。可分为2个亚型：

ⅡA型　11件。半筒形，圆周规整，外壁平直，内壁弧圆。标本M19:7，白色，直径5.5、孔径4.3、高1.5厘米（图一五五，8；图版一八，4）。标本M20:9，白色带褐斑，直径6.3、孔径5.3、高1.7厘米（图一五五，9）。标本M18:27，浅黄绿色带灰褐斑，直径7.1、孔径5.4、高2.3厘米（图一五五，5；图版一八，3）。标本M19:8，白色，直径4.8、孔径3.6、高1.6厘米（图一五五，7；图版一八，4）。标本M1:8，白色。原断为三节，每节断裂处均有对钻圆孔，共6孔，应是作扣结绳线加固器身用。直径7.5、孔径5.9、高2.05厘米（图一五五，6）。标本M56:2，黄褐色。断裂处有对

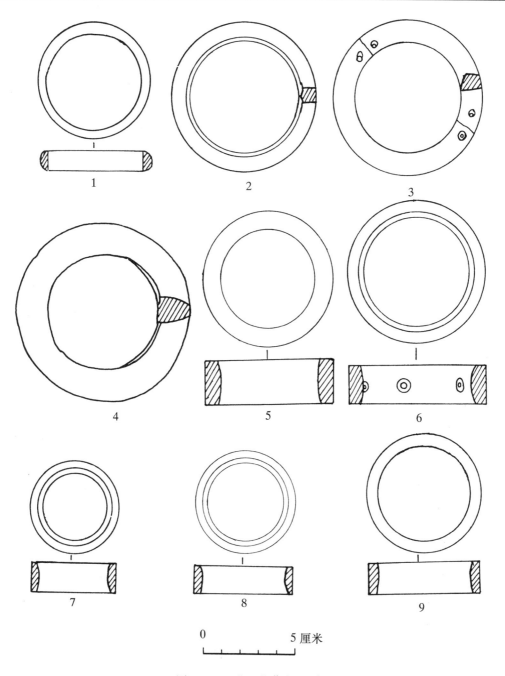

图一五五　北区墓葬出土玉镯

1. Ⅰ型（M19:6）　　2. Ⅰ型（M21:8）　　3. Ⅰ型（M42:6）　　4. Ⅰ型（M27:4）　　5. ⅡA型（M18:27）

6. ⅡA型（M1:8）　　7. ⅡA型（M19:8）　　8. ⅡA型（M19:7）　　9. ⅡA型（M20:9）

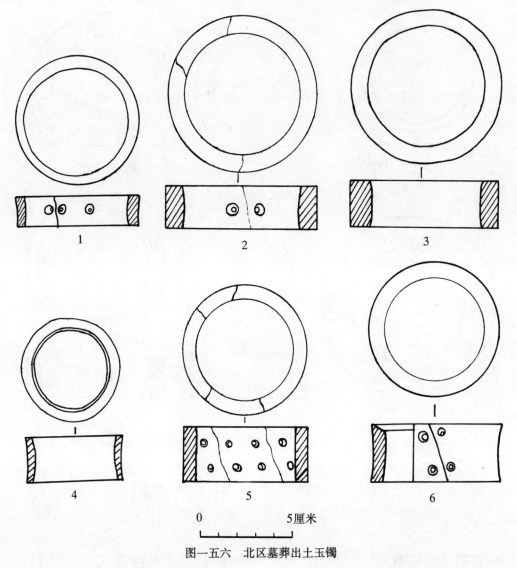

图一五六　北区墓葬出土玉镯

1. ⅡA型（M56:2）　2. ⅡA型（M61:21）　3. ⅡA型（M60:35）　4. ⅡB型（M18:8）

5. ⅡB型（M39:2）　6. ⅡB型（M1:7）

钻小圆孔。此类孔的用途可能有二：一是用作穿绳修复；二是大概戴在手上后，再用东西穿在孔内，使其相连成一个完整的装饰品，不至于因手大镯小而戴不上去，出于需要而人为之。直径7、孔径6、高1.6厘米（图一五六，1；图版一八，5）。标本 M60:35，乳白色带棕色花斑。直径8.2、孔径6.5、高2.7厘米（图一五六，3；彩版一二，1）。标本 M61:21，浅棕色。断为三节，每节断裂处有2个小圆孔。直径9、孔径6.8、高2.5厘米（图一五六，2）。

　　ⅡB型　3件。筒形，圆周规整，内壁弧凸，外壁弧凹，亦有内外壁均平直的。标本M18:8，浅棕色，磨制精细。直径5.4、孔径4.1、高2.2厘米（图一五六，4；图版一八，3）。标本M1:7，黄绿色，略有大小头之分，小头一端平齐，大头一端向内斜折。一处断裂痕两侧各有2个圆孔。直径6.9~7.1、高2.8厘米（图一五六，6）。标本M39:2，白色。原断为多节，每节断裂处均有四个小圆孔，应是作扣绳用。直径6.7、孔径5.5、高3厘米（图一五六，5；图版一八，6）。

　　瑗　7件。扁平体，圆周规整，通体磨光、孔径较镯的孔径小，内外壁较平直，断面呈扁长方形，棱角分明。整个器身形体较大，出土时大多套在墓主手腕上。标本M20:26，淡绿色青斑玉。平素无纹，通体磨光，制作精致。出土时套在墓主的左腕上。直径13、孔径6.3厘米（图一五七，3；彩版一一，2）。标本M20:24，浅黄绿色带粉白斑。边缘匀薄，光洁精细。出土时套在墓主的右腕上。直径10.3、孔径6厘米（图一五七，1；彩版一二，2）。标本M42:8，棕黄色花斑。质地疏松，边缘匀薄，形制规

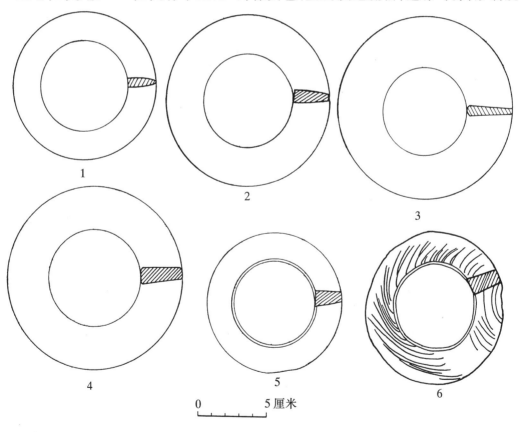

0　　　　　　5厘米

图一五七　北区墓葬出土玉瑗

1.M20:24　2.M42:8　3.M20:26　4.M55:2　5.M36:10　6.M42:7

整轻巧。直径12.3、孔径6.5厘米（图一五七，2；图版一九，3）。标本M36:10，白色。内壁较厚，外缘匀薄，轮廓不很规整。直径10.4、孔径6.2厘米（图一五七，5；图版一九，1）。标本M55:2，浅棕色。内壁略厚，边缘匀薄。大孔。直径13、孔径6.8厘米（图一五七，4；图版一九，2）。标本M42:7，浅棕色。内壁较厚，外缘较薄，双面钻孔。器体粗糙，两面有稠密的弧状加工痕迹。直径10.8、孔径6.3、厚1.3~0.9厘米（图一五七，6；图版一九，4）。

环 96件，均属透闪石软玉系列。颜色有白色、棕色、湖绿色。圆周规整，磨制光滑。有单面钻孔和双面钻孔，有的孔壁斜直，有的内外壁平直，有的孔壁和器表留有加工痕迹。器体有的较厚，有的较薄，但外形一致，大同小异，形制小巧，多为饰品，有的在墓主颈、胸部位成组出土。标本M20:27，墨绿色带白斑，光洁厚重。断为三节，接头处各有一对小圆孔。直径9.75、孔径6.2厘米（图一五八，2）。标本M18:16，浅棕色，环上有三个对钻的小圆孔。直径8.8、孔径5.5厘米（图一五八，1）。标本M19:1，白色。扁而薄，中心有一单面钻孔，孔壁斜直稍厚，边缘渐薄。直径4、孔径1.8厘米（图一五九，6；图版二一，1）。标本M18:16-2，外形同上。直径4.7、孔

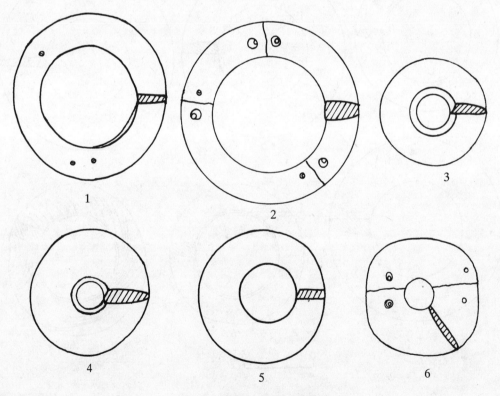

图一五八 北区墓葬出土玉环

1.M18:16 2.M20:27 3.M31:2 4.M60:95 5.M32:24 6.M32:20 （1、2为1/2，3~6为原大）

径 2 厘米（图一五九，3）。标本 M36∶7，白色。内壁略厚，边缘匀薄。直径 5.25、孔径 1.4 厘米（图一五九，4）。标本 M32∶23，棕色。一面有数道加工时留下的圆弧形凹槽，直径 5.1、孔径 2.1 厘米（图一五九，2；图版二一，6）。标本 M31∶2，白色。孔壁斜直，边缘匀薄。直径 2.8、孔径 1.2 厘米（图一五八，3；图版二〇，3）。标本 M32∶20，湖绿色。色泽晶莹，玉质精良。近似椭圆形，正背面略弧凸，双面钻孔。器体薄而小巧。断为二节，断裂处有小孔作系绳加固用。直径 3、孔径 0.9 厘米（图一五八，6；彩版一三，1）。此类器出土稀少，仅发现两件，另一件残留半个。标本 M23∶18，一面钻孔，孔壁弧凹，留有一圈明显的加工痕迹，直径 3.8、孔径 1.6 厘米（图一五九，5；图版二一，4）。标本 M32∶24，棕黄色。通体磨制光滑。孔较大，孔壁斜直，偏向一侧。直径 3.5、孔径 1.7 厘米（图一五八，5；图版二一，5）。标本 M60∶89，乳白色。边缘不规整，一面钻孔，孔壁斜直。器表有加工痕迹。直径 5.3、孔径 2.2 厘米（图一五九，1；图版二〇，2）。标本 M60∶95，黄绿色。通体磨制光滑。两面钻孔，中间略厚，边缘微薄。直径 3.2、孔径 0.9 厘米（图一五八，4）。标本 M61∶3，乳白色。通体磨制光滑，器体厚实。一面钻孔，孔壁斜直。直径 3.7、孔径 1.6 厘米（图一五九，7；图版二一，3）。标本 M48∶28，猪头形环，透闪石软玉，乳白色，有光泽。扁薄形，中有圆孔。猪头轮廓作宽额、拱鼻状，下颚弧圆。中间圆孔作猪眼，惟妙惟肖。长 5.2、宽 4.5 厘米（图一六〇，5；版彩一三，2）。

指环　4 件。分算珠形、圆环形两种，外形精巧美观实用。出土数量较少，也是反映当时人们审美意识的装饰艺术品。标本 M12∶15，白色。算珠形。圆周规整光洁，孔壁平直。直径 3.4、高 1.5 厘米（图一六〇，2；图版二九，3 左）。标本 M4∶13，白色。圆环形。直径 3.2、厚 0.9 厘米（图一六〇，1；图版二九，3 右）。标本 M29∶7，白色。圆环形，孔壁厚实，外缘弧圆，一侧有二个相通的小圆孔。直径 3.3、孔径 1.9（图一六〇，4；图版二九，4）。标本 M36∶34，白色。圆环形，横断面呈圆形。直径 2.4、孔径 1.7 厘米（图一六〇，3）。

小玉璧　1 件。标本 M61∶8，浅棕色。扁平体，圆周规整。单面钻孔，孔较小，孔壁斜直。通体光洁，形制小巧。直径 5.5、孔径 1.4、厚 0.55 厘米（图一六〇，6；图版二九，1）。

锥　81 件。可分 5 型。

Ⅰ型　长方柱体，前端呈塔形锋尖，后端有短榫，榫上一般无孔，有的榫上套有长圆管。标本 M20∶10，浅棕色带白斑。榫上套一长 4 厘米的圆管，孔壁光洁匀薄、制作精细。通长 15 厘米，最大径 1.2 厘米（图一六一，4；彩版一五，2）。标本 M18∶10，黄绿色带棕斑。榫上套一长 3.1 厘米的圆管，管壁仅厚 0.1 厘米，外壁微弧凹，内壁光洁，薄如蛋壳，可以透亮。制作技艺高超。器身棱角规整，抛光极佳。通长 13.1 厘

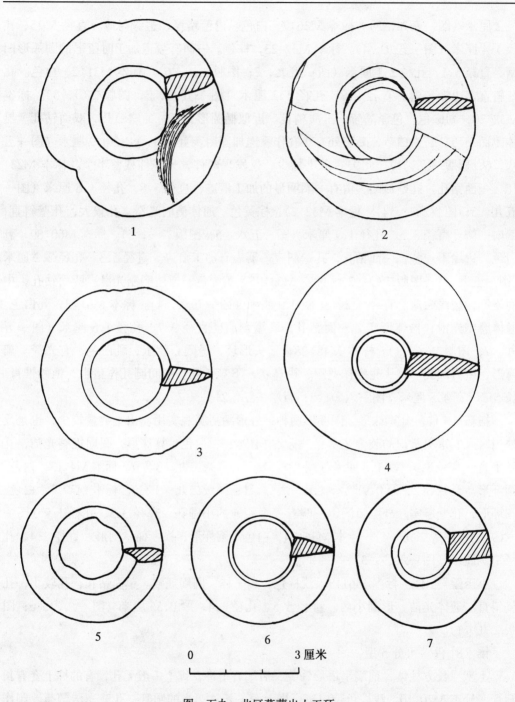

图一五九 北区墓葬出土玉环

1.M60∶89 2.M32∶23 3.M18∶16−2 4.M36∶7 5.M23∶18 6.M19∶1 7.M61∶3

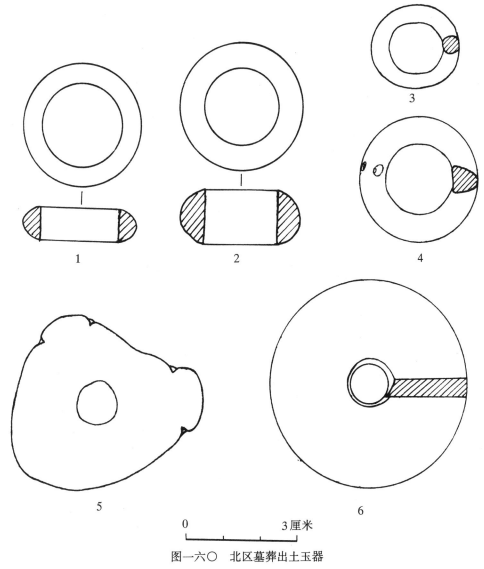

图一六〇　北区墓葬出土玉器

1、2、3、4.玉指环（M4:13、M12:15、M36:34、M29:7）　5.猪头形环（M48:28）　6.玉璧
（M61:8）

米、最大径 1 厘米（图一六一，5；图版二二，4）。标本 M20:23，浅棕色。短榫上有
一对钻的小圆孔，器身受沁较严重。长 17.6 厘米（图一六一，1；图版二三，1）。标本
M20:17，浅绿色带白斑，通体磨光。长 17.2 厘米（图一六一，2；图版二二，3）。标
本 M20:11，浅黄绿色带白斑，榫上有对钻的小圆孔。长 16.4 厘米（图一六一，3，图
版二二，1）。标本 M20:1，墨绿色带淡棕斑，玉质精良。长 12.5 厘米
（图一六一，6；图版二五，3）。标本 M20:20，白色。器身受沁较严重。长8.4厘米

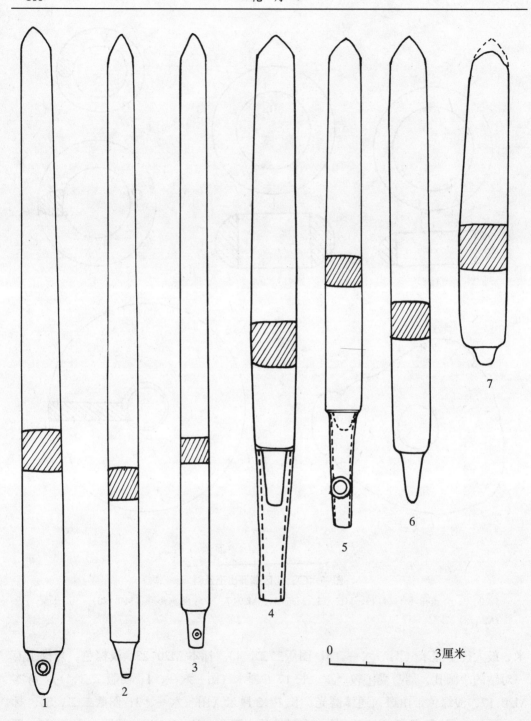

图一六一　北区墓葬出土玉锥

1～7. I型（M20∶23、M20∶17、M20∶11、M20∶10、M18∶10、M20∶1、M20∶20）

（图一六一，7）。标本 M20：12，深黄绿色带花斑。一端方锥状，一端圆锥状，无短榫。棱角规整，通体磨光。长 10 厘米（图一六二，3；图版二三，3）。M2：4，深黄绿色，晶莹光洁，制作精致。长 6.2 厘米（图一六二，6）。标本 M35：1，白色带浅棕斑。棱边规整，横断面呈正方形。长 11.9、径 1.1 厘米（图一六二，1；图版二五，4）。标本 M23：47，黛绿色带白色筋条状斑纹，晶莹光洁，制作精致。长 10、径 1 厘米（图一六二，2）。标本 M34：63，淡绿色。长 8.6、径 1.1 厘米（图一六二，4；图版二五，5）。标本 M30：7，黛绿色带白筋。棱边规整，通体光洁，长 6.2、径 1.1 厘米（图一六二，5；彩版一五，3；图版二四，3）。标本 M30：17，淡绿色带褐斑。前端钝尖，通体抛光，器形粗短，长 4.3、宽 1.2、厚 0.9 厘米（图一六二，7；图版二四，1）。标本 M42：4，灰褐色带紫红斑，呈方柱体，一端有短榫，上有一小孔。长 8.5 厘米（彩版一五，5）。

　　Ⅱ型　扁长方体，前端锋尖，后端有短榫，榫上一般无孔。横断面呈长方形。标本 M16：47，黄绿色带白斑，尖端较钝，一面略平，一面呈弧凸状，长 4.6 厘米（图一六二，9；图版二六，4）。标本 M20：62－1，浅黄绿色。一面平整光洁，一面有长条带弧形的加工痕迹，减地成为错落状，长 11.7 厘米（图一六二，11；图版二五，2）。标本 M18：6，白色。一端横剖面呈长方形，有柱状短榫，一端斜收成扁方锥形。长 7 厘米（图一六二，8；图版二五，1）。标本 M35：10，黛绿色。棱边规整，通体磨光。长 8.6、宽 0.6 厘米（图一六二，10）。标本 M35：5，淡绿色带白色花斑。通体磨制光滑，呈长条扁形，上厚下薄，前端钝尖，榫部微残。长 5.2、宽 1.2、厚 0.8 厘米（图一六二，12；图版二二，2）。标本 M34：1，青灰色带白色花斑。长 6.8、宽 1、厚 0.7 厘米（图一六二，13；图版二五，6）。

　　Ⅲ型　长圆柱体，形体修长，通体光洁。前端锋尖，后端有短榫，榫上有的带孔，横断面呈圆形。受沁后，器表大多呈乳白色和浅棕色。标本 M20：18、19、21，M18：2、3 分别长 12.8、9.9、10.4、16.3、20.8 厘米（图一六三，2、5、4、1；图一六四，3；图版二三，2）。标本 M35：3，浅棕色。长 18.3、径 1.3 厘米（图一六四，4）。标本 M50：13，乳白色带浅绿、深褐杂色斑，晶莹光洁，制作精致。长 11.1、径 0.95 厘米（图一六三，3）。标本 M29：3，乳白色。圆柱体上有一条加工时留下的凹槽，短榫上有 2 个相通的圆孔。长 9.6、径 0.7 厘米（图一六三，6；彩版一六，2）。标本 M42：5，象牙白。榫上有一个圆孔，榫端还留有半个残孔。长 9.1、径 0.8 厘米（图一六三，7；图版二二，6）。标本 M25：1，乳白色。长 8.75、径 1.1 厘米（图一六三，8）。标本 M42：25，象牙白、磨制光洁，短榫上有一小孔，另一小孔残，长 9.1 厘米（彩版一六，2）。

　　Ⅳ型　大多为白色。圆柱体，一般较粗短。一端圆锥状，一端有短榫，有的在榫

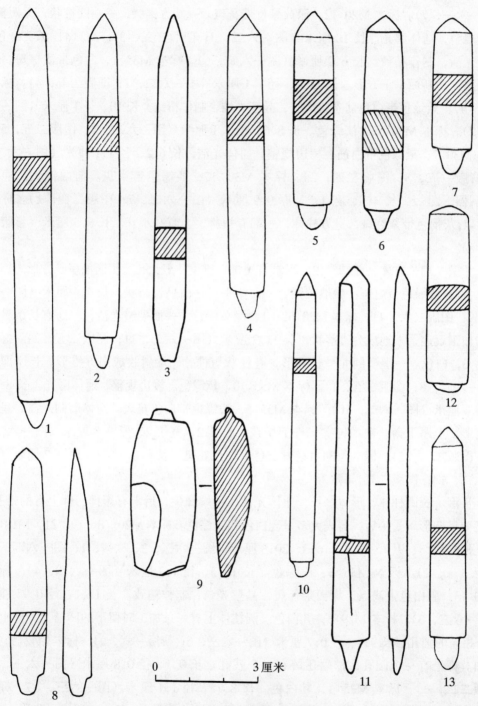

图一六二　北区墓葬出土玉锥

1～7 Ⅰ型（M35:1、M23:47、M20:12、M34:63、M30:7、M2:4、M30:17）　8～13. Ⅱ型（M18:6
M16:47　M35:10　M20:62－1　M35:5　M34:1）

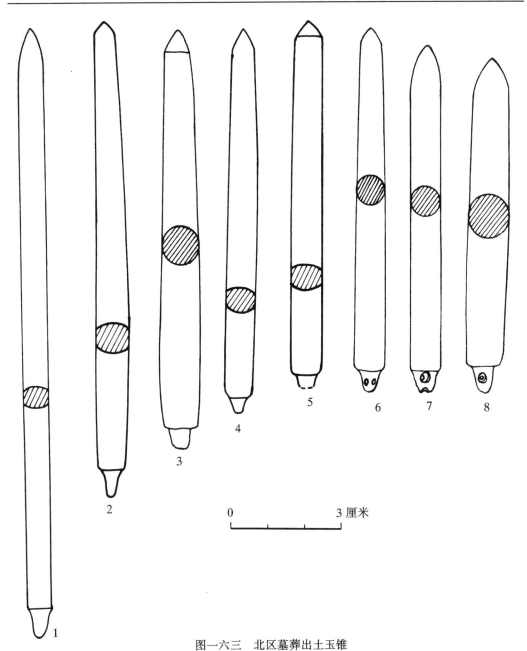

图一六三 北区墓葬出土玉锥

1.1~8Ⅲ型（M18:2、M20:18、M50:13、M20:21、M20:19、M29:3、M42:5、M25:1）

上有对钻的小圆孔。标本 M19:2、M20:16、M12:14、M2:1，分别长 2.1、3.9、4、5.2厘米（图一六四，11、8、10、7；图版二二，5；图版二四，4、5）。标本 M23:9，粉白色带湖绿色花斑。榫端有一残孔。长 5.6、径 1 厘米（图一六四，9；图版二四，2）。标本 M36:36，白色，局部受沁。前端钝尖，榫部有一圆孔，长3.9、径0.9厘米（图

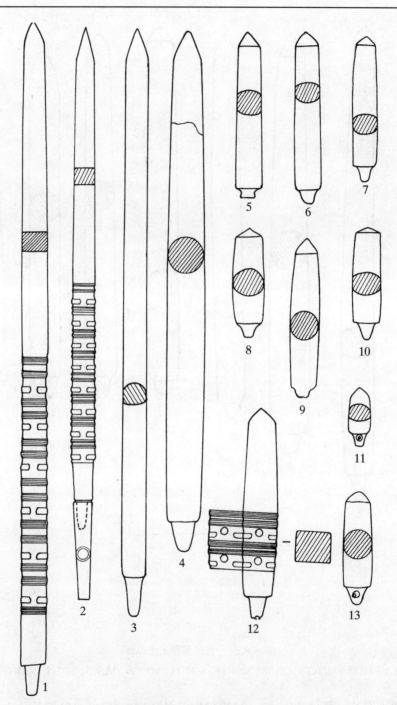

图一六四　北区墓葬出土玉锥

1、2、12.Ⅴ型（M16:1、M18:1、M5:8）　　3、4.Ⅲ型（M18:3、M35:3）

5～11、13.Ⅳ型（M3:15、M3:3、M2:1、M20:16、M23:9、M12:14、

M19:2、M36:36）　　（2为3/8，其余为3/4）

一六四，13；图版二三，5）。标本 M3:15，灰白色，短榫上无孔，长 5.8 厘米（图一六四，5；彩版一六，2）。标本 M3:3，灰白色，短榫无孔略残。长 6 厘米（图一六四，6；彩版一六，2）。

V 型　琮形锥状体。标本 M5:8，淡绿色带浅黄色斑，色泽晶莹，玉质精良。扁长方柱体，一端方锥形，一端有长 0.75 厘米的扁短榫，榫末端有一残孔痕。靠榫的一头分成两节，每节四面有相同的纹饰。上部有两道平行凸起的长横档，上刻 2～3 条细如发丝的阴线。下部两侧各有一凸起的短横档，中间有一直径 0.25 厘米的圆圈。以四角为中线看，系简化带冠人面纹。长 7.5、宽 1.3、厚 1 厘米（图一六四，12；彩版一五，4）。上海青浦福泉山 T4M6 中曾出土同类器物。标本 M18:1，湖绿色。出土时有一端大一端小如同烟嘴的套管恰巧套在圆柱形短榫上，圆管孔径 0.4～0.8 厘米，管壁厚仅 0.2～0.3 厘米。内外壁光洁圆整，可以透亮。靠近榫的一头分成八节，饰 32 组相同的简化带冠人面纹饰。上部刻两道平行凸起的长横档，横档上刻数条阴线；下部两侧各有一凸起的短横档。通长 40.3、器长 35.5、宽 1.2～1.5、厚 1.1～1.3 厘米（图一六四，2；彩版一五，1）。标本 M16:1，浅黄绿色。近扁锥状短榫的一头分成六节，每节有简化的带冠人面纹。器身修长，通体抛光。长 23.9、宽 0.8～0.9 厘米（图一六四，1）。

花厅遗址已出土的 4 件琮形锥状器（一件是新沂文化局征集），横断面呈方形，与出土数量较多的方柱体玉锥外形大体一致，有的玉锥短榫上亦带有套管。此类套管的确切使用方法尚不清楚，配以套管后摇摇欲坠，重心不易稳固，使用起来极不安全方便。有些玉器的组合与使用，离不开当时的礼仪习俗和宗教等意识形态。琮形锥状器是较特殊的器物，当时对于此类器的选料和制作极为讲究，除琮、璧外，是大型墓葬的随葬重器。所谓琮形锥状器，是区别于琮和锥。因为在锥体上刻有同玉琮上相似的简化带冠人面纹，同时也分成若干节。琮形锥状器是墓主财富与权力的象征，可能是良渚巫师作法时利用的法器。

套管　3 件。与玉锥伴出，为锥榫部套管。标本 M23:12，土黄色带黑色花斑。玉质坚硬。外壁光洁规整，内壁留有细密的竖条纹加工痕迹。前端为正方形，后端为圆柱形。形同现代烟嘴，制作精细。长 5.3、宽 1.5 厘米（图一六五，4；图版二八，1）。另有 2 件与琮形锥状器伴出。

斧　3 件。标本 M50:10，黛绿色软玉。长方形，上端略窄，下端略宽，边缘规整，正背面平直光滑，刃部锋利，双孔，一孔偏右上方。长 21、宽 12 厘米（图一六五，2；图版三六，2）。标本 M46:12，透闪石软玉。局部受沁，呈乳白色夹黄褐斑。扁薄梯形，边缘规整，中间偏上方有一双面钻孔。双面刃，刃部锋利，长 15.5、宽 6.6～7.6 厘米（图一六五，1；图版三六，1）。

条 形 有 段 玉 锛　2 件。标本 M50:11、M50:12，黛绿色软玉，器形厚重规整，棱角

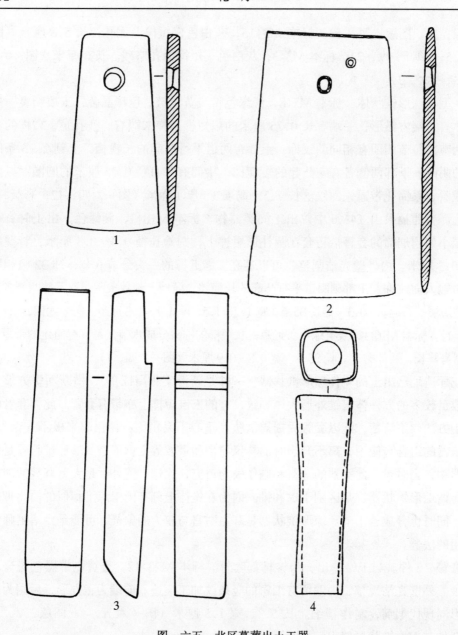

图一六五　北区墓葬出土玉器

1. 玉斧（M46:12）　2. 玉斧（M50:10）　3. 玉锛（M50:12）　4. 玉套管（M23:12）

（1~3 为 1/3，4 为原大）

分明，刃口锋利无损，肩部琢出两道平行的凹弦纹饰。通体光洁如新。一墓出同样两件，形制完全相同，无任何使用痕迹，应是珍贵的礼器。长 23.8、宽 4.4 厘米（图一六五，3；图版一六，3）。

珠　78 件。以透闪石和阳起石软玉制成。大多为白色，还有浅棕色、淡绿色等。

从出土位置和发掘现场观察，这些形状各异大小不一的珠饰，相当数量是用作大型项饰和一般串饰上的组合饰件，有的还单独串成手腕珠饰，但有的珠子形体硕大，可单独作装饰挂件使用。珠的形状有鼓形、管状形、束腰形、弹头形和球形等。其中鼓形、管状形玉珠数量较多，其次为弹头形珠。可分5型。

　　Ⅰ型　27件。两端平齐，腹部圆鼓，大小不一，大的长宽达4×3厘米，小的如绿豆粒。标本M5:7，浅棕色，长腰鼓形，形体硕大，磨制光洁。长3厘米（图一六六，

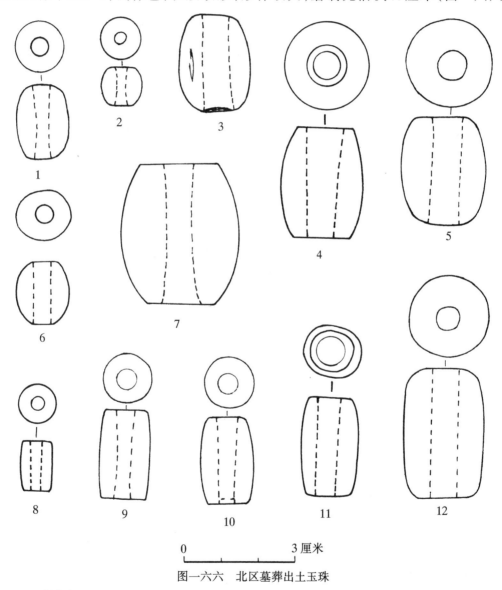

0　　　　　　　3厘米

图一六六　北区墓葬出土玉珠

1～7.Ⅰ型（M34:6、M51:9、M50:7、M5:7、M50:14、M20:14－1、M23:5）　8～12.Ⅱ型（M19:4、M23:46、M23:14、M2:2、M23:48）

4；图版二七，6)。标本 M20：14－1，白色带淡绿斑。鼓形。长 1.75 厘米（图一六六，
6；图版二七，2)。标本 M34：6，淡绿色。玉质精良，通体抛光，制作精巧。长 1.9、
径 1.4 厘米（图一六六，1；彩版一四，3)。标本 M23：5，鼓形。长 3.7、径 3.4 厘米
（图一六六，7；图版二七，3)。标本 M50：7，象牙白带浅棕斑。鼓形，珠表面有制作
时留下的浅凹槽。长 2.55、径 2 厘米（图一六六，3)。标本 M51：9，浅棕色。鼓形。
径 1.1 厘米（图一六六，2；彩版一四，3)。标本 M50：14，鸡骨白，鼓形。长 2.95、
径 2.5 厘米（图一六六，5)。

　　Ⅱ型　22 件。两端齐平，中有圆孔，腹部弧鼓，形体若腰鼓状和管状形。标本
M23：14，浅棕色，鼓形。长 2.25、径 1.5 厘米（图一六六，10)。标本 M19：4，黄绿
色。长 1.3 厘米（图一六六，8；图版二七，1)。标本 M2：2，白色。两端平齐，外壁
弧鼓。长 2.7 厘米（图一六六，11；图版二七，2)。标本 M23：48，浅绿色。呈直筒
形，两端平齐。长 2.3、径 1.2 厘米（图一六六，12；彩版一四，3)。标本 M23：46，
浅棕色。长 2.5、径 1.4 厘米（图一六六，9；图版二七，3)。

　　Ⅲ型　16 件。一头略大一头略小，呈弹头形，多数形体修长，少数束腰或呈粗短
状，标本 M5：9，浅棕色，长 3 厘米（图一六七，3；图版二七，2)。标本 M34：3，白
色，底端平直，顶端渐收略小，呈弹头形。这类珠数量较多。长 2.7、径 1 厘米（图一
六七，2；彩版一四，3)。标本 M23：6，白色。两端平齐，束腰偏下，上折收成弹头形
（图一六七，1；彩版一四，3)。

　　Ⅳ型　10 件。标本 M34：8，浅棕色。两端平齐，一头大一头小，中部束腰，孔径
较大。长 2、径 1.4～2.1 厘米（图一六七，5；图版二七，5)。

　　Ⅴ型　3 件。标本 M19：5，白色。球形，一侧斜向钻两个相通的小隧孔，制作精
巧。直径 0.9 厘米（图一六七，4；图版二七，1)。

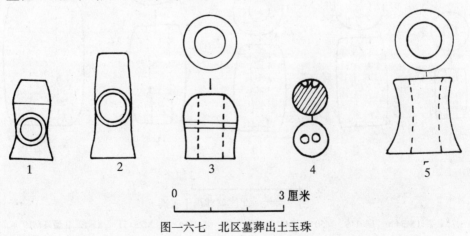

图一六七　北区墓葬出土玉珠

1～3.Ⅲ型（M23：6　M34：3　M5：9）　4.Ⅴ型（M19：5）　5.Ⅳ型（M34：8）

坠　43 件。大多为白色，一般较粗短。有的呈扁薄条状形，有的呈扁锥形，有的
如梨形；有的带短榫，榫上钻有一个小圆孔，也有的榫上无孔。能真正归类为坠饰的数
量不多，但它们的形状各异，具极佳装饰效果。标本 M60:30-1～6，一组 6 件，透闪
石软玉，通体磨光。颜色有白色、浅棕色、淡绿色。其中 2 件为扁锥体形，4 件为圆柱
体形。短榫上均钻有一个小圆孔。形制小巧，这 6 件是串连在一起使用的。长 3.3～
4.6 厘米（图一六八，1；图版二六，2）。标本 M32:21，浅棕色。扁锥形，一端有短
榫，榫上无孔，通体磨制光亮，形制精巧，长 5、宽 1.2 厘米（图一六八，2；图版二
三，4）。标本 M50:6，乳白色带淡绿花斑。形似带短把小刀，无刃，横断面呈扁长方
形。长 6.4、厚 0.65 厘米（图一六八，3；图版二六，3）。标本 M47:9，白色。通体磨
光，坠体如梨状，一端有一带孔短榫，便于系挂。长 4.4、径 2 厘米（图一六八，4；
图版二六，5）。标本 M35:23，白色。一面平整，一面呈弧凸状。长 3.7、宽 1.5、厚
1.65 厘米（图一六八，5；图版二六，1），标本 M46:23，白色。上窄下宽，上端有三

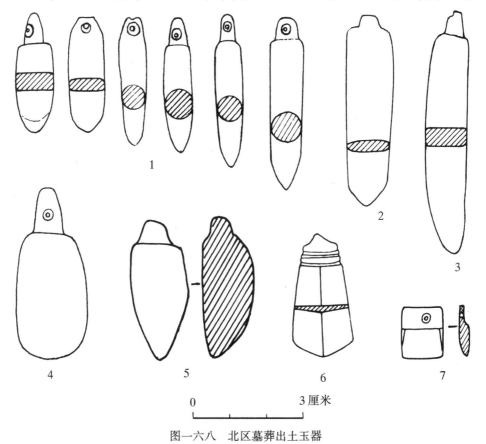

图一六八　北区墓葬出土玉器

1. 玉坠（M60:30-1～6）　2～7. 异形坠饰（M32:21、M50:6、M47:9、M35:23、
M46:23、M2:3）

道凹槽，下端呈犁尖状，正面有脊，底面平整，精致小巧。长 3.2、宽 1.5、厚 0.3 厘米（图一六八，6；图版二六，1）。标本 M2：3，白色。扁薄长方形，顶端平齐，右上角有一单面钻的小孔，下端为双面刃，刃部微弧。背面有段。形体如同微形有段锛，构思奇巧，当为坠饰。长 1.45、宽 1.1 厘米（图一六八，7；图版二七，1）。

绿松石耳坠　10 件，色泽有深有浅，器体扁薄，通体磨光，靠上端中部有一小圆孔。形制有梯形、长方形和梨形等。其中梯形耳坠 6 件。上端平齐，下端平直，少数略有弧度。标本 M18：26－1，淡绿色，下端弧形，两角内凹，下部中间和两侧共有三个小圆孔，器身边缘匀薄。长 2.9 厘米（图一六九，6；彩版一〇，3）。标本 M19：3，器身似锛，下端为双面刃。长 2.1 厘米（图一六九，5）。标本 M20：65－2，长 1.85 厘米（图一六九，4）。标本 M20：65－1，上端较窄，下端较宽，似等腰三角形。长 1.6 厘米（图一六九，2；图版二九，6）。标本 M18：25－2，浅绿色。长 1.55 厘米（图一六九，3；图版二九，6）。M18：26－2，上宽下窄，呈倒梯形。长 3.2 厘米（图一六九，7；图版二九，5）。标本 M18：25－1，扁薄形，两侧和下端弧圆，上端逐渐收小，外形轮廓如梨状。形制小巧别致。长 1.3 厘米（图一六九，1；图版二九，6）。

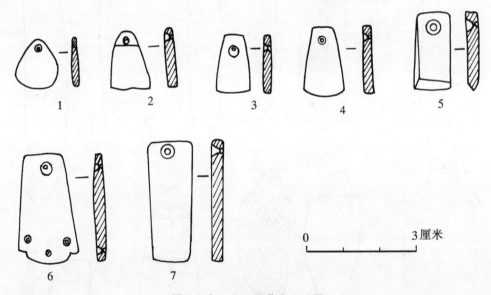

图一六九　北区墓葬出土玉器

1～7. 绿松石耳坠（M18：25－1、M20：65－1、M18：25－2、M20：65－2、M19：3、M18：26－1、M18：26－2）

玉饰片　15 件。分 5 型。

Ⅰ型　标本 M23：4（一组共 8 件）。玉质精良，带白色星点。有不同的形状。圆形 2 件，正面弧凸，背面弧凹，呈凹弧凸薄片。直径 2.6 厘米；束腰形 2 件，呈凹弧凸薄片，上下端平齐，两侧束腰，高 1.6、宽 2.4 厘米；腰鼓形 2 件，上下端平齐，两侧弧鼓，高1.5、宽1.8厘米；条状形2件，一大一小，呈扭曲形凹弧凸薄片。大的高1.4、宽4.1厘米，小的高1.4、宽2.8厘米（图一七〇，6；图版二八，5）。

Ⅱ型　双孔玉饰。标本M45∶30。白色，长方形，器体扁薄，两端有两个大圆孔。中部两侧正反面各有四道短划纹。器长4.8、宽1.9、厚0.3厘米（图一七一，3；图版二六，6）。

Ⅲ型　圆形，白色，有的带浅棕斑。背面平整，正面弧鼓。有一件背面微凹，二件较小。均无孔，在M20人骨架的头右上方成组出土，从迹象看可能是镶嵌在器物上的饰件。标本M20∶7-2、M20∶7-1、M20∶3-3、M20∶3-2、M20∶3-1直径分别为0.9、1.1、3.3、3.2、3.6厘米（图一七〇，1～5；图版二八，4）。

Ⅳ型　凹弧边四角形玉饰。标本M20∶6，白色带浅棕斑。四边凹弧形，正面弧鼓，背面平整。系镶嵌饰件，对角线长4.7、中宽2.9、厚0.5厘米（图一七〇，8；图版二八，4）。

Ⅴ型　梯形饰件。标本M20∶5，白色带浅棕斑，正面弧凸，背面及两侧边弧凹，断面呈凹弧边三角形。与其它镶嵌饰件共出。长4、宽1.1～2.1厘米（图一七〇，9；图版二八，4）

绿松石饰片　标本M50∶29（一组10件），色泽碧绿，磨制光滑。可分二类：一类为圆形（1件），正面略弧鼓，底面平整，直径1厘米；一类为条状圆角形（9件），正面弧鼓，底面平整，两端呈圆弧状，两边近似直线，形制小巧。从出土位置判断，应是玉钺柄部的嵌饰。长1、宽0.5厘米（图一七〇，7；图版二八，6）。

柄饰　2件。分为两型。

Ⅰ型　标本M3∶1，灰白色。扁长方形，两端平齐，中空，表面平整，两侧呈瓦楞束腰状，腰中部有一小圆孔。器身仅残留一半，应是柄饰，残留3.8、高3.3厘米（图一七一，5；图版二六，8）。

Ⅱ型　标本M18∶23，蘑菇形柄饰。白色。通体光洁圆整，一端为伞盖，伞面弧凸，后端内收成带短榫把柄，可嵌入器柄槽内。直径4.3、高3.7厘米（图一七一，4；图版二六，7）。

燧石　1件。标本M41∶4，墨黑色。打制成片状，边缘锋利，一端呈锋尖。也许在当时可用作玉器加工工具。长2.9、宽2厘米（图一七一，1；图版二八，2）。

水晶　1件。标本M41∶3，透明体。打制而成，打制痕迹明显，边缘略厚，且不规整，一面弧凹。邻县东海即是水晶产地。长4.1、宽2.4厘米（图一七一，2；图版二八，3）。

小件燧石和水晶，在墓地仅发现这两件，且在同一墓内，并陈放在墓主右臂上侧。此墓人骨架保存较好，经鉴定为一中年女性。在她的左手腕戴由7颗、右手腕戴由13

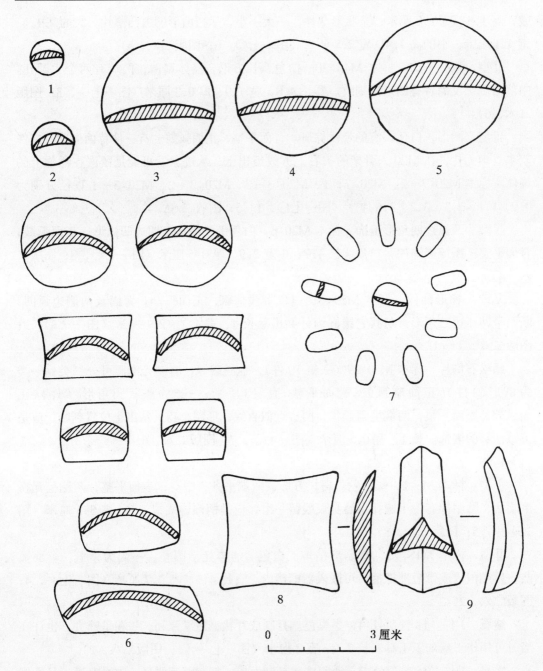

图一七〇　北区墓葬出土玉器

1～5.Ⅲ型玉饰片（M20:7-2　M20:7-1　M20:3-3　M20:3-2　M20:3-1）　6.Ⅰ型玉饰片（M23:4）（8
件）　7.绿松石饰片（M50:29）（10件）　8.Ⅳ型玉饰片（M20:6）　9.玉饰（M20:5）

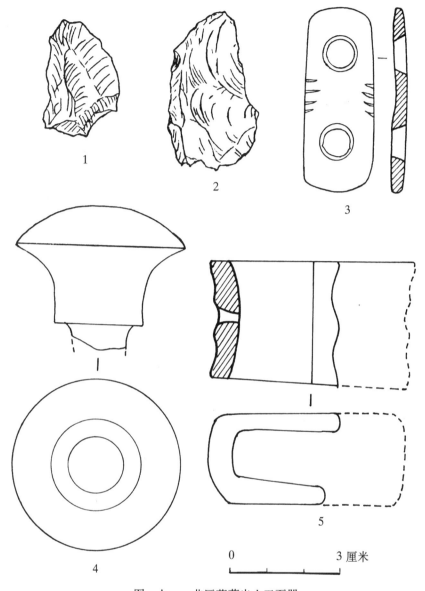

图一七一　北区墓葬出土玉石器

1.燧石（M41：4）　2.水晶（M41：3）　3.Ⅱ型玉饰片（M45：30）　4、5.玉柄饰
（M18：23　M3：1）

颗小玉珠穿成的串饰。以燧石和水晶随葬，也许和她的琢玉技能、审美情趣相关。

三、石器

花厅墓地出土的石器，总体数量不多，仅100余件，石质工具出土数量偏少，这种现象在大汶口文化遗址中普遍存在。究其原因，在当时条件下，磨制成一件石质工具并非轻而易举的事情，必须珍惜艰难劳动成果，为留给活人使用，死后很少随葬。而富有者把石质工具作为私有财产埋入墓葬，代表显赫的权力和生前地位。故多数精美的石器常出土在大墓内。如花厅60号大墓，随葬石斧6件。还有石锛和石刀等。

石器种类有石钺、穿孔石斧、有段锛、石刀、石镞、砺石等。这些石器石质优良，磨制光滑，制作精致。石料应采自当地。

钺 3件。分为2型。

Ⅰ型 双孔。标本 M20∶13，灰黑色带淡灰斑。正视为不规则的横长方形，一侧较宽，另一侧较窄，双面弧刃，上端和两侧亦匀薄如刃，弧圆角。上部有两个圆孔，间距较大。器身磨制精细，经抛光，但自孔至上端无光度，可能是留作装柄部位所致。出土时枕在墓主头骨下。长13.4~16.5、宽19.3厘米（图一七二，1；图版三〇，4）。

Ⅱ型 单孔。标本 M20∶25，淡灰黄色。平面呈梯形，上端平背圆角，下端双面弧刃，两侧亦匀薄如刃。器身中部偏上方一单面的圆孔。器身通体光亮，制作极精。长13.5、宽10~12.3厘米（图一七二，2；图版三〇，2）。标本 M18∶4，青灰色。形如上件而略大。长16.5、宽13.2~15.6厘米（图一七二，3；图版三〇，1）。

石斧 24件。分3型。

Ⅰ型 标本 M20∶61，黑白色斑纹，长方形，双面刃。长9.5、宽6.6厘米（图一七三，1；图版三一，4）。

Ⅱ型 上窄下宽，呈梯形。器身中部偏上有一个圆孔。标本 M18∶17，紫色。顶端近三角形，横断面椭圆，正视如舌形。长15.6、宽5.2厘米（图一七三，3；图版三一，1）。标本 M60∶24，火成岩制成。通体磨制光滑。双面刃，刃两侧有较为明显的折角。长12.5、刃宽7.2厘米（图一七三，2）。标本 M60∶2，弧背弧刃，刃部锋利，通体磨制光洁，器形较大。长13.8、刃宽7.3厘米（图一七三，4）。标本 M60∶143，火成岩制成。弧背弧刃，双面刃。扁薄体，正面似舌形，形体硕大。长18、宽10.8厘米（图一七四，1；图版三〇，3）。

Ⅲ型 长条形，器身修长，双弧刃。标本 M18∶19，浅灰色。上端微弧，两角内收，钻孔处有错缝痕，器身厚重、光洁。长13.4、宽6.9厘米（图一七四，2）。标本 M18∶18，紫灰色带褐斑，上端圆弧，两侧规整，正视如舌形。长14.6、宽7.4厘米（图一七四，4；图版三一，2）。标本 M60∶144。两侧规整略弧鼓，中部厚实，靠上有一个双面钻圆孔。长11.5、宽5.2厘米（图一七四，3；图版三一，3）。

石锛 37件。大多为页岩磨制而成，形制规整，有些器表留有石料敲击痕迹。多数脊背起段，少数为常型石锛。可分4型。

Ⅰ型 长方形。标本 M16∶34，青灰色，满布灰白色石筋纹。器体扁薄，上端平齐，单面刃，刃部锋利，背面上部减地成段。精磨而成，表面光亮。长11、宽5.3厘

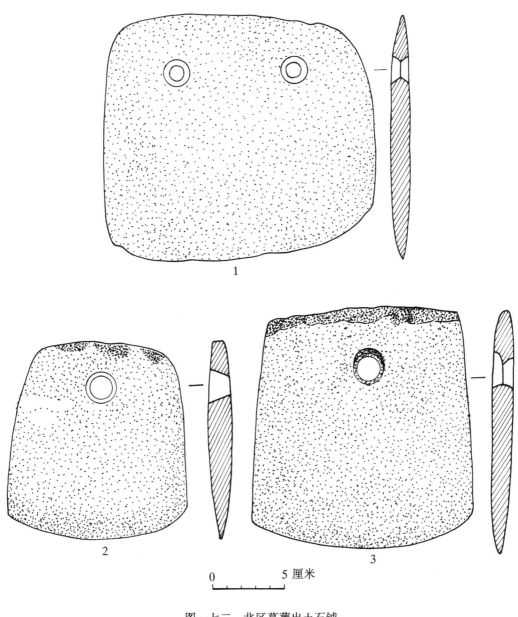

图一七二　北区墓葬出土石钺
1.M20:13　2.M20:25　3.M18:4

米（图一七五，6；图版三三，3）。标本 T6 南:1，页岩，浅灰色。地层内出土。扁平体，单面刃，刃部锋利，背部减地成段。长 6、宽 4.8 厘米（图一七五，1）。标本 M30:9，浅灰色，通体磨制光滑，刃部有使用痕迹。长 10.1、宽 4.1、厚 1.4 厘米（图一七五，5）。标本 M35:18，灰白色。刃部有使用痕迹。长 9.4、宽 4.3 厘米（图一七五，4；图版三二，1）。标本 M23:24，右上角残缺。长 8、宽 2.9、厚 0.9 厘米（图一

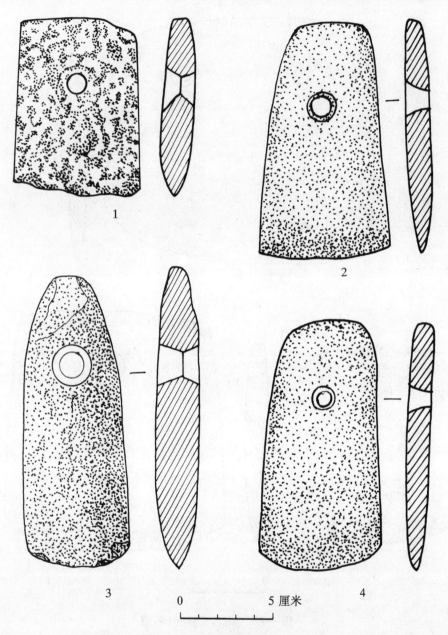

图一七三　北区墓葬出土石斧

1. Ⅰ型（M20:61）　2、3、4. Ⅱ型（M60:24　M18:17　M60:2）

七五，2；图版三三，1）。标本M60:26，背面靠上部减地成段，刃部锋利。通体光滑，器形小巧。长6.6、宽3.4厘米（图一七五，3；图版三二，2）。

　　Ⅱ型　标本M55:4，页岩制成。近方形，器体扁薄小巧。背中部减地成段，单面刃。通体磨制光洁。长4、宽3.5厘米（图一七六，1；图版三二，3）。标本M36:13，

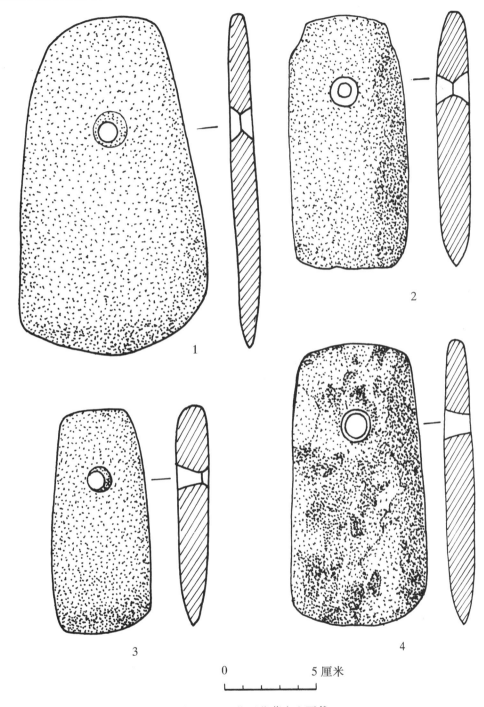

图一七四　北区墓葬出土石斧

1. Ⅱ型（M60：143）　　2、3、4. Ⅲ型（M18：19　M60：144　M18：18）

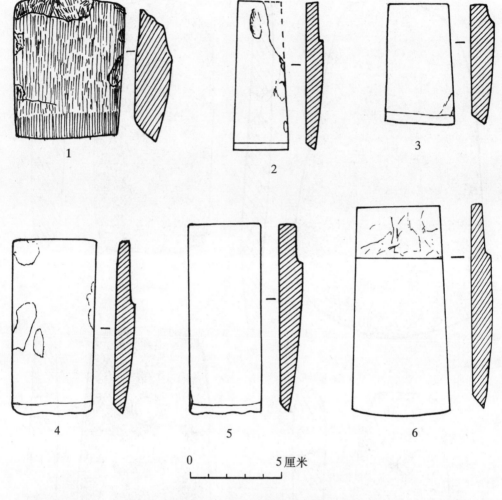

图一七五 北区墓葬出土石锛

1. I型（T6南:1）　2. I型（M23:24）　3. I型（M60:26）　4. I型（M35:18）　5. I型（M30:9）
6. I型（M16:34）

横脊在背中部，呈弧凸状，刃部锋利。长4.5、宽2.2、厚1.3厘米（图一七六，2）。

Ⅲ型　标本M60:27，页岩制成。长条形，背中部偏上起脊成段，单面刃。形体厚实修长，横断面近方形。长15.1、宽3.8厘米（图一七六，3）。

Ⅳ型　标本M48:16。通体磨制光滑，正面平整，背面弧鼓，刃部锋利。长2.7、宽2.8厘米（图一七六，4；图版三二，4）。标本M25:3，正面平整，背面弧鼓，单面刃。上窄下宽，近似梯形。长4.1、宽2.8厘米（图一七六，5；图版三三，4）。

石刀　10件。形制各异。标本M16:48，灰白色，背部平直，刃部锋利，呈弧凸状。残长6厘米（图一七七，2）。标本M42:13，浅灰色。长方形，扁薄体，形制较

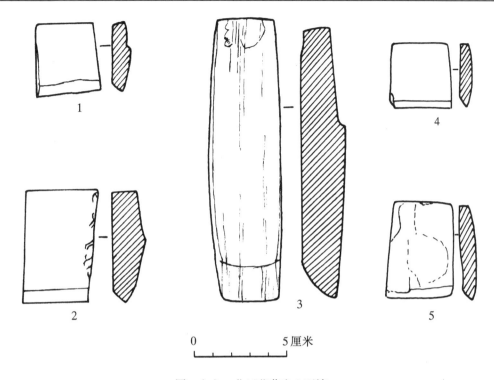

0　　　　　　　5厘米

图一七六　北区墓葬出土石锛

1.Ⅱ型（M55：4）　2.Ⅱ型（M36：13）　3.Ⅲ型（M60：27）　4.Ⅳ型（M48：16）　5.Ⅳ型（M25：3）

大，近似石铲。双面刃，边缘两侧亦扁薄如刃。靠背部有三个等距离的圆孔。长29.8、宽15、厚0.9厘米（图一七八，2）。标本M60：23，长方形。通体磨制光滑，平背，刃部弧度较大，有使用痕迹。靠背中间有一个圆孔，系单面钻孔。长9.5、宽3.9厘米（图一七七，1；图版三四，2）。标本M61：23，长方形。通体磨制光滑，背厚刃薄，刃部锋利，有使用痕迹。靠背部有两个圆孔，系两面钻孔。长15.9、宽6.4厘米（图一七八，1；图版三四，1）。标本M29：1，长条扁薄形。刃背略有弧度，刃尖上翘，双面刃，后端内收成短柄。形制小巧，通体磨光，近似现代水果刀。长6.3、宽1.2厘米（图一七七，3；图版三四，3）。

石镞　9件。灰色、柳叶形，中有脊，锋刃尖利，横断面呈菱形。分为4型。

Ⅰ型　铤部呈扁圆锥形。标本M20：41－1，长9.5厘米（图一七九，1；图版三六，3）。标本M20：4－2，残长10.7厘米（图一七九，2；图版三六，4）。标本M20：4－3，残长11.6厘米（图一七九，3；图版三六，5）。

Ⅱ型　标本M48：4，页岩制成，灰色。瘦长条柳叶形，箭尖残缺，铤部呈扁锥形，形制较大。残长10.5、宽2.2厘米（图一七九，4；图版三五，3）。

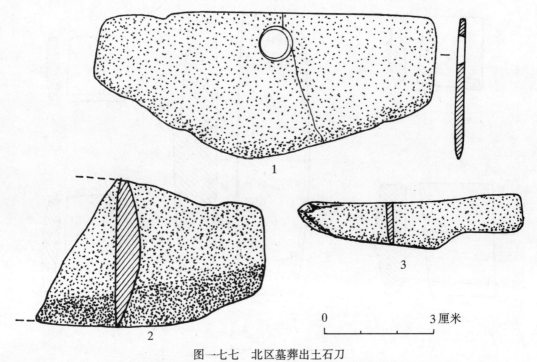

图一七七　北区墓葬出土石刀

1. 单孔石刀（M60∶23）　　2. 弧形石刀（M16∶48）　　3. 带把石刀（M29∶1）

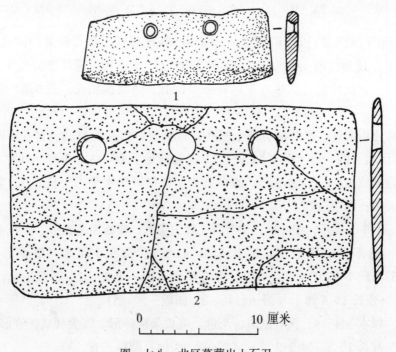

图一七八　北区墓葬出土石刀

1. 双孔石刀（M61∶23）　　2. 三孔石刀（M42∶13）

Ⅲ型　标本 M23:16，紫灰色。箭头尖端残缺，铤部呈扁圆锥形。长7.5、宽2.8厘米（图一七九，6；图版三五，5）。标本 M23:15，页岩制成，浅褐色。长7.2、宽2.2厘米（图一七九，5；图版三五，1）。

Ⅳ型　标本 M38:2，横断面呈菱形，长6.3、宽1.6厘米（图一七九，7；图版三五，2）。

刮削器　1件。标本 M30:8，浅灰色。正面平整，背面弧凸。指甲状锋刃。通体磨光，器形较小。长4.5、宽1.3厘米（图一八〇，3；图版三四，4）。

砺石　5件。为当地所产砂岩制成。一般为一头较宽，另一头较窄的扁平梯形，横断面呈长方形。通体光滑平整，无通常砺石所使用的明显痕迹。标本 M61:25，灰褐色。长10.5、宽1.9～4.2厘米（图一八〇，2；图版三四，5）。标本 M37:4，紫色，一端残缺。残长5.5、宽2.3～3.5、厚1.3厘米（图一八〇，1；图版三四，5）。

四、骨、角器

花厅遗址发掘出土骨、角器少于石器，可能是骨、角器容易腐朽，不易保存的缘故。在墓葬内，往往发掘出已成粉末状，无法辨别器形的骨、角器。发掘出土骨、角器仅40余件。器形有骨锥、骨镞、獐牙勾形器等。这些骨器大多在 M37 与 M50 内发现。

骨锥　24件。系用兽骨磨制而成。标本 M37:21，上端有尖，横断面呈扁圆形，通体磨制光滑。长9、宽1.2厘米（图一八一，6；图版三七，1）。标本 M31:5，为圆锥体，上端残缺，柄部扁平，上有一个穿孔，残长9.9、直径0.8厘米（图一八一，8；图版三七，6）。标本 M57:4，前部有锋尖，后端柄部有一穿孔，通体磨制光滑，器形修长，中段略弯曲。长28、直径0.9厘米（图一八一，7；图版三七，5）。

骨镞　2件。标本 M37:24，系用兽骨磨制而成，有圆锥形铤，铤上端有一粗短的圆锥体，并向上演变成锋尖，横断面呈菱形。整个器形奇巧精致，为以往所少见。长7.5、宽1.6厘米（图一八一，2；图版三七，3）。

骨栖　2件。标本 M56:5，系用兽的肋骨磨制而成。通体磨制光滑，器形呈扁平长条形，弧凸面，上宽下窄，前端弧圆略斜，后端内收成柄状。器形较大，应是实用器。长26、宽2.4～4.8、厚1厘米（图一八一，9；图版三七，4）。

角锥　5件。标本 M3:13，褐黄色。一端锋尖，一端有削痕，横断面呈圆形。长8.55、最大径1.1厘米（图一八一，4；图版三七，2）。标本 M50:26，该墓共出土3件。每件形状基本相同，均为长条形，横断面呈圆形。前端锋尖，后端钝秃。长7.1、径0.6厘米（图一八一，5）。

角丫形器　1件。标本 M37:28，系用鹿角磨制加工而成。下端为圆锥体短柄，前段自然分叉，通体磨制光滑。长5.1、宽8.4厘米（图一八一，3；彩版一六，3）。

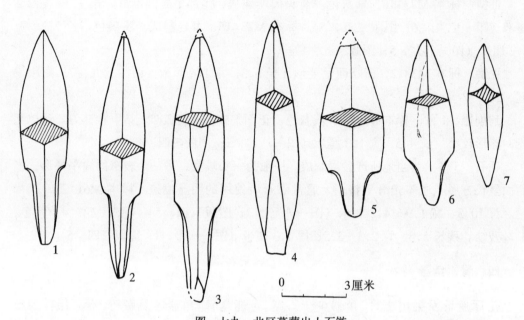

图一七九　北区墓葬出土石镞

1、2、3. I 型（M20:41－1、2、3）　　4. II 型（M48:4）　　5. III 型（M23:15）　　6. III 型（M23:16）
7. IV 型（M38:2）

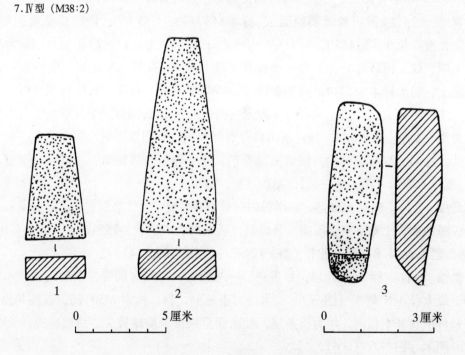

图一八〇　北区墓葬出土砺石

1. 砺石（M37:4）　　2. 砺石（M61:25）　　3. 刮削器（M30:8）

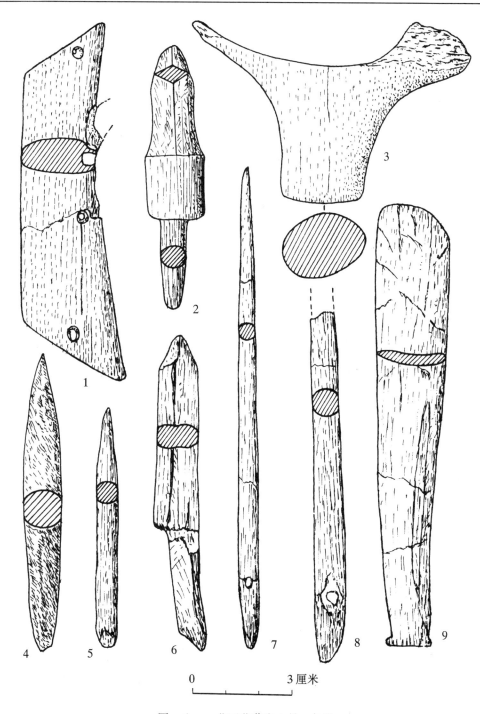

图一八一　北区墓葬出土骨、角器

1.獐牙勾形器（M37:26）　2.骨镞（M37:24）　3.角丫形器（M37:28）　4、5.角锥（M3:13
M50:26－3）　6~8.骨锥（M37:21　M57:4　M31:5）　9.骨栖（M56:5）

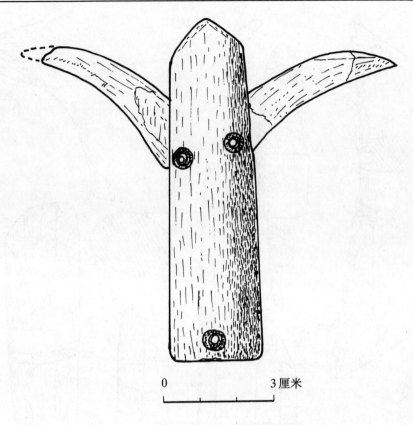

0　　　　　　　　3厘米

图一八二　北区墓葬出土獐牙勾形器（M37：8）

獐牙勾形器　4件。标本 M37：26，通体光滑，两端和中部各有一个小圆孔，中部一侧凹槽内安有残留的獐牙，应是獐牙勾形器残件。长10.3、宽2.6厘米（图一八一，1）。标本 M37：8，较完整。长8.8、宽9.6厘米（图一八二；彩版一六，1）。

第四章　结　　语

花厅遗址先后三次发掘共清理出墓葬 85 座。特别是 1987 年、1989 年进行的两次大规模的发掘，取得了重大的收获，对探索中华文明的起源和研究长江和黄河下游地区原始文化因素有重大的学术价值。花厅遗址的考古收获是多方面的，它是新中国建立以来，最早发现的重要遗址之一，意义深远。花厅遗址同大汶口等遗址一样，曾是当时一定范围内的经济和政治中心。花厅遗址的发掘成果，之所以引起考古界瞩目，除了它的内涵丰富外，特别是花厅的人殉现象对于判断大汶口文化发展程度相当重要，以及在墓葬中发现相当数量的良渚文化特征的玉器和陶器。这一重要发现，在大汶口文化发现近半个世纪以来，已发现的数百处遗址的数千座墓葬中。都是罕见的。所以近年来，吸引了许多学者对花厅遗址的上述现象，进行了广泛而有意义的讨论，各抒己见，做了种种分析和探讨。中国科技大学结构分析开放实验室等单位的学者利用岩相和 X 射线定量法对花厅遗址中的大汶口文化陶器、良渚文化陶器的残片进行了测试和验证。

有学者将花厅遗址同时出现的两种文化因素称之为"文化两合现象"。这一现象并非指考古发掘常见的那种由一般文化交流，甲文化含有乙文化个别因素的现象，而是同一墓地的若干墓葬中，虽以一种文化为主，另一种文化因素却也有相当分量的文化现象。并指出这种文化现象是社会发展到一定阶段上的产物，其学术价值非同寻常。

以下结合考古发掘的第一手资料，围绕花厅墓地的相关问题，进行初步分析探讨。

第一节　南、北墓地的划分

花厅遗址在发掘过程中，为操作上的便利，一开始人为地分为南区和北区进行发掘，南区即为 1953 年发掘的 19 座墓葬中心位置，我们习惯上称为南区墓地，北区与南区相距 600 余米，两地遥遥相对，经钻探中间为一空白地带。北区是 1987 年和 1989 年两次大规模发掘的中心地带，已发现墓葬 62 座，其中有 10 座大型墓葬，此处我们习惯上称为北区墓地。

经过发掘，南区和北区墓地不仅在文化面貌上有所差异，在时代早晚上也有先后，南区墓地要早于北区墓地，它们的主要区别是：

1. 南区墓葬墓坑较小，有的无明显墓坑，可能是平地掩埋，墓葬规模属中、小型，北区墓葬一般都有长方形竖穴墓坑，随葬品丰富，发现的 10 座大墓内普遍出现人殉现象，而南区则不见。南区墓葬相对集中，北区则是分片埋葬。

2. 南区墓葬随葬品以陶器为主，仅个别墓葬随葬玉器和猪下颌骨。北区墓葬普遍随葬玉器和猪下颌，并发现数量较多的具良渚文化特征的陶器和玉制礼器，而南区不见良渚文化因素的遗物。

3. 南区墓葬随葬数量较多的红陶凿足鼎和大圈足镂孔座豆，但不见北区常见的瓦足鼎。南区墓葬中随葬典型的觚形杯在北区则不见，北区常见的陶背壶而在南区较少发现等等。

第二节　墓葬性质与年代

花厅墓地是 1952 年发现的，于当年 12 月和 1953 年 11 月进行了两次发掘，清理墓葬 20 座。这是第一次经过正式发掘而且十分重要的大汶口文化遗址。如果按照考古学文化的一般命名原则和惯例，大汶口文化本来应称为"花厅文化"。鉴于当时在花厅发掘规模太小，加上在北区挖掘的多条探沟，仅发现红烧土块粒及碎陶片，地层堆积单一，以为是居住区域，未引起足够重视。直至 1987 年，由于花厅村农民在村北取土时挖出很多玉器，南京博物院作了调查，经国家文物局批准组织了花厅考古队，进行了较大规模的发掘。1989 年再次进行发掘。两次发掘取得了重大收获。令人遗憾的是，和第一次发掘竟已时隔三十五年了。其间，在 1959 年山东发现和发掘了大汶口遗址，并根据遗址自身的独特风格，再同周围陆续发现的相同文化面貌的遗址比较和研究，提出了大汶口文化命名。大汶口文化时期，是海岱文化区加快发展走向辉煌的重要时期。花厅墓地的发现对这一文化区占有重要地位，并揭示了新的内容，为大汶口文化研究推向一个新的高潮作出了应有的贡献。

花厅遗址由两部分组成，即墓葬区和居住区。墓葬区是花厅村西北的大山沟到徐翰林沟的狭长的山脊地带，顶部较为平坦，总面积达 30 余万平方米，历次发掘的墓葬都集中于这一区域。花厅村东北的北沟圈子小台地，位于上述墓区的正东，其三面是冲积而成的水沟，西面和花厅村连接，仅 1953 年 10 月在此试掘了 8 条探沟，仅出土了一些陶片和红烧土块，推测此处应属居住遗址。由于对居住区未作较大规模的发掘，对居址的房基、灰坑等面貌不清，这是留待以后发掘才能解决的问题。

花厅墓地地层堆积单一，耕土层以下即有墓葬露头，墓葬内土质土色与地层区别不大。墓葬虽有墓坑，但墓葬开口层位的上下，往往难以确定有效的层位关系。墓葬虽然数量不少，但分布区域广泛，有的并不十分密集，但有一定的埋葬规律，少数有相互之间叠压打破关系的墓葬，又不很典型。

花厅北区墓地北端是一个以 10 座大型墓葬为主体的单独葬地，大墓彼此相邻，成两列分布，在整个墓地处于十分突出的地位。大墓的集中出现，说明大墓主生前关系密切。引人深思的是，这些大墓虽然自成一片，但与附近中、小型墓葬未能完全分开，而是紧密相连。其余 20 多座中、小型墓葬，则分布在这一片墓地以南 40 余米处，它们也自成一片，单独埋葬。在这片葬地以往曾出土大玉璧和大型刻纹琮体锥状器，包括我们在附近清理了一座可能与祭祀有关的猪坑，因此这一地带也可能有大型墓葬存在。奇怪的是两片墓地之间留有 40 多米空白地带。这种迹象表明，墓地总体布局似乎是事先统一规划的。表明着以血缘关系的氏族纽带仍然存在。

花厅南区发现的 23 座墓葬，规模都较小，随葬品有多寡，说明当时已有了一定的贫富分化，但差别还不很大。

北区发现的 62 座墓葬，有长方形竖穴式坑。墓坑大小深浅不一，一般长 2~3、宽 1~2、深 0.5 米左右，规模大的墓葬达长 5、宽 3、深 1.5 米。各墓均有数量不等的随葬品，一般小墓有随葬品十几件。大墓的随葬品较多，有几十件或上百件，且有较多的玉器，大墓中还存在人殉和人祭现象。

在此墓地中，已出现规模大小不同、随葬品多寡差别悬殊等现象，说明大汶口氏族内部已经发生了深刻的变化。已存在财产占有上的不平均，母系氏族制的平均分配原则已受到破坏，私有财产正在迅速发展，已经冲击了母系氏族制的规范。

人牲（或称人祭）和人殉，一般出现在原始社会晚期到阶级社会初期，考古发现的真正人殉实例，最早见于商代中期。对于花厅墓地的人殉现象，有一种看法是在军事民主制下异族征服的产物，不是社会内部激烈的阶级对抗的体现。也有人认为在仰韶文化晚期、大汶口文化时期，良渚文化已全面进入了古国时代。随着国家统治机构的建立和宗教的发展，必然会有人殉现象出现。位于良渚中心地如上海福泉山发现的 3 座人殉墓葬和在昆山赵陵山遗址发现的高土台的丛葬群人牲，以及 M55、M57 墓内人牲等重要现象，可以进一步证明与其同一时期的花厅大墓中发现人殉实例和人牲现象的存在，可以相互引证。但要弄清花厅人殉现象的实质，确有进一步探索和思考的必要。随着研究的深入，花厅人殉的这一发现，对探讨中国古代，特别是海岱、黄淮地区奴隶制的发轫是有意义的。史学界有学者认为，关于中国文明起源的标志，除了金属的发明、文字的出现和城市的形成外，更重要的是社会关系的变革、等级关系和阶级关系的形成。花厅墓地的贫富分化和人殉现象的出现，正是或多或少带来了这种社会变革的信息。中国文明的起源，是当今中国史学界和考古界极为关注的热门课题。花厅墓地除了人殉、人牲的重要发现，还发现孕育文明因素的众多新资料，对探索中华文明的起源也是很有意义的。诸如：墓葬显示有首领人物的存在，墓葬含有大量精致陪葬品，如各种玉器和陶器，标志兵权的石钺和玉钺在大墓中普遍随葬，包括象征身份和地位的刻有"神徽"的玉制"神器"；存在共同宗教信仰的意识形态；随葬品悬殊，贫富分化，私有制导致阶级分化基本成形；以粟和黍为主要农作物的旱地农业经济为基础的社会经济较高的发展，提供稳定的剩余产品；经济的发展，权力的集中，具有了防止分裂和抵御外来威胁的能力。加上 10 座大型墓葬中竟然有 8 座墓葬有人殉的事实，表明等级关系、阶级关系的形成。据此推测，处在大汶口文化中、晚期的花厅北区墓地，是否可以说接近或已开始进入文明社会了呢？

花厅遗址发掘中，未找到可供判断绝对年代的^{14}C 测定的理想标本，造成了工作中的缺憾。笔者认同栾丰实先生利用已有的分期研究成果，采取比较分析法，将花厅墓地划分为早、中、晚三个阶段。其绝对年代，参照已发表的大汶口文化^{14}C 测定数据（大汶口文化^{14}C 测定数据约有 70 个）。推定在公元前 3400～公元前 2800 年之间，花厅遗址前后延续 600 年。南区墓地大体处在大汶口文化的早期偏晚，北区墓地属大汶口文化的中、晚期。

第三节 "文化两合现象"之因素及产生原因

一、"文化两合现象"之因素

花厅遗址的地理位置偏于黄淮下游地区的南部，位于大汶口文化分布区的南部边界。其中带有的良渚文化因素说明这一地区正是良渚和大汶口两大文化的交汇地带。但花厅主要文化内涵与海岱地区同期文化遗存相同，属于海岱文化系统。

花厅南区发掘的 23 座墓葬，规模都较小，随葬品多寡不一，说明当时已有一定的贫富分化，但差别还不很大。随葬品单一，以陶器为主，有球腹罐、大型镂孔座豆、凿足鼎、瓠形杯、管状流盉、大口钵、空足鬶和双耳盆等。陶器特征鲜明。随葬品没有明确可以指认为良渚文化的陶器。玉器在随葬品中所占比例较小。多是一般常见的小玉环等器物，无良渚文化因素。墓葬为单人仰身直肢，头向东。花厅南区是一片典型的大汶口文化早期偏晚墓地。

在花厅北区发现的 62 座墓葬，大多有长方形的墓坑，大小不同，深浅不一。其中10 座大墓则规模可观，一般长 5 米左右，宽 3 米左右，都有丰富的随葬品。北区墓地的发掘收获是多方面的，其中发现大汶口和良渚"文化两合现象"意义重大。

花厅墓地中大汶口文化因素有：花厅所在地的江苏淮北地区，恰是大汶口文化的分布区；花厅北区墓葬以仰身直肢葬式为主，头向大多向东，均与南区墓地相同；随葬陶器中以大汶口文化陶器群为主体，如凿足鼎、深盘大镂孔圈足豆、背壶、长嘴盉、大口缸、红陶鬶、镂孔器座、弦纹罐、无鼻壶、高圈足豆等；墓内盛行猪犬齿和猪下颌随葬，有的墓内还埋猪、狗；有的墓主手握獐牙勾形器；M45出土的双孔玉饰与相似的长形有孔玉饰见于大汶口、野店墓地；在花厅墓内出土较多的绿松石耳坠、绿松石饰片，是大汶口人其他区系的先民更爱绿松石的特点。

花厅北区墓葬中属于良渚文化的因素有：M18出土的灰陶宽錾杯，在武进寺墩和上海福泉山良渚文化中有相同的器物，M18、M19出土的贯耳壶亦见于寺墩、福泉山，数量较多的瓦足鼎、喇叭形瓦楞纹圈足豆、横贯耳高颈罐等在太湖地区良渚文化遗址皆可见同类器；花厅出土的琮、璧、钺，在寺墩、福泉山、反山出有同类器，琮形锥状器、琮形管、冠状佩、冠状饰、串饰、佩、璜等均与太湖地区良渚文化玉器相同，为典型良渚文化玉器，特别是玉器上的"神人兽面"纹，更是良渚文化玉器的突出标志。此时，人殉人牲现象在良渚文化的福泉山、张陵山、昆山赵陵山等多处墓地之中亦有发现，而除花厅之外的大汶口文化各时期墓地尚未发现这类较典型的现象。

二、"文化两合现象"之产生原因

中华文明各文化间的相互交流和融合，给各自文化注入了旺盛的生命力。花厅遗存是孕育着众多文明因素的典范。在良渚文化和大汶口文化时期，长江下游地段即使有河道存在，也不会构成大的交通阻隔。古代自鲁东南至吴越似有南北通道，寺墩、高城墩这两处良渚文化超级遗址，位于常州武进以北、江阴以西的长江南岸，暗示寺墩、高城墩以北的长江有古渡口，寺墩、高城墩扼居古渡南口，为南北交通的要冲，此一条是陆路通道。另一条道可以走水路，从太湖一带北上苏北鲁南地区，花厅、刘林、大墩子、沙沟、野店等具有南方文化因素的遗址，均距沂河和泗河较近；还有可以沿着海边直接北上，在日照和胶东半岛一带沿海登陆。

有些学者分析，良渚文化北上，不迟于大汶口文化中、晚期。也许是通过江淮东部地区的某些已经进入良渚文化势力范围的土著部族，直接构成了对大汶口文化部族群的严重威胁，甚至成为海岱南部某些部落的征服者，花厅的情况是两个文化发生碰撞与征服的结果。有学者设想："是良渚文化一支武装力量北上远征，打败原住花厅村的大汶口文化居民并实行占领"。因而出现了"为了缅怀这些在异乡战死的英雄，特地给他们随葬了最能反映本族特色的玉器和陶器等器物，同时也随葬一些原属大汶口文化的战利品，甚至把敌方未能逃走的妇女儿童同猪狗一起殉葬"。又迫使土著部族向强大的征服者归顺图存，与之携手合作。其直接后果是促成了"文化两合现象"的出现。

有些学者从文化圈之间的交流融合、渗透等角度出发来进行探讨。有的还认为属于大汶口文化的花厅古国，可能与属于良渚文化的某一古国是有联姻（包括联盟）关系的。故此推测，花厅发现的众多精美的良渚器物，应是联姻或结盟的产物。

　　花厅遗址出现的"文化两合现象"，这一事实说明，5000 年前海岱地区东夷和太湖地区百越族之间有着密切的交往。这种现象的出现，不能简单地用通常情况下的仿制、贸易或相互馈赠等来进行解释。除了上述分析的原因之外，根据有的学者研究，全新世最高海面发生在距今 5500 年前后，距今 4700～4000 年之间又发生过一次海面上升，对江淮东部敏感区带来环境的变化，导致原始文化兴衰。所以另一种推测原因是，在沿海地区发生了一次大规模的海侵，在无法抗拒的洪涝灾害打击下，处在地势低平的太湖地区的良渚先民，有的不得不忍痛离开故园而迁徙他方，移入高地。地处马陵山南端的花厅遗址，在海拔 69 米的高地上，地域开阔，背靠连绵百余公里的群山，面临广阔的徐海平原，地理条件优越。加上由于过去的长期交往，大汶口文化和良渚文化的居民之间是比较熟悉的，于是一支有影响、有实力的先进良渚先民，选择了北上距离较近、又最理想的花厅遗址作为落脚地，之后未能返回家园，逐渐被大汶口文化的先民所同化。然而他们保留了大量的良渚器物和原文化的强烈影响。这是在大的历史背景下，不离开特定条件的一种分析和思考。

　　中国科技大学结构分析开放实验室对先后两次选出的 25 块花厅遗址出土的大汶口文化特征和良渚文化因素的两种不同文化风格的陶器标本，利用岩相和 X 射线定量法进行了测试分析，其结果是初步确定两种不同风格陶器产自不同地区，但又不能绝对否定具有良渚文化因素的陶器是在新沂附近的大汶口文化分布区域内制造的可能。因为，第四纪地质是良渚文化分布区域的地质特点，甚至江苏北部的一些大汶口文化分布区域也有分布，新沂河下游流域也属第四纪地质。

　　花厅北区墓地一残墓内出土了 2 件大型玉核芯，推想是在制作大型玉璧时钻下的。山东泰山、邹县和莱阳产玉，花厅制玉可以就近取材。所以花厅先民当时已具备制作诸如玉琮、玉璧等大型玉制礼器的技术条件，不过在制作中吸收和融合了良渚文化因素罢了。因而同时又能制作具有良渚文化因素的精美陶器就更不成问题了。

　　大凡事物内部因素的变化，不能排除外部因素的影响。一种文化的产生、发展甚至被别的文化所代替，也同样如此。花厅墓地的资料无疑还有局限性，特别是两种文化的共存因素。花厅遗址是迄今为止发现的同一遗址中同时存有两大明显不同文化类型器物的惟一遗址，良渚文化因素之多之全，简直令人瞠目，充分显示了花厅遗址自身的独特性。这一特殊文化现象，即使通过现代科学技术手段对其典型标本进行测定，也一时难以作出绝对肯定或绝对否定的结论。有些现象的脉络一时难以理清，要靠资料的不断充实和研究工作的深入，才能作出符合客观实际的科学结论。

第四节　陶器特征与传承关系

花厅遗址在墓葬中出土陶器有千余件，但陶器极为酥碎，加上堆叠放置，残损严重，很多难以分辨器形。经修复完整的有300件左右，仅占陶器总数的三分之一。陶器主要分为夹砂陶和泥质陶两大类，夹砂陶包括粗砂和细砂两种，泥质陶有粗泥和细泥。陶色以灰陶为主，其次为红褐陶，黑皮陶大多黑衣褪落，露出胎色。还有少量的棕色陶和施红衣陶。多数陶器采用轮制技术，鼎、鬶需结合泥条盘筑和捏塑。陶器大多为素面，纹饰多数装饰在素面陶器的一定部位上。最主要的纹饰是镂孔和弦纹，多见于陶豆足部和陶罐腹部，陶鼎足部普遍以划纹、捺窝为装饰。其次还有篮纹和附加堆纹等及鸡冠耳、鸟喙纽装饰。

陶器种类繁多，器类以鼎、豆、罐、壶、背壶居多。其次是盉、鬶、杯、钵、盆、器盖等10余种。陶器的特点是以平底器为主，如罐、壶、盉、盆等，圈足器、三足器次之，如各式豆、鼎、鬶等。根据墓中共存关系和出土数量，可知鼎、豆、壶、罐、盉、鬶、杯七种，是当时日常应用的主要器皿。鼎、鬶是炊煮器；豆是盛器；壶、罐、盉是水器或储食器；背壶，双鼻一纽，是用来汲水带水的。较深的器盖可兼作豆、碗之类的器物使用。大口缸和制作精致的镂孔器座，均出土在大型墓葬。花厅出土的大口缸形式多样，如M50大墓的右下侧一字排列着4个大口缸，似为存放供物的含有祭祀性质的特殊盛器。而且在一些大墓的封土中，有的位于墓口，如M34、M35也有发现。在花厅大墓中并不一定出大口缸，而出大口缸者必大墓。在大汶口文化和良渚文化遗址中，有的大口缸上面刻有文字，有的饰有划纹图案，这些都是用作祭祀的礼器。至于镂刻精美、器形大而单薄的器座，承重力极差，在M23、M50大型墓葬出土，推想是墓主生前喜爱的装饰艺术品，死后带入墓中随葬，不可排除财富、权力的象征，或亦是用作祭祀的礼器。

花厅墓葬出土陶器的数量大、器类多，所含因素较复杂。其中鼎、豆、罐、壶、鬶、盉、瓠形杯，是构成花厅墓地文化要素的主体，也是其他大汶口文化同类遗址的共同要素，表现了强烈的共性和统一性；另一类如三足罐、圈足壶、平底盘形豆、猪形罐、圆腹盆、大口双耳刻纹罐等，是花厅常见或独见，数量与种类虽然不多，但具有明显的自身特色，应多半是对典型的大汶口文化器物加以改造形成的。

花厅墓葬三个阶段之间，存在着一脉相承的演变关系，这在陶器上表现得比较清楚，例如罐形鼎由深腹到浅腹；贯耳壶的颈与圈足均由矮向高发展，而腹则从深向浅变化；喇叭形圈足豆，豆盘自深逐渐变浅，圈足则不断加高；背壶的整体从瘦长形到肥硕型，肩部由溜肩向宽圆肩递变；盉的颈部由矮到高，腹部则从扁圆到近似球形；鬶的流口由平流到高出口沿，颈逐渐加长，腹部自深至浅，三足从实足向袋足发展变化。除贯耳壶外，鼎、背壶、豆、鬶、盉等器形构成了花厅墓地文化要素的主体。这些器物广泛存在于鲁南苏北地区大汶口文化中、晚期遗址中。花厅墓地典型陶器的演化趋热，与相邻遗址同时期文化的同类器的变化同步。这一类型直接承之以刘林墓葬为代表的苏北早期大汶口文化。此外在花厅遗存中还存在少量薛家岗三期文化因素，如瓦足鼎的瓦足，近似子母口的浅盘豆等。

第五节　玉文化对花厅墓地的影响

花厅墓地出土有大量玉器，在随葬品中，除陶器外，出土玉器数量远远超过石器、骨器等其余种类的数量。在太湖地区良渚文化大型墓葬中则以随葬玉器为主，而在海岱地区的大汶口文化遗址，像花厅墓地出土如此众多的玉器是不多见的。

有学者认为，在文化氛围浓厚的中国玉文化之下，从矿物学上区分玉与石之别虽有必要，可对于古代所指的种种并非属于今日矿物学中玉范围之"玉"，亦应纳入玉器行列一并研究。将"玉"定义为"远古人们在利用选择石料制造工具长达数万年的过程中，经过筛选确认的具有社会性及珍宝性的一种特殊矿石"。古人以美石为"玉"。在花厅墓地，发现一些制作极为精致的诸如钺、锛、斧界于石、玉之间的器物。花厅玉器质料初步分析为透闪石、阳起石系列的软玉及绿松石。经多年埋藏产生次生变化，即沁蚀。形成了玉的颜色以白色为主，此外有淡绿、淡黄等色。大多蚀化较重，颜色斑驳，有的呈筋状条斑，仅个别玉质晶莹，具有透光性。

玉器从出现时只见被用作实用器和装饰品到新石器时代中、晚期后被广泛用作礼器（琮、璧等）和图腾（龙等）象征物，说明了人们对玉的认识和珍用。大概自新石器时代中、晚期以后，人们已不复滥用玉来制造实用器，而是多以之制作礼器、装饰品和有其他特殊用途的宗教物品。

花厅墓地出土的大量玉器中，最能反映良渚文化特征的玉器有兽面纹玉琮、玉琮形管、刻简化兽面纹的玉锥形器、长条形有段大玉锛、双孔大石钺等。这类玉器，在玉质、器形、纹饰上均与太湖地区良渚文化玉器相同。如 M18 和 M5 出土的简化带冠人面纹琮形锥状器，在上海福泉山曾发现同类器。M20 出土的瑗在江苏吴县张陵山 4 号墓出有同类器。M18 出土的一件镯式琮上有组合的简化带冠人面和兽面纹，在寺墩 M3、福泉山 T4M6 和浙江余杭反山 M18 皆出有同类器。这些具有良渚文化特征的玉器，同太湖地区良渚墓地一样，在花厅也大多出自大型墓葬。它具有强烈的社会功能，既可代表王权，又能沟通天地鬼神，是地位高下和贵贱等级的象征物。花厅墓地出土良渚特征的玉器，昭示良渚文化因素的渗透已进入包括宗教在内的精神文化更为广泛的领域。

说明夷人和越人间已出现共同的原始宗教信仰，这两大民族的融合出现甚早。在最初源于审美情趣绚丽的光泽下，原始先民赋予了玉各种灵性和功用，使它从现实的器用逐渐走向神秘的神圣之物。这一阶段的玉文化经过长达数千年发展，不断干预社会生活，并逐步广泛化、深入化，终于成为文化主体，成为巫神媒介及华夏文明基础的第一块奠基石。这是人们对曾经有过中华史前玉器辉煌的共识。

花厅墓地出土的玉器中，有数量较多的如锥形器、环、瑗、镯、珠、管等。这些玉质饰件，在大汶口墓地等遗址均可见到相同的器形。表明花厅墓地出土的玉器中，除了琮等大汶口文化不见或少见的良渚文化特征器形外，其余大多仍为自身所有，属大汶口文化。在花厅墓地不仅大墓中随葬相当数量的玉器，在中、小型墓葬内也普遍随葬一定数量的玉器。这一现象说明当时花厅村的人们已会装饰自己了，并且装饰品的样式和种类多样，已具有广泛而成熟的审美情趣，表现了很大的智慧。对玉器的宠爱，乃是取天地之精华、集人工之技巧、融人类思想文化于一身的产物，玉器之美，是天然材质与人文意蕴合璧之美。这种美的升华，即充分反映在当时花厅村的人们对玉器的使用和喜爱之上，透视着反映意识形态的精神领域。

从花厅考古发掘现场观察，已弄清了一些玉器的确切用途。如散落在 M16、M18、M50、M60 头部或胸部的许多琮形管、佩、珠、管、坠等，它们不是单独使用的，而是大型项饰上的组成部分。已复原的大型项饰有三串，这些项饰，各有特色，是迄今所见新石器时代精美的项饰。从其他遗址中也可证明，这阶段的项饰，亦称颈饰或项饰，配件齐全，制作已非常精美。如：上海福泉山出土由 71 颗玉管、玉珠、玉坠串组的项饰和另一件由 47 颗玉珠、2 件玉管、6 件玉锥形器组合的项饰，在浙江瑶山、江苏武进寺墩皆出土类似的玉项饰。花厅 M20、M41 等人骨架手臂骨上套有大石环和精美的玉环、玉瑗。在 M42 人骨架的左、右前臂骨上分别套有由 7 颗和 11 颗玉珠串成的臂饰。当然如大型项饰、大型锥形器、玉琮等，已失去作为装饰的实用性，变成了神圣的礼器。

"崧泽中晚期出现的线切割工艺，为中国新石器时代用玉巅峰的到来，提供了重要的技术条件"。新石器时代的制玉工艺，肯定经历了一个初级到高级、简单到复杂的起步、发展、提高和成熟的过程。到了新石器时代中晚期，大汶口和良渚文化先民们，已大量制作和使用玉器，良渚文化已达到用玉巅峰。玉器上精致繁缛、细如发丝的各种纹饰，是如何琢磨和镌刻的？玉器制作要经过下料、做坯、钻孔、雕琢、刻纹、磨光等工序。用硬度高于玉的石钻，如石英钻、黑色燧石钻，钻镂解玉。在江苏丹徒大港磨盘墩曾出土此类石钻。花厅 M41 出土一件黑色燧石，一件水晶，打制痕迹明显，也许在当时可用作玉器加工工具。在上海福泉山、浙江反山、瑶山的大墓中皆发现有鲨鱼牙齿，推测是镌刻玉器的工具。当时玉器在制作思想上显示了崭新的观念。在生产中除使用皮条拉锯外,很可能采用了砣机工艺技术,具有精雕细刻、生动传神、艺术夸张、神秘诱人的魅力。一些玉制礼器造型新型、构图严谨、布局对称、线条流畅,这些都反映了生产技术领域里的重大革命。在花厅出土的玉环等玉器上,保留的抛物线形切锯痕、圆弧状阴痕及同心圆切痕,应是以砣、锯解玉的证据。花厅出土的玉琮、琮形锥状器、琮形管上的纹饰是以减地凸雕,也即浅浮雕法制成,有些玉器琢磨抛光度极高,是以竹片或兽皮在玉器上来回打光而成。有的玉器壁薄能透光,其制作难度可见。一件精美玉器的制成,肯定是十分费工费时,需付出大量智慧和劳动,无疑玉器的制作当时已成为独立的专业部门。

据地质矿物学者考察,宁镇低山丘陵地区有着丰富的玉料矿源,玉髓、玛瑙、石英等二氧化硅类结晶体在宁镇地区有着广泛的分布,云母片、叶蜡石更是地壳中常见矿物,宁镇低山丘陵地区在地质年代有多种玉石矿床的条件。目前在溧阳小梅岭、安基山、象山等地已发现与软玉、蛇纹石相似的矿床。江淮低山丘陵的安徽肥东、全椒、凤阳、滁县、霍山一带都有玉料、玛瑙、水晶等矿藏。以此推测,地处相近的马陵山低山丘陵带,同样有可能有玉料等矿床。因此花厅等大汶口文化遗址所出玉器的玉料来源,很可能是就近取材,或相距不会太远。事实上在山东的泰山、邹县和莱阳都产玉。在相邻的东海盛产水晶石。

第六节　以农业为主的原始经济和发达的制造工艺

花厅发掘所获资料一定程度上反映了当时的经济生活和工艺水平。由于应具有相当规模的居住区尚未正式发掘,本能在居住区内反映当时经济生活的重要遗迹现象均未揭露,现仅以已有的墓葬资料加以分析,难免含有臆断成分。

依据花厅遗址所处地理位置和自然环境,参照周围的大汶口、刘林、大墩子等遗址考察,不难把握花厅原始聚落的经济发展脉络。当时花厅周围是树木丛生的低丘山林,又背靠大山,即马陵山,面对利于农牧业的平原大地。这些优越的自然条件,毋庸置疑给当时经济发展带来生机。花厅古人类的经济类型应是综合经济类型,经济生活是多元的。

黄河流域地区的远古文明是建立在旱地农业的经济基础之上,主要的农作物是粟和黍等一批耐旱作物,地处黄淮之间的花厅遗址,也应以旱地作物为主,但渔猎生产在当时仍占一定地位。

磨制石器是适应农耕的需要而逐步发展起来的。花厅遗址内穿孔石斧、有段石锛、石刀等的发现,表明了原始农业的发展。

只有农业发达,家畜饲养业才发展快,花厅墓葬内随葬数量较多的猪下颌、完整猪头、猪蹄、完整狗骨架等，不管是财富的显示，还是祭祀的需要或葬俗的反映，当时猪的大批存在表明了原始农业的发展和饲养业的发达。

花厅遗址出土的骨、角器数量较少，则与骨、角器易于损耗废弃和埋在土中容易腐烂有关。但在50年代于花厅北沟圈子发掘中，出土有500多件兽骨和锯断的鹿角，无疑这些都是花厅居民当时吃剩下来的废弃物，也可能是用来制作骨、角器的备用材料。

制陶业与农业的关系非常密切。陶器是适应炊煮谷物性食物的需要而逐步发展起来的。花厅陶器的基本类型是炊器、食器、水器、盛储器，有的陶器可能因储谷甚至酿酒需要而制造。农业发展带来了粮食剩余的可能。

在花厅几座大墓中发现的镶嵌绿松石的彩绘木器的痕迹，一时难于判定是否是大汶口文化的传统工艺，但在大汶口文化的腹地，迄今未见镶嵌绿松石的彩绘木器遗痕；在良渚文化的腹地，如上海福泉山、余杭瑶山，虽曾发现过镶嵌、彩绘并施的木器，但所镶嵌的却是细小玉粒，而不是绿松石。此外，花厅遗址出土有造型优美的镂孔器座、口部有一封闭式管状冲天流的红陶鬶、形象毕肖的猪形罐等，具有自身特色，为以往大汶口文化陶器中所少见，反映了当时制陶业的高超技术。墓葬中发现浓厚风格的良渚玉器和陶器，表明当时不但有从事手工业生产的专门部门和一批专业人员，而且这批专业人员技术精湛、富有创意，揉和了两种文化的精华，制造了一些"改造"型的在大汶口文化、良渚文化中都不多见的器物。獐牙勾形器是与原始经济有密切相关的器物。獐牙勾形器仅在海岱地区大汶口文化遗址中流行，例如刘林、大墩子、大汶口墓地等遗址发现有数量不等的獐牙勾形器。花厅M37亦发现有2件，放置在人骨架手部附近，经鉴定墓主为一青壮年男性。獐牙勾形器的双牙，前端尖锐，刃部锋利，可以作小范围的刺割；尾部刻齿，便于嵌入柄内捆扎结实，以求坚固耐用；柄之后半部多较粗，适合于用手把握，柄部尾端多穿有一孔，便于穿绳携带。对獐牙勾形器的用途推测不一，有收割工具说、有捕鱼工具说、有护身或压胜说、有代表社会地位的信物说、有小型防身武器和工具说。出这种器物的墓主多为青壮年男子，是狩猎和战争任务的主要承担者，这种器物当为收割或剥制皮革的工具，战时又可作防身武器等，具有多种用途。

附表

附表一   南区墓葬登记表

墓　号	所在探方	性　别	年　龄	头　向	葬　式	备　注
M101				105°	仰身直肢	
M102				100°		实为2个墓
M103						
M104				100°	仰身屈膝	
M105				100°	仰身直肢	
M106				107°	仰身直肢	
M107				108°	仰身直肢	
M108				110°	仰身直肢	
M109				108°	仰身略右侧	
M110				102°		实为2个墓
M111				92°		实为3个墓
M112						
M113				98°		实为3个墓
M114				103°	仰身直肢	
M115				115°	仰身直肢	
M116					仰身直肢	
M117				105°	仰身直肢	
M118						
M119				98°		实为2个墓
M120	T25			85°		
M121	T25			正南北		
M122	T25			172°		
M123	T25			100°		

附表二　　　　　　　　　　　南区墓葬出土器物统计表

墓号	陶器													玉器									石器			骨器		其他	合计
	鼎	鬶	豆	壶	罐	三足罐	盉	钵	三足钵	杯	缸	盆	残陶器	琮	镯	环	佩	锥	坠	管	珠	串饰	斧	锛	镞	锥	镞		
101					5			1					1															三足残陶器1、陶环2、石钺3、骨针1、骨棒1	15
102	1				8								2															陶纺轮1、石环1	13
103													1																1
104	1				2								6						1										10
105	8		1	4	2			1					9										1	1		2		骨镖1、残骨器1	31
106	6						1					3	2		2											1		残骨器1	16
107								1					2															石纺轮1	4
108	2		4	1				1					4											1	1	3		骨镖1、石珠1	19
109	1							1					4										1			1		残骨筒1	9
110	6		2										16											1				陶纺轮1、骨针1	27
111	4	1				1	1						8																15
112													2																2
113	4		4	1				2				2	17										1	3	1	1		镂孔器座1	37
114	3												2															骨器1	6
115	6	1	3	4	2		1	1	1	2				1	4				1									陶纺轮1、石纺轮1	29
116	1		5		1			1					2		4													陶环2、陶釜1	17
117	5		1	2	2		1	1	2				6													1		石镯1、骨纺轮1、骨镯1、残骨器2	26
118													4																4
119	13	1	3	6	3			1		2		4	11													1		陶盘1	46
120			2		6																								8
121			7		4					1																			12
122	3	1	8		7	1	1	1				2																器盖2、陶釜1	27
123	6		1		4			1																					12
合计	70	5	42	17	47	2	3	13	3	5		11	99	1	10				2				3	6	2	10		35	386

附表三　　　　　　　　　　　　北区墓葬登记表

墓　号	所在探方	性　别	年　龄	头　向	葬　式	备　注
1	T104	女	青年	114°	仰身直肢	骨架纤弱，股骨头骨骺已愈合，第三臼齿萌出
2	T2	男	青年	82°	仰身直肢	股骨头较粗壮，骨骺已愈合，第三臼齿萌出
3	T3	—	—	100°		人骨架已腐朽
4	T8	女	—	112°	仰身直肢	仅存部分头骨及左右股骨
5	T2	—	—	114°	仰身直肢	仅存牙齿、颅骨、肱骨、胫骨
6	T3			98°	仰身直肢	
7	T1			120°	仰身直肢	仅存肢骨一段
8	T2	—	青壮年	114°	仰身直肢	仅存牙齿、颅骨、肱骨、腿骨
9	T8	—	—	108°		仅存头骨及残碎骨
10	T1			106°	仰身直肢	
11	T9		10	100°	仰身直肢	骨架疏烂，形体短小
12	T2	—	—	80°		
13	T1	—	—	120°	仰身直肢	仅存脊椎骨及下肢骨
14	T9	—	少年	94°	仰身直肢	
15	T9	—	少年	93°	仰身略右侧	
16	T9			110°	骨架无存	殉葬少年男女各1
17	T1	—	—	110°	仰身直肢	
18	T8	男	青壮年	105°	仰身直肢	殉葬成年女性1，婴幼儿2
19	T18	—	少年	110°	仰身直肢	第一恒臼齿已萌出，未磨耗，犬齿尚在齿槽
20	T8	男	成年	110°	仰身直肢	殉葬少年2
21	T7	—	幼童	100°	仰身直肢	骨质疏烂，骨架轮廓短小

续附表三

墓 号	所在探方	性 别	年 龄	头 向	葬 式	备 注
22	T8	—	幼童	114°	仰身直肢	人骨架已腐朽,骨架较短小
23	T202	—	—	112°	仰身直肢	
24	T201	—	—	96°	仰身直肢	
25	T206	—	—	120°	仰身直肢	
26	T201	—	—	110°	仰身直肢	
27	T202	—	—	98°	仰身直肢	
28	T206	—	—	108°	仰身直肢	
29	T202	—	—	108°	仰身直肢	
30	T201	—	—	112°	仰身直肢	
31	T203	女	青年	103°	仰身直肢	
32	T206	—	—	118°	仰身直肢	
33	T203	—	—	120°	仰身直肢	
34	T201	—	—	—	—	主体骨架未存,殉葬少年2
35	T201	—	青年	112°	仰身直肢	主体骨架,M_{1-2}齿尖轻度磨损,齿质点未露,M_3已经萌出,齿尖未磨,殉葬儿童1
36	T203	男	25±	125°	仰身直肢	M^2齿尖已磨,齿质点始露,枕部粗糙,乳突较大,眶上缘较钝,坐骨大切迹窄深
37	T203	男	青壮年	125°	仰身直肢	M_{1-3}齿尖均已磨损,M_{1-2}齿质点已暴露。眶上缘圆钝,坐骨大切迹窄深,股骨粗壮
38	T202	—	—	110°	仰身直肢	
39	T202	—	—	111°	仰身直肢	
40	T206	女	青年	112°	仰身直肢	坐骨大切迹浅而宽
41	T206	女	中年	106°	仰身直肢	M^{1-2}均已暴露齿质点,局部成片相连,乳突小,坐骨大切迹浅而宽
42	T206	女	中年	102°	仰身直肢	齿冠面破碎,可辨齿尖已深度磨损,枕部光滑,枕外隆突不明显,坐骨大切迹浅而宽

续附表三

墓　号	所在探方	性　别	年　龄	头　向	葬　式	备　　　注
43	T206	女	青年	108°	仰身直肢	枕部平滑，枕外隆突不明显，坐骨大切迹浅而宽
44	T202	—	—	—	—	
45	T202	—	—	118°	仰身直肢	
46	T202	—	—	114°	仰身直肢	
47	T206	—	—	103°	仰身直肢	
48	T203	—	—	118°	—	
49	T201	男	25	108°	仰身直肢	
50	T201	男	壮年	104°	仰身直肢	主体骨架，坐骨大切迹窄深，股骨粗壮，殉葬少年 2
51	T206	—	青年	95°	仰身直肢	M_2 齿尖微磨，M_3 齿未出
52	T206	—	—	103°	仰身直肢	
53	T203	男	青年	115°	仰身直肢	股骨骨骺已经愈合，坐骨大切迹窄深
54	T206	男？	—	100°	仰身直肢	
55	T203	女	成年	105°	仰身直肢	主体骨架，坐骨大切迹浅宽，殉葬少年 1
56	T203	女	成年	100°	仰身直肢	
57	T203	女	青年	112°	仰身直肢	
58	T208	男	老年	108°	仰身直肢	牙齿已经脱落，牙槽已愈合萎缩，枕外隆突显著
59	T208	—	—	110°	仰身直肢	
60	T208	男	30	102°	仰身直肢	M_3 齿尖已磨，未暴露齿质点，乳突粗大，眶上缘圆钝，股骨粗壮，肌嵴明显。主体骨架。殉葬 5 人
61	T208	女	青年	114°	仰身直肢	主体骨架，$M_{1\sim2}$ 齿尖均已磨损，M_3 始出，眶上缘尖锐，乳突中等偏小，头骨光滑，壁薄。坐骨大切迹浅而宽。殉葬少年 1
62	T208	—	—	—	—	

注：所有人骨性别、年龄由上海自然博物馆研究员黄象洪现场鉴定，李民昌协助。

附表四　　　　　北区墓葬出土器物统计表

墓号	所在探方	陶器														玉器									石器			骨器		其 他	小计
		鼎	鬶	豆	壶	背壶	贯耳壶	罐	三足罐	盉	钵	三足钵	杯	缸	残陶器	琮	镯	环	佩	锥	坠	管	珠	项饰	斧	锛	镞	锥	镞		
1	T104	4		3	1			2								2														陶纺轮1	13
2	T2			3	1			3		1		3			2							3	1					1			18
3	T3			5				1		1		2			1							2	1							残玉柄饰1、残玉角锥2	16
4	T8	2	1	2			1	6	1		4									1	7	1	3	1						玉璜3、玉指环1、陶盆1、陶碗2、残石器1	38
5	T2	1	1	1	1			2		1	1				1					1			3								13
6	T3							2				1																			3
7	T1			1				2							3																6
8	T2			2				4		1	1												2								10
9	T8							1															1								2
10	T1			1				1		1													1					1		玉珩1	6
11	T9							1			1		1		1	1															5
12	T2	1	2	5		1		3		1													1							玉指环1	15
13	T1		1	7	1						2	3			2								2	4							22
14	T9	1									1		1																		3
15	T9	1		1	1			1			1																				5
16	T9	2		6	4	2		4			1				3	1				1	9	3	2	1	1					石刀1、残骨筒1、陶环2、玉饰片4	48
17	T1			8											4						1		2							小玉片1、石刀1	17
18	T8	3		4	1	2		7			1	2				1	2	1				10	3	2	1	1		3	1	玉柄饰1、陶簋1、器盖2、陶盆3、石钺1、扁条形玉器1	54

续附表四

墓号	所在探方	陶器														玉器									石器			骨器		其他	小计
		鼎	鬶	豆	壶	背壶	贯耳壶	罐	三足罐	盉	钵	三足钵	杯	缸	残器	琮	镯	环	佩	锥	坠	管	珠	项饰	斧	锛	镞	锥	镞		
19	T18	1		2	1	1	1		4							3	1		1	1			2							陶环1、陶纺轮1	20
20	T18	3		8	1	2			9	2	1		1		2	2	1					13	1	10	1			1	1	玉瑗2、石铲1、器盖1、圈足盆1、石钺2	66
21	T7	2		2					7	1	1					1					2	6	2						1	器盖1	26
22	T8			1					1				1	1	3									1							8
23	T202	1	2	4		1			4			1						11		3	2	5	7				2	2		玉饰片1、陶器座1、陶纺轮1	48
24	T201									1																					1
25	T206	4		1	1				3			1										1				1					器盖1	13
26	T201		1	9	1				1			1							2												陶盆1	16
27	T202	3			1				1						4	1							3		2							15
28	T206	3		2	1				4			1										1	1		1						14
29	T202	3		2	1				1						2	2	2		2						1	1				玉指环1、石刀1、器盖1	20
30	T202			3	1	1			1	1					3							1	1				1	1			彩色石1、石刀1、刮削器1	17
31	T203	1									1				6				1	3									1	玉饰片1、陶纺轮1	15
32	T206	3	1	1	1	2			3			1								5	1		2		2					玉璜1、玉饰片1组（6件）、器盖1	25
33	T203																															
34	T201	4	3	9	3	1			5		1	1	4	1	4							7	4	5						玉饰片1、陶纺轮2、器盖1、陶匜1	57
35	T201		1	6	1	2			5	1			2	2		1				2	5	1	2	11				1		玉斧1	44
36	T203	3	2	5		1	1		4		1	1							1		8	1	2						2	玉璜2、玉瑗1、骨笄1、小玉指环1	37

墓号	所在探方	陶器													玉器									石器			骨器		其他	小计
		鼎	鬹	豆	壶	背壶亚	贯耳罐	三足罐	盉	三体足	三足杯	杯	缸	残器	琮	镯	环	佩	锥	坠	管	珠	项饰	斧	锛	镞	锥	镞		
37	T202	4			1						5	2	1	4										2			5	1	残骨器1、砺石1、獐牙勾形器2、角丫形器1	30
38	T202	2		1	2			1			1		1	3			1							1			1			14
39	T202	1	3		1				1		2	1		6	2		1													18
40	T206	3		1	1						7						1			1									陶纺轮2、陶匜1	17
41	T206	1		1	1						3											2							水晶1、燧石1、陶镯1	11
42	T206	3		3	2						10						1	1	1			2	1	2	1		3		陶器盖1、砺石1、玉瑗2、石刀1	35
43	T206	3		2	1						2						1			1		1							陶纺轮1	12
44	T202	1			1						1			2																5
45	T202	5		4	1						5	2	1	7			1								2				双孔玉饰1	29
46	T202	1	3	4	1						2			2	3	13	2			3		4							玉斧1	39
47	T206			1	1						5		1	1						2	1			1	2					15
48	T203	4	1	4	2						5						1			7			1	2	2				陶环4、陶器盖2	35
49	T201	3		2							2		1	2			1					2					4		獐牙勾形器1	19
50	T201	2	2	15	2	2			3	1	1		2	4	1					7	3	8	1	2					玉斧1、玉锛2、角锥3、陶盆2、玉饰片1、陶碗1、器座1、器盖2、绿松石片1组(10片)	70
51	T206	2			1						4						1					1								9
52	T206	2									2	1	1																	6
53	T203	1		1							1			1																4
54	T206	2			2						5		1				2							2	2					16
55	T203	1		1	1						2		1	8						1	1			2	2				玉瑗2、砺石1、器盖1	24

墓号	所在探方	陶器														玉器									石器			骨器		其他	小计
		鼎	鬶	豆	壶	背壶	贯耳壶	罐	三足罐	盉	钵	三足钵	杯	缸	残器	琮	镯	环	佩	锥	坠	管	珠	项饰	斧	锛	镞	锥	镞		
56	T203	4	2	3	3			8		1	1	1			6	2			1				1					4		器盖3、骨栖1、玉饰片1、陶盆2、陶匜1	45
57	T203	3		1				1																				1			6
58	T208	1	1	2		1		6			1				1												1	10		石刀2、陶器盖1	27
59	T208	4		2	1			1		1					1																10
60	T208	17	1	19	2	3		38		2		2		3		2	25	3	5	3			2	1	4	3		2		石刀2、砺石1、陶纺轮1、玉饰4、獐牙勾形器1、骨栖1、器盖2	149
61	T208	3		2		1		8			2		1	1	2	3	11	1	2	2			2				1	2		砺石1、骨梳1、石刀1、玉璜1、玉璧1、石镯1	50
合计		119	28	172	42	30	4	224	2	19	27	2	46	17	77	2	34	96	14	80	54	19	78	6	24	37	9	24	2	142	1431

附录一

花厅遗址 1987 年发掘墓葬
出土人骨的鉴定报告

黄象洪

（上海自然博物馆）

　　1987 年，在江苏新沂花厅遗址共发掘 26 座墓葬。出土的人骨和兽骨保存程度均很差，骨质疏烂，几乎一触即溃，只有 10 座墓葬中的局部骨块和牙齿尚可捡取。现据捡取材料并参照现场所见人骨情况作鉴定报告如下。

一、材料和鉴定

1. M1

（1）头骨破碎，牙齿一触即溃，骨架疏烂，但整体轮廓痕迹可辨。取得股骨头、颈部骨块和牙齿（M³）1 枚。

（2）骨架较纤弱，股骨头、颈部瘦小，似女性。

股骨头骨骺已愈合，第三臼齿已萌出，但齿尖未磨损，已成年，可能为青年个体。

M1 人骨架属青年女性个体。

2. M2

（1）骨架痕迹可辨，骨质较疏烂，捡取到完好的股骨头、颈部骨块和臼齿数枚。

（2）股骨头、颈部明显较粗壮，似男性。

骨骺已愈合，第一、二臼齿齿尖微有磨损，第三臼齿刚萌出，属青年个体。

M2 人骨架为青年男性个体。

3. M11

（1）骨架疏烂，但轮廓可辨，形体短小。捡取乳臼齿 1 枚。

（3）M11 人骨架属幼儿个体。

4. M12

（1）骨架已疏烂，轮廓不辨，捡取犬齿和臼齿冠 6 枚。

（2）为少年个体，性别不明。

5. M16

（1）这是一座大墓，随葬品丰富。墓中央主体骨架无存。根据以往经验，可能因为有葬具，或无土坑、平地堆土成墓，骨架已风化殆尽。

主体左侧和脚后各有一具骨架，轮廓清楚可辨，局部骨块保存较好。

（2）M16—①（左侧个体）

捡取到头骨上颌齿列、左眶部、下颌联合部、膝关节部、骶椎、股骨头连接残破髂骨等部位。

眼眶部上缘钝厚，下颌联合部下缘呈圆形，骶骨体明显大于两翼部，坐骨大切迹窄而深。定为男性。

膝关节骨未愈合，第三、四齿未萌出，第一、二臼齿齿尖未经磨损。属17岁以下少年。

M16—①属少年男性个体。

（3）M16—②（脚后个体）

捡取下颌齿列、膝关节部、残破髂骨、肱骨下端部、乳突残块、部分眶缘。

眶上缘薄锐，乳突弱小，坐骨切迹浅而宽，定为女性。

第三、四齿在牙槽中未萌出，膝关节骨骺未愈合，似在17岁以下。

M16—②属少年女性个体。

（4）M16主体骨架头端和侧旁有两三具幼儿骨架，已疏烂。

6. M18

（1）中位骨架（M18—A）十分疏烂，仅存痕迹。捡取股骨头和颈部残块及臼齿1枚。

性别年龄均较难鉴定。骨骺已愈合，臼齿齿冠上初步暴露黑点（齿质点），因此年龄似可定为青壮年之交。

（2）中位骨架的右侧，有一侧身相向的骨架（M18—B），轮廓可辨。捡取股骨头和颈部残块。

个体较纤弱，股骨头和颈部也明显瘦小，可定为女性。年龄难以确定，只能定为成年个体。

（3）中位骨架的右胸前有细小的颈椎数枚和细小的肋骨数条，为一具婴幼儿遗骸（M18—C）。另外脚后还有一具幼儿遗骸（M18—D），颈椎骨轮廓和细小肋骨数条可辨，已疏烂。

7. M19

（1）骨架已疏烂难辨，捡取到牙冠6枚，有乳齿和上、下第一恒臼齿和犬齿。

（2）第一恒臼齿已萌出，未磨耗，犬齿似尚在齿槽中。可鉴定为8～10岁的少儿。

8. M20

（1）中位一具骨架骨质疏烂，但形体轮廓可辨。捡取下颌残块、股骨头、颈部连髂骨残块。

下颌下缘呈圆形，股骨头、颈部粗壮，坐骨切迹窄而深。可鉴定为男性。年龄较难确定，但骨骺已愈合，可定为成年。

M20 中位骨架可定为成年男性。

（2）在中位骨架脚下有两具并列的骨架，骨质疏烂，但轮廓可辨，个体较短小，似少年个体。性别年龄难以确定。

9. M21

骨质疏烂，骨架轮廓短小，捡取上、下乳臼齿 6 枚。鉴定为幼儿。

10. M22

骨质疏烂，骨架较短小。捡取乳齿 2 枚。鉴定为幼儿。

11. 附 T2 猪坑

（1）T2 西北部位的猪坑内有两具整猪骨架，其尾后还有两个猪头骨，由于骨质疏烂，仅捡取 1 枚特大的獠牙和数枚臼齿。

（2）獠牙长达 25 厘米左右，臼齿磨损很深，系老年个体，鉴定为老年公猪。

二、讨论

花厅墓地的人骨和兽骨保存程度较差，仅存留部分有鉴定价值的骨块。以往上海、苏南和浙北地区发现的良渚文化大型墓葬中体质人类学的材料几近缺如，因此花厅墓地的材料就显得特别珍贵，我们做了细心的采集。此外，由于笔者亲在现场，对墓葬中遗骸的布局及个体可以全面观察，因此增加了鉴定的可靠性。例如对骨架性别、年龄的鉴定，固然依靠特征性的解剖部位的材料，但是完整的骨架轮廓也很有意义；有的鉴定价值很高的解剖特征，在捡取时也破碎无存了，但在现场却可以获得这些材料。

此次发掘中，M16、M18 和 M20 随葬品丰富，体质人类学材料的保存程度虽不能尽如人意，但经仔细鉴定和捡取，结合现场所见的骨架布局分析，可以认为是我国最早的人殉实例，为我国奴隶制的发轫研究提供了重要资料。

M16 中央主体骨架完全无存，但墓内左侧有一具少年男性骨架，脚后有一具少年女性骨架，性别年龄的鉴定材料较为可靠。还随葬一条狗。从布局上分析，似为人殉遗存。

M18 中央骨架可鉴定的材料不足，性别难以确定，但可知为青壮年。右胸前有一婴幼儿，右侧身旁有一成年女性个体，侧身相向，这些是可确定的。此外其脚后尚有一个幼儿个体骨架。

M20 中央个体的骨架，可以确定为一成年男性。其脚后整齐地排列着 2 具骨架，轮廓可辨，似少年个体，但难以确定性别、年龄。从排列的位置和情况可判断为殉葬者，比 M16 更能说明问题。

综观 M16、M18 和 M20 三座大墓的材料，互相补证，说明大墓以少年男女作殉葬的情形是可信的。至于与这三座大墓有关的大约七八具婴幼儿的个体说明了什么尚有待进一步的考察。

此外，此墓地中没有发现老年个体的墓葬，墓中的"中位"骨架都是青壮年，这也是值得注意的现象。

（原载《文物》1990 年 2 期，原文的图从略）

附：花厅遗址 1989 年发掘墓葬人骨鉴定说明

花厅墓地均为竖穴土坑墓，坑内填土及围岩为黄色——棕黄色黏土，大部分墓葬距地表仅为 1 米上下，因而墓葬人骨保存状况较差，大部分人体骨骼破碎疏烂，只能辨别出大致轮廓，少部分墓葬人骨保存一般，可供鉴定的也只是部分解剖部位。

花厅遗址在 1989 年发掘的 40 座墓葬中，共有 29 具人体骨架可以鉴定出性别年龄，其中男性个体 9 具、女性个体 12 具、未知者 8 具，男女性比为 0.75，年龄组合主要集中在少年和青壮年。由于该墓地存在着明显的人殉制度，加之大部分人体骨骼保存较差，因而男女性别、年龄组合只能是相对比较值，尚不能准确反映该墓地的整体情况（附墓葬人骨牙冠测量数据）。

花厅遗址出土人牙牙冠测量数值

	男　　性			女　　性		
	例数平均值			例数平均值		
	n	mm	S. D.	n	mm	S. D.
近中远中径						
UI1	1	9.27	0.00	1	9.20	0.00
UI2	2	7.85	0.09	0	—	—
UC	3	8.71	0.31	1	8.95	0.00
UP1	6	7.81	0.38	4	6.99	0.39
UP2	4	7.49	0.40	4	6.69	0.45
UM1	4	11.09	0.30	1	9.69	0.00
UM2	6	10.20	0.14	5	9.62	0.56
L11	1	6.28	0.00	0	—	—
L12	3	6.36	0.35	0	—	—

LC	4	7.37	0.32	2	6.87	0.11
LP1	3	7.68	0.26	4	7.05	0.07
LP2	2	7.76	0.02	5	7.08	0.21
LM1	4	12.07	0.37	1	11.18	0.00
LM2	5	11.39	0.76	4	11.28	0.39
颊侧舌侧径						
U11	1	7.82	0.00	2	7.49	0.15
U12	1	6.38	0.00	0	—	—
UC	2	9.58	0.42	1	8.94	0.00
UP1	3	9.70	0.25	4	9.35	0.27
UP2	2	9.31	0.11	3	9.47	0.45
UM1	2	12.13	0.16	1	10.52	0.00
UM2	4	11.97	0.12	4	11.54	0.61
L11	1	6.20	0.00	1	5.97	0.00
LI2	2	6.52	0.25	0	—	—
LC	2	8.48	0.50	2	7.58	0.18
LP1	2	8.22	0.10	3	7.98	0.13
LP2	2	8.72	0.41	4	8.37	0.31
LM1	2	11.12	0.22	3	10.87	0.32
LM2	5	10.61	0.25	4	10.45	0.28

（花厅遗址 1987、1989 年两次发掘所有人骨性别、年龄由黄象洪研究员、李民昌副研究员现场鉴定）

附录二

新沂花厅遗址人殉现象的鉴定和认识

黄象洪

（上海自然博物馆）

花厅遗址在江苏省新沂县县城东南 18 公里，位于马陵山山脉南端海拔 60 米的丘陵高地上。经国家文物局批准，南京博物院考古队于 1987 年秋冬和 1989 年秋冬两度进行了较大规模的科学发掘，获得了丰硕的成果。"花厅遗址的发掘有两项突破：（一）在大汶口文化中发现普遍人殉现象；（二）在大汶口文化墓葬中，发现大量良渚玉器。自大汶口文化发现近 40 年来，已发现的近百处遗址的 2000 多座墓葬中，上述情况十分罕见。这一课题对探索中国奴隶制的起源和中华民族的形成极为重要。"[①]

墓葬中的体质人类学材料是鉴定人殉现象的实物证据。迄今为止，在苏南、上海和浙北的许多良渚文化大墓之中，尚缺乏这些材料。由于笔者两度应邀在墓地现场进行人骨的处理和鉴定工作，因此对墓地中的人殉现象有直接的观察和认识。对人殉现象的发现和鉴定的过程，需要如实反映和记述，以供有关学者研究参考。本文中的若干意见和认识，是和汪遵国等先生在墓地现场日夜相处、切磋的共识。

一、对 1987 年发掘成果的鉴定和认识

1987 年的发掘共发现 22 座墓葬，人骨的鉴定报告已发于《文物》1990 年第 2 期，其中大墓四座，以 M16、M18、M20 的人殉现象最为明显。记叙一下发现、鉴定和认识的过程是有意义的。

1987 年 11 月 28 日笔者抵达工地，花两天时间对工地上已经出土和正在清理的墓葬全面观察了一遍，使自己的视觉和感受处在较适应状态。12 月 1 日从 M18 着手观察和鉴定。M18 的中位骨架（M18—A）十分疏烂，仅存痕迹，个体轮廓尚可辨。捡取所得的骨骼材料太少，性别年龄鉴定较困难。从所得白齿之冠上初步暴露黑点（齿质点）判断，年龄约当青、壮年之交，股骨残余头颈部较瘦小，仅能作出参考性鉴定为女性。中位骨架（M18—A）的右侧有一侧身相向的骨架（M18—B）轮廓可辨，从个体较纤弱、股骨头颈部也明显瘦小，可定为女性；长骨骨骺已愈合，可定为成年个体。中位骨

架（M18—A）胸前有细小颈椎数枚和细小肋骨数条，为一具婴幼儿遗骸（M18—C）。另外，此墓主体骨架脚后还有一具幼儿遗骸（M18—D）。从以上鉴定的材料判断，似仅仅是一座合葬墓而已。这情形，我们在其他墓地（如常州圩墩、上海福泉山等）早已鉴定过，因此当时并无特别的关注。

但到 12 月 2 日下午，观察、鉴定到 M16 时，感到似有新意。这是一座大墓，随葬的大量文物是集中在墓的中央，围着墓主人放置的。但主体骨架完全无存。随后是观察和鉴定墓中左外侧和脚后的两具骨架。M16—左：眼眶上缘钝厚、下颌联合部下缘呈圆形。骶骨体明显大于两翼部，坐骨大切迹窄而深，鉴定为男性。骨架膝关节髌未愈合，第三臼齿未萌出，第一、二臼齿齿尖微有磨损——属 17 岁以下少年。因此 M16—左为一个少年男性个体，为俯身葬，并有一只狗和猪头随葬其身旁。M16—右：眶上缘薄锐，乳突弱小，坐骨大切迹浅而宽，定为女性。第三臼齿已可见在牙槽中，但未萌出。膝关节骨髌未愈合。当属 17 岁以下少年个体。这是一个少年女性个体。从以上观察和鉴定的材料判断，可以看出：随葬的少年男女个体，与其主体者同在一墓坑中，但地位（布局）不能平等，丰富的随葬品也不是共享的（集中在主体旁）。由此可见，M16 不是一般的合葬墓。此外，墓中还有几具婴幼儿骨架，其意义当时尚朦胧。M16 的全部资料，笔者在现场初步观察鉴定后，返回驻地向队长汪遵国反映后，引起了注意。虽时近午饭时刻，但我们立刻又去现场，共同观察了此情形，初步认为可能是人殉人祭的现象。

12 月 2 日下午观察和鉴定 M20：中位骨架形体轮廓可辨，下颌下缘呈圆形，股骨头颈部粗壮，坐大骨切迹狭而深，鉴定为男性，骨髌已愈合，可定为成年。——中位骨架是一具成年男性个体。中位骨架的脚后（同一墓内）有两具并列的骨架，骨质疏烂无法捡取有意义的部位以资鉴定。但骨质痕迹在现场轮廓可辨，个体短小，明显为少年个体。其一节细小的前臂骨上还戴着一个完好的玉镯。此墓（M20）的少年个体的年龄、性别虽不确切，但其在墓中的布局地位和规整的葬式，已不是随意埋葬的（如果说，M16 的布局还不规整的话）。——M20 墓内的材料更使我们确信此系人殉现象无疑。笔者和汪遵国队长当晚在驻地宿舍内一直议论到深夜未眠。综观和分析墓地的全部材料，尤其是 M16 和 M20 两墓的材料，虽觉人骨架保存程度不尽如人意，这是考古遗存的必然，但已清楚表明其人殉现象意义重大。由于当年已无法再继续发掘，更充足的例证材料只能等到来年再次的发掘了。1987 年的发掘纪要曾特别指出："这次发掘的大墓之间的关系、大墓和小墓之间的关系、所有墓葬的总体关系以及整个遗址的性质，有待于认真的整理以及进一步的全面发掘，才能得到正确的认识"，——对弄清人殉现象和墓地的性质尤为重要。

二、对 1989 年发掘成果的鉴定和认识

1989 年秋冬的发掘，是 1987 年发掘的继续。在 800 多平方米的范围内发现了大汶口中晚期墓葬 40 座，其中大墓 6 座。大墓中人殉现象的普遍出现，使我们取得了较充足的论证材料。

笔者 1989 年 11 月 13 日下午到达工地。钱锋同志主持发掘的 M34 和 M35 两座大墓已基本清理完毕，人骨架原封保存着。当掀开遮盖的塑料膜后，定心观察，情况令人兴奋。M34 是一座大墓，这墓与 1987 年发掘的 M20、M18、M16 在同一南北向轴线上，是南北并行的一列大墓。M34 的主体骨架虽已无存，但脚后并列着两个少年个体的材料，重复和补充了 M20 的不足。殉葬的两个体遗骸，捡取得到了上下颌的残块，牙槽上保存了足供鉴定的齿列。M34—东：上下第一恒臼齿齿尖稍有磨痕，门齿已萌出，C_1^1、P_3^3、P_4^4 尚在齿槽中，即将萌出，而 M_2^2 则未萌出——由此可确定为一个 12 岁以下，约当 8～10 岁的儿童个体。M34—西：共捡得 M^1、M^2、M_1、M_2 四枚恒臼齿，M_1^1 齿尖稍有磨痕，M_2^2 毫无磨痕，膝部骺未愈合可以鉴定为一个 12 岁以下的少年个体。M35，其主体骨架尚存骨质残迹，取得上臼齿二枚，尖齿和上前臼齿各二枚。M^1 齿尖已磨平，M_3^3 刚萌出，齿尖尚无磨痕，尖齿 C 和前臼齿 P 齿尖稍有磨损——定为青年个体。M35 墓中主体骨架脚后仅存一个（不是两个!）少年个体（膝部骺未愈合）的骨质残迹。M34 和 M35 墓中的材料可以互补：M34 脚后的少年材料补充 M35 墓中的不足，M35 墓中的主体为一青年（男性?）个体，补充了 M34 墓中的不足。

M50 墓紧靠着 M16，发掘的结果不出所料，又是一座大墓。11 月 17 日～18 日间已清理到随葬品完全显露，主体骨架有一定程度的保存。经捡取和鉴定结果是：上眶缘圆钝，坐骨大切迹狭而深等特征，定为男性个体；取得的上下颌第一、二臼齿，齿尖已有磨耗，齿质点初露，第三臼齿不长，属青年（25 岁上下）个体。至此，墓中还没有出现少年人殉的材料，但据我们的判断，在其脚后该有两具殉葬的少儿个体。于是经队长同意，把胡永年、胡喜年两位工地上清墓最有经验、最耐心细致的老民工调来清理，经一整天清理（极细心地剔土），果然出现了两个少年的头骨，已经压扁，头向面向可辨，齿列完全保存。次日又经一整天的清理，两副骨架并列展现，虽已完全压扁，但仰身直肢、两脚的胫骨下端并合在一起的葬式完整出现，后一现象又展示：两胫骨下端的并合不是自然的位置，而显示下葬时被捆扎在一起所致。经捡取齿列鉴定：M50—东，9 岁上下，M50—西，11～12 岁上下，跟 M34 的两具少儿完全相仿。M50 大墓清理时，正值寒潮南下，此墓恰位于一个风口处，西北风冷彻肌骨。但大家的热情都很高，钱锋同志坐镇墓坑，坚持仔细清理。M50 号墓的逐步清理使我们对此墓葬中的人殉现象已

从感性认识上升到理性认识。

M50 墓清理完毕后，日期已到 11 月 20 日。工地其他探方也都接近收工。笔者整理观察和鉴定记录，准备返沪。但汪遵国同志说："你蹲在工地过了生日（11 月 26 日）再走，M60 是一个老 K，有你的任务。"由于 M60 墓很深，由纪德生同志负责清理，两三天的挖掘土方，还未见动静，但汪队长根据墓葬的出土分布判断坚持认为不会挖空。当挖到 4 米多深时，墓坑东南角上出现了大型陶缸的口沿，因此也就可信是一座大墓的出土在望。在 11 月 24 日傍晚，清理到胸腹部位时，为安全起见，暂停清理，晚上加强值班保卫工作，第二天上午开工，工地上异常热烈，人头簇动，大家注视着胸腹部这一片土层。近 11 时，果然一大批珍宝显露了，胸部一大批精致的玉项饰，五彩缤纷，令人瞠目。此时恰好徐湖平副院长和邹厚本主任到达工地，大家非常欣喜，共祝取得重大成果。M60 号墓直清理到 11 月 30 日。人骨架清理的结果又有新的发现：墓主人是 30 岁上下强壮男子，遗骸周围有 60 多件各类陶器，胸部有精美的玉质项饰一批。墓坑内除在其脚后殉葬一头猪和一条狗之外，在墓的左侧（靠坑壁）殉葬着中年男女骨架各一具，在女体的骨架旁依偎着一个 10～12 岁的儿童骨架。在他们的头上方还有一具 6～7 岁的幼儿骨架。另外在主体右下侧墓坑边上又有一具侧身少年骨架。M60 墓的人殉又展现了另一番景象。

最后数天，大家集中注意 M60 大墓时，纪德生同志在此墓旁的 M61 进行清理工作，又有可喜的收获。除了一批有价值的随葬品外，又展现了另一种殉葬情形：一个仰身直肢的骨架较完好，随葬品在其近旁放置，而在其左下侧有一侧身的少年个体。经鉴定，主体骨架属一个 20 岁上下的青年女性。少年个体两脚的胫骨下端并合在一起，显然是被捆扎着下葬的迹象。

三、对花厅墓地人殉现象的认识

花厅墓地人殉现象的发现，是随着发掘过程的进展而逐步加深的，是一个实践、认识，再实践、再认识的过程。共有八个实例，就是 M16、M18、M20、M34、M35、M50、M60、M61 诸墓。这八座墓的材料，可以互补互证。总体上使我们得到的认识是：五千多年前的大汶口文化中晚期，当时部落内重要首领人物死后用人殉已是十分通行，成为一定的习俗或礼仪。殉葬人的身份可能是家族或氏族内的奴隶，殉葬的规模还不大，主要是一对少年个体。这离用大规模的社会奴隶作人殉的时代尚远，这为中国奴隶制文明的起源提供了确凿的证据，其意义重大。

这八座大墓中的人殉现象有几种情况：①一个墓主人，殉葬一对少年个体。如 M16、M20、M34、M35、M50 五座大墓。其中 M35 只有一个少年个体，可能是风化缺失。②一主一奴如 M61。③一个墓主，殉葬一家人，如 M60。至于 M18 墓则接近于合葬墓，因为三个个体，虽有主次之分。但三人合在一起，随葬品是共享的。

这八座大墓的墓主人都是单人葬。M18 和 M20 可能是一对配偶，M16 和 M50 是一对配偶，M34 和 M35 是一对配偶。这些从墓葬的分布可以证明。

这八座大墓，加上 M4 和 M23 共十座排成两列。M20—M18—M16—M50—M35—M34 排成一列，而 M60、M61 则可能处在另一列，有待进一步的发掘来证实。这些大墓排成两列，分布的范围，南北长 30 余米，东西宽约 15 米，面积约 500 平方米，场面开阔，蔚为壮观。这些大墓所在的高地，与周围的地貌相比，是制高点，而高地海拔 69 米，从远处瞭望，更为巍峨成陵，那岂不就是东方的金字塔吗？达到成熟奴隶制文明的殷商文化，其渊源即可能在于此，它们代表了中华文明的新曙光！

四、余论

根据以往的资料，殷商时代奴隶主大墓中的人殉，在一座墓中可达到数十百千人数，不仅是殉葬，更多的是杀殉祭祀之用，这是容易认识和判断的。花厅墓地的人殉现象如不认真观察和分析，完全可能当作一般的合葬墓来认识。这种人殉现象，必须在现场识别，墓葬中的人骨架，如采集起来，即使依照图上作业，也可能被忽视或分析不出来。现在从以下几点进一步说明之：

①从墓坑中的布局来识别，在一个墓坑中，墓主人居于墓坑的中央，大量珍贵的随葬文物都放置在墓主人周围，尤其在头、颈、耳和胸腹部。殉葬者被埋在墓坑的边沿或脚后（此时尚未出现二层台），只有少量的陶器和一两件玉质饰件，如玉镯和耳坠等。父系氏族社会早、中期的二人或三人合葬墓，一般是男性处在仰身直肢、女性侧身相向或还有一个儿童个体，都是紧靠在一起的，随葬品也为之共有的。而且不一定是大墓，随葬品不多的中小墓也可以是合葬墓，墓中人身份虽有主次（以男为主）之分，但是平等的，是妻妾或子女。这种合葬墓有人称之为"殉爱"墓，殉葬者至少是半自愿的。现在联系起来看，这种"殉爱"墓已是像花厅的人殉现象的起源形式了。

②花厅墓地我们鉴定的墓主人都是青壮年个体，没有老年人，或称为"法老不老"的现象值得注意。据笔者所知，这在苏南浙北的良渚大墓中也是如此，虽然材料还不充分。

③在一个墓地中，如花厅墓地那样，此种人殉现象不应该是孤例，而是成组、成列地出现的，正由于此，此地的人殉现象应视为当时已成习俗或礼仪了。内中殉葬者葬式还不规则的一些墓可能处在较早期，而殉葬一对少年个体（一对童男女?!）的墓处于较晚期。

④花厅墓地二度发掘所得的材料，虽已较充分地提供了人殉现象的实物证据，但仍感不足之点是：墓主人性别、年龄的材料还应求更加的充足性；儿童个体的年龄，尤其是性别的鉴定尚待进一步研究；整个墓地的骨质太疏烂，尚没有获得完好的颅骨和长骨材料以供人类学观测，作为种系人类学研究之用；骨架上某些习俗和病理现象的观察尚无收获。但采集的一批牙齿已可作若干人类学的研究。

（原载《东方文明之光——良渚文化发现 60 周年纪念文集》，

海南国际新闻出版中心，1996 年）

注释

①花厅考古队：《1989 年新沂花厅遗址发掘纪要》，《东南文化》，1990 年 1、2 期合刊。

附录三

中国新沂市新石器时期古陶器的产地分析研究

池锦祺　王昌燧

（中国科学技术大学结构分析开放实验室）

河西学　栉原功一

（日本帝京大学山梨文化财研究所）

邹厚本　汪遵国　钱　锋

（南京博物院）

陈铁梅　严文明

（北京大学考古系）

1　引　言

　　古陶器是史前人类活动的重要见证，它记载着古代人类社会的丰富信息。因此，对古陶器的深入分析可有助于对当时人类的生产活动、生活方式、宗教信仰、艺术风格，自然环境对人类的影响、社会的变迁发展以及不同地区间的文化交流等方面的探讨。

　　古陶器研究的诸内容中，居首位的当属划分作为考古文化类型基本依据的古陶器制作年代和制作地区的研究。考古工作者根据考古器形学和层位学理论（结合现代断代技术），有效地解决了大部分古陶器的制作年代及地区的问题，从而建立了较为完整的文化谱系，奠定了考古研究的基础。

　　随着社会的发展和变迁、不同文化类型之间出现的交流（如陶器的同匠异地制作、交易等）或由于战争的掠夺与流失等，往往使得出土的陶器与出土地所属的考古文化谱系不相符合，仅利用考古器形学和层位学理论来进行分析往往难以奏效，若能利用器形学、层位学理论并结合现代科技手段来分析古陶器的产地，势必对研究当时人类文化交流的程度、路线、形式以及与之相应的社会变迁等有重要意义。

　　由陶器材料的研究可知，制作陶器的主要原料是长石、石英、伊利石和蒙脱石。

古陶器的制作一般是就地取材，而不同地域地质条件不同，黏土中所含石英和长石等的成分和含量也不相同。反过来说，由于不同产地古陶器的结构成分不同，则通过对古陶器进行结构成分分析，结合有关的地理地质情况，可以有效地推定其产地。

2　基本设想及样品来源

1952年至1989年间南京博物院对江苏省新沂市花厅村新石器时期墓群作了数次发掘，出土了大量的陶器、玉器和石器。根据器形学的分析，考古工作者发现了从大、中型墓中出土的陶器、玉器明显地具有两种不同的文化因素，即大汶口文化（中、晚期）和良渚文化类型[①]。

花厅村遗址位于大汶口文化区域的南部边界，其附近的刘林、大墩子等都属于单纯的大汶口文化遗址。而良渚文化通常分布在江苏南部和浙江北部，其中心在太湖周围的沪宁杭地区，北部边界不甚清楚，估计不会超过苏北海安多远，距花厅村将近300公里。为什么在花厅遗址的墓葬中会有那么多的良渚文化因素呢[②]？这些分属于两类不同文化类型的陶器又是在什么地方制作的呢？若解决了产地的问题，则可为合理解释花厅遗址状况和当时社会的变化等问题提供十分重要的依据。花厅遗址是迄今为止发现的在同一遗址中同时存有两大明显不同文化类型器物的惟一遗址，这一特殊条件既简化了所需分析问题的复杂性，又拔高了本课题的意义。

南京博物院先后两次选出25块花厅遗址出土的陶器残片样品，从考古器形学的理论出发，这些残片所属的陶器大部分已被确认了各自所属的文化类型（见表一）。

我们利用X射线衍射长石定量分析法和岩相分析法等手段对这些样品进行了测试分析和比较研究。

3　分析方法

3.1　X射线衍射长石定量分析法

3.1.1　X射线衍射长石定量分析法原理

经石墨单色器和脉高分析器可以得到铜靶发出的特征 KαX 射线，其波长为1.5418A，这与晶体物质的原子面间距属同一数量级，因此用它照射晶体物质时会发生衍射现象。自然界晶体物质的成分、结构互有差异，故它们的衍射谱图也各有特征。利用这一点对晶体结构的物质进行分析，可鉴定出它们的物相组成。

陶胎中的长石、蒙脱石和石英等都是晶态物质，采用增量法可以测得陶胎中正长石和钠长石的百分含量，据此来分析古陶器的产地[③]。

表一　花厅遗址出土的古陶器样品目录

Tab.1 The contents of ancient pottery excarated from Huating Ruin

样 品 号	样 品 名	形 状	颜 色	考古文化类型 （南京博物院提供）
DC－01	红陶高柄豆（M18:1）	粉	灰褐	大汶口
DC－02	灰陶罐（M18:30）	粉	褐	不详
DC－03	镂孔红陶豆（M18:2）	粉	褐	大汶口
DC－04	红陶鬶把（M5:14）	粉	褐	大汶口
DC－05	红陶罐（M37:9）	粉	灰褐	大汶口
DC－06	背壶（M50:32）	粉	暗灰	大汶口
DC－07	灰陶杯（M2:14）	粉	灰	大汶口
DC－08	灰陶杯（M61:29）	粉	灰	大汶口
DC－09	镂孔豆（M18:450）	粉	灰	良渚
DC－10	贯耳壶（M122:26）	粉	灰褐	良渚
DC－11	镂孔豆（M50:33）	粉	褐	良渚
DC－12	灰陶大口缸（M61:26）	粉	浅褐	大汶口
DC－13	灰陶豆（M61:11）	粉	灰褐	良渚
DC－14	红陶高柄豆（M18:1）	片	暗红	大汶口
DC－15	灰陶杯（M2:14）	片	灰	大汶口
DC－16	镂孔红陶豆（M18:2）	片	暗红	大汶口
DC－17	红陶鬶把（M5:14）	块	暗红	大汶口
DC－18	夹砂灰陶鼎（M59:5）	片	暗红	大汶口
DC－19	红陶鼎（M48:21）	块	暗红	大汶口
DC－20	红陶器（M61:41）	片	暗红	大汶口
DC－21	灰陶罐（M58:20）	片	灰褐	不详
DC－22	贯耳壶（M122:26）	片	灰褐	良渚
DC－23	灰陶钵（M52:1）	片	灰	不详
DC－24	灰陶豆（M61:11）	片	灰褐	良渚
DC－25	黑皮陶豆（M50:41）	片	褐	不详

注：1.DC－01～DC－13样品研磨成粉末进行X射线衍射分析；

　　2.DC－14～DC－25样品进行岩相分析。

3.1.2　样品制备与所用设备

去除古陶器样品的表面层，清洗陶胎，干燥后用球磨机研磨成粉，过500目筛后即可作为测试分析用的样品。测试仪器为日本理学电机公司制造的 D/Max－rA 型 X 射线衍射仪。

3.1.3　分析

经 X 射线衍射长石定量分析，测得 DC－01～DC－13 样品的正长石和钠长石的百分含量如表二所示。其百分含量分布如图一所示。

表二　X射线衍射定量分析法测试数据

Tab.2 The datum of XRD quantitative analyses

样　品　号	样　品　名	正长石含量%	钠长石含量%
DC－01	红陶高柄豆（M18:1）	11.06	14.28
DC－02	灰陶罐（M18:30）	4.40	5.22
DC－03	镂孔红陶豆（M18:2）	8.80	10.83
DC－04	红陶鬶把（M5:14）	6.14	15.00
DC－05	红陶罐（M37:9）	3.46	8.51
DC－06	背壶（M50:32）	5.02	10.00
DC－07	灰陶杯（M2:14）	10.87	16.90
DC－08	灰陶杯（M61:29）	4.87	16.50
DC－09	镂孔豆（M18:45）	5.70	5.10
DC－10	贯耳壶（M122:26）	2.33	2.15
DC－11	镂孔豆（M50:33）	7.70	5.30
DC－12	灰陶大口缸（M61:26）	10.80	6.93
DC－13	灰陶豆（M61:11）	3.06	4.78

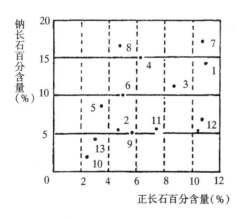

图一　X射线衍射定量法
测得长石百分含量分布图

测试数据表明：DC－02、09、10 和 13 号样品的正长石和钠长石的含量较低，而 DC－01、03、04、07、08 和 12 号样品的正长石和钠长石的含量较高，在长石含量分布图上这两组样品明显分居两大区域。根据长石的含量并结合考古器形学的分析，我们认为 DC－02、09、10 和 13 号四个样品为良渚文化区域的制品；而 DC－01、03、04、07、08 和 12 号六个样品为大汶口文化区域的制品。此外，DC－05、06 和 11 号三个样品的正长石和钠长石的含量介于上述两组样品之间，仅根据长石含量分析方法还不能判明它们产于哪一区域。

3.2 岩相分析法

3.2.1 原理

制作陶器的原料是岩石风化的产物,这些风化产物在陶胎中也常以不同的岩相组分存在。由于古陶器的制作通常是就地取材,原料就是当地天然的"黏土",所以不同区域的胎土必然反映不同的母岩特性,从而也反映出地域之间的差异。古陶器烧结的温度较低,通常在900℃上下,其胎土产生热变的可能性很小,胎土矿物主要成分和构成相与原始黏土没有太大差异。用岩相学的方法来分析古陶器胎土可以直接清楚地观察到其中所含的各种组分。在此基础上以相应的地质条件为依据便可以推定一些特定情况下古陶器的产地。

新沂花厅遗址处于大汶口文化分布的南部边沿,地处江苏北部,附近的地质状况基本上属于花岗岩类。而良渚文化分布在江苏南部和浙江北部区域,绝大部分属于粉砂、黏土、亚黏土之类的第四纪地质。两种文化区域的地质状况相差甚大,特征各异。因此,用岩相法来推定花厅遗址古陶器产地显然是较为简便而有效的。

3.2.2 样品制备和所用设备

样品经超声波清洗、在低于100℃的烘箱内充分干燥后,浸在旨在提高样品机械强度的环氧树脂中,树脂固化后,选择合适的截面切割成厚约 $20\sim30\mu m$ 的薄片,薄片经多次研磨抛光后再对钾长石作染色处理。④由此制成的"光薄片"可在偏光显微镜下观察,根据其形貌和颜色等,便可判定其所含的成分及类型。

整个实验所用的设备为日本 OLYMPUS 偏光显微镜。

3.2.3 分析

根据分析判定,DC-14~DC-25 十二个样品的情况如表三所示。

DC-14~DC-21 的八个样品中含有大量的斜长石、钾长石和石英以及各种矿物成分。粒子既多又粗,形态呈"有角偏圆",所含岩石属花岗岩类。从其相的特征来看,它们与新沂花厅村所属地区的地质状况相符⑤。为此,可以判定它们为花厅村所属地区制造,所体现的文化特征属大汶口文化类型。

DC-22~DC-25 四个样品中所含的成分基本上是属于黏土、亚黏土类,土内所含粒子的粒径相当细小。样品中含有长石和其他矿物的成分很少,其矿物的主要成分和构成相与属大汶口文化类型的 DC-14~DC-21 样品显然不同。从其相的特征来看,虽然也检出了 DC-14~DC-21 所含有的石英、斜长石、钾长石和白云母等矿物,但是,数量上的差异十分明显。其胎土成分与良渚文化分布广大地域的地质状况相似⑥。据此,可以推定 DC-22~DC-25 的陶器为良渚文化分布地域的制品,所体现的文化特征属良渚文化类型。

这些结果与考古器形学的分析完全一致。

表三　DC-14~DC-25样品的岩相分析

Tab.3 Lithofacies analyses of the samples DC-14~DC-25

样品号	矿物												粒子					岩石			其他					
	斜长石	钾长石	石英	褐色角闪石	绿色角闪石	锆石	绿帘石	褐帘石	白云母	黑云母	褐色电气石	不透明矿物	粒径	最大粒子 μmax (μm)	形态	排列配向	数量	花岗岩岩类	泥岩	砂岩	赤褐色粒子	光薄片颜色	层状构造	溶融状态	植物残片	植物硅酸体
DC-14	多	多	多	有		有	有		少	少			粗+细	930	偏圆有角	稍有	多	多				灰褐	有	无		
DC-15	多	多	多	有					有		有		粗+细	410~440	偏圆有角	显著	多					灰	有	无		
DC-16	多	多	多	有		有	有						粗+细	540~580	偏圆有角	显著	多					褐	稍有			
DC-17	多	多	多			有	有	有	有		有		粗+细	1330	偏圆有角	有	多	多				褐	有			
DC-18	多	多	多	有	有		有	有		有			粗+细	1480	偏圆有角	显著	多	多	?			暗灰	稍有		有	
DC-19	多	多	多				有	有	有		有		粗+细	5000	偏圆有角	有	多		有	有		褐	稍有			
DC-20	多	多	多	有									粗+细	1330	偏圆有角	有	多	多	有	有		褐	稍有	无		
DC-21	多	多		有		有	有						粗+细	1130	偏圆有角	有	中	有				灰褐	有	无		
DC-22			微量				微				有		细	580			微			有		灰褐	有	无		
DC-23	少	少	多				有						细				少			?		暗灰	显著	无		
DC 24		有	多、细			有							细	210 (仅1粒)			少			有		暗灰	显著	无		
DC-25	少	少	少				有						细	130	偏圆有角	稍有	微			有		褐色	稍有	无		少量

　　第四纪地质是良渚文化分布区域的地质特点，甚至江苏省北部的一些大汶口文化分布区域也有分布，流过新沂的新沂河下游流域也属第四纪地质。因此，目前尚不能绝对否定具有良渚文化因素的陶器是在新沂附近的大汶口文化分布区域内制造的可能，今后还有必要再与由良渚文化地区出土的属于良渚文化类型的陶器进行比较和研究。

4　结　论

　　综上所述，通过X射线衍射法和岩相法对DC-01~DC-25二十五个样品的测试分析，结合考古器形学研究，可得出以下结论：

　　①DC-02、09、10、13、22、23、24和25号共八个样品很可能为良渚文化分布区域的制品。

　　②DC-01、03、04、07、08、12和14~21号共十四个样品为花厅村所属地区的制品。

　　③DC-05、06和11号三个样品仅根据长石含量分析尚不能判明其原料产地。

　　④对于花厅遗址两类陶片分析而言，岩相分析法似既简单又可靠。

　　需要指出的是，南博先后两次提供的样品中，用作X射线衍射法分析的第一批样品编号为 DC－01～DC－13；用作岩相法分析的第二批样品编号为 DC－14～DC－25。编号为 01 与 14、10 与 22、07 与 15、03 与 16、13 与 24、04 与 17 的样品分别取自同一陶器，分析表明用两种方法测得的结果是一致的。

（原载《中国科学技术大学学报》第 25 卷第 3 期）

注释

①《文物》1990 年 2 期，pp24～25。

②《文物天地》1990 年 6 期，pp18～19。

③《中国科学技术大学学报》1991 年 3 期，109～110。

④碎屑性堆积物研究会编：《堆积物的研究法》，地学团体研究会出版社，东京，1983 年，p215～217。

⑤中国地质科学研究院：《中华人民共和国地质图集》，中国地质图制印厂，北京，1973 年，p12～13。

⑥中国地质科学研究院：《中华人民共和国地质图集》，中国地质图制印厂，北京，1973 年，p13、p15。

附录四

碰撞与征服
——花厅墓地埋葬情况的思考

严文明

（北京大学）

最近，《文物》杂志发表了江苏新沂花厅村新石器时代墓地 1987 年的发掘简报[①]，《东南文化》也报道了同一墓地 1989 年发掘的主要收获[②]，受到学术界的普遍关注，也引发了我对于如何通过考古学遗存的表象来探索社会历史问题的深层思考。

花厅墓地是 1952 年发现的。南京博物院曾于当年 12 月和翌年 11 月进行过两次发掘[③]。1953 年发掘的 19 座墓都在南区，1987 年又在同区发掘 4 座墓葬。这 23 座墓葬具有如下特点：

1. 规模较小。据统计，随葬品 40 件以上的有 3 座，30 多件的 1 座，20 多件的 4 座，10 多件的 10 座，10 件以下的 5 座，其中最少的只有 1 件。说明当时已有一定的贫富分化，但差别还不很大。

2. 文化性质单纯。所有可能辨明文化属性的遗物都属于大汶口文化。

3. 时间跨度较小。大体只相当于大汶口文化发展过程中的一个文化期，并曾被命名为花厅期。

1987 年和 1989 年发掘的墓葬主要在北区，与南区相距约 600 米。其中 1987 年发掘 22 座，1989 年发掘 40 座，共为 62 座，这些墓具有以下特点：

1. 时间跨度较大。除有属花厅期的以外，还有一些相当于大汶口文化晚期前段和良渚文化早期的墓葬。

2. 文化性质复杂。除大汶口文化因素外，还有占很大比例的良渚文化因素，两种因素往往共存于同一墓葬。

3. 墓葬规模差别较大。除中小墓葬外，还有 10 座大型墓葬。它们彼此相邻，自成一片，在墓地中显得非常突出，其中 8 座有殉人现象。

从表面上来看，似乎北区的贫富分化和社会地位的分化都比南区更为突出，以至于出现了最初的阶级对抗，达到将一部分人为另一部分人殉葬的地步。考虑到北区有些墓葬比南区晚，这一解释似乎是很符合社会发展的逻辑过程的。但如果把这一现象同第二条结合起来考虑，这种解释就未免有些浮浅。

为了把问题说清楚，有必要把这些大墓的具体情况做些介绍并进行初步的分析。这些大墓均为长方形土圹，长近 5 米，宽近 3 米。葬具均已朽烂，根据痕迹可以判断有些墓设有椁室。随葬品多达 100 余件，包括陶器、石器、玉器和彩绘木器（均已朽坏）。分析其中最能反映文化特质的各种因素，发现有很大部分具有良渚文化的作风。例如陶器中的 T 字形足鼎、双鼻壶、宽把带流杯、饰瓦楞纹或竹节纹的豆、圈足罐和小口高领弦纹罐等，都是良渚文化的器物。又如先后出土的 500 余件（组）玉器中，包括斧、钺、锛、琮、锥形器、琮形管、璜、瑗、环、珠管、指环、耳坠等，在良渚文化的遗址或墓地中差不多都能找到。其中有些是良渚文化所特有的，如饰简化神人兽面纹的琮和饰同样花纹、剖面呈方形的锥形器及某些佩饰均属此列，有些玉器则是良渚文化和大汶口文化所共有的，几乎没有一件是大汶口文化所特有的。在石器中的斧、钺、刀都是良渚文化和大汶口文化所共有的型式，有段锛和剖面菱形的带铤镞则是良渚文化的特点，大汶口文化仅偶尔见到，当是受良渚文化影响的结果。

花厅村遗址位于大汶口文化分布的南部边界，附近的刘林、大墩子等都是单纯的大汶口文化遗址。而良渚文化则分布在江苏南部和浙江北部，中心在太湖周围的沪宁杭地区，北部的边界不甚清楚，估计不会超过海安多远，距花厅将近 300 公里。为什么在花厅的墓葬中有那么多的良渚文化因素呢？这是耐人寻味和必须深究的问题。

大凡一个遗址中存在着不同文化来源的因素，不外有以下几种情形：

1．因为同别的文化接触，发现那里有一些吸引人的东西，于是进行仿制。这些仿制品除具有原来文化的特征外，还常常带有仿制者所属文化的痕迹，花厅的情况有异于此。

2．遗址处在两个或更多文化的交界处，同时受到各方的影响和熏陶，其文化特征常常表现为几种文化特征的融合，有时一件器物上就反映出不同文化的风格，花厅的情况亦有异于此。

3．一个文化的居民因与其他文化的居民进行贸易或相互馈赠而获得了其他文化的东西，他们会使用这些东西，死后也可能用它们随葬，从而在墓葬的随葬品中出现不同文化的物品。

4．通过掠夺性战争对其他文化的居民进行劫掠，或者强迫对方纳贡，也可获得其他文化的东西。如果用这些东西随葬，墓中也会出现不同文化的物品。

不论是用交换、馈赠等友好方式或掠夺、纳贡等强制方式，首先得到好处的是富人和有权有势的人，这似乎很符合花厅墓地中良渚文化物品主要出于大墓的情况。但有几点不易解释：一是良渚文化的物品不仅出于大墓，至少出于中等墓。例如墓 19，长

1.3、宽 0.6 米，随葬陶器 10 件、玉器 4 件及一组项饰，还有陶环和陶纺轮，并殉葬一狗，按墓圹只能算小墓，按随葬器物是中等墓。墓中的玉器和部分陶器如双鼻壶、瓦楞纹圈足豆、小口高领弦纹罐等都具有良渚文化作风。又如墓 21，长 2.03、宽 0.93 米，随葬陶器数件及玉镯、玉项饰及松绿石坠饰等。其中的 T 字形足鼎、瓦楞纹圈足豆等也具有良渚文化作风。像这样规模的墓在南区也有，随葬器物却是单纯大汶口文化的物品，这是为什么？二是良渚文化距花厅甚远，大汶口文化的居民要获得良渚文化的物品，首先应是比较精美贵重而便于携带的玉器之类，个别特殊的陶器当然也是可能的。但花厅墓地中有大量良渚陶器，除造型和花纹特别外，功能上一点也不比大汶口文化的同类器物优越，究竟有什么必要从那么远通过交换或抢劫弄来呢？三是在良渚文化因素最集中的大墓中，绝大部分都有殉人，这二者之间必定存在着某种联系。不然的话，为什么在大汶口文化的其他墓地中，包括那些比花厅大墓规模更大、随葬品也更多的大墓，从来都没有发现殉葬的现象；在良渚文化乃至龙山文化中，包括最近在山东临朐西朱封发现的那种有棺有椁，甚至还有重椁以及边箱、脚箱，随葬许多精美黑陶、玉器和彩绘木器，很明显是既富有又有很高身份等级的人的大墓中，也没有发现殉人现象呢？

　　上述情况要求我们不能只是从大汶口文化本身的发展来进行思考，而必须从大汶口文化和良渚文化双方关系的发展中求得正确的解释。

　　在新石器时代以及铜石并用时代，山东和苏北地区的文化发展谱系主要是北辛文化—大汶口文化—龙山文化，其中大汶口文化的前期位于鲁南苏北的遗存亦可称为青莲岗文化；苏南浙北的文化谱系则是河姆渡文化—马家浜文化（或称草鞋山文化）—良渚文化。二者虽属不同的文化谱系，并且代表着不同的族系，但因在地理位置上相互毗邻，很早就发生了比较密切的文化关系[④]，南京博物院曾经对此进行过详细的比较研究[⑤]。现在看来，这种文化关系不但有一个发展过程，而且根据其性质应划分为两大阶段。

　　在大汶口文化前期（或青莲岗文化时期）与马家浜文化时期，南北两地的新石器文化基本上处于平稳发展的阶段。从两个文化的一些重要墓地如邳县刘林、大墩子、邹县野店一至三期、兖州王因、常州圩墩、嘉兴马家浜、上海青浦崧泽等处来看，基本上都是较小的墓，随葬器物差别很小，反映当时的生产力水平还较低，分配中原始共产制还起主导作用，个人占有财富的观念还不甚强烈。因而在与不同族系的社群交往中，往往采取和平的方式。

　　到大汶口文化后期和良渚文化时期，生产力有了显著的发展，社会内部的贫富分化和社会地位的分化随之发生和发展起来。像大汶口文化的大汶口、西夏侯、陵阳河、大朱村等处都发现过一些随葬 100 多件器物、有木质葬具的大墓，墓主人显然较其他人富有，并具有较高的社会地位；良渚文化的反山、瑶山、福泉山等处也有类似的大墓。这些人之所以能富起来，一靠剥削本部落的人民，这从同一墓地中大小墓葬的对比即可清楚地看出来；二靠掠夺同族系的其他部落，这从同一文化系统各遗址和墓地的对比也可很清楚地看出来。当一些人富起来并掌握一定权势之后，不会满足于对本族人民的掠夺，对财富的贪欲使他们觊觎经济文化比较发达的其他族系的人民。由于过去长期的交往，大汶口文化和良渚文化的居民之间是比较熟悉的，于是他们把触须首先伸向了过去的朋友，从而引发文化之间激烈的碰撞。

中国历史博物馆收藏了一件最长的良渚文化玉琮，上面刻了一个大汶口文化的图画文字。这分明是大汶口文化的某个部落南下远征，掳掠了良渚文化最神圣的宗教法器并刻上自己部落的记号以庆祝胜利。否则像这样的神物是不大可能通过和平交换的方式流入异族人手中的，良渚文化的人自己也不会把异族特有的图画文字刻在自己最神圣的法器上。可见这件玉琮即体现着激烈的文化碰撞，反映着大汶口文化的某个部落对良渚文化部落的征战与掳掠。

南京应该是良渚文化的分布地，但南京北阴阳营的墓葬 H2 中出土的一件陶鬶和一件陶尊却是大汶口文化的典型器物。特别是陶尊上刻了一个大汶口文化的图画文字，证明它确属大汶口文化的东西。这一事实证明大汶口文化的居民确曾把自己的势力发展到了良渚文化的领地。

花厅的情况不过是两个文化发生碰撞的又一证明。这次是良渚文化一支武装力量北上远征，打败原住花厅村的大汶口文化居民并实行占领。作战中自己一方阵亡的战士不可能运回老家，只有就地安葬。他们不用大汶口文化居民原有的墓地（南区），而在其北约 600 米的北区另设墓地。为了缅怀这些在异乡战死的英雄，特地给他们随葬了最能反映本族特色的玉器和陶器等物品，同时也随葬一些原属大汶口文化的战利品，甚至把敌方未能逃走的妇女儿童同猪狗一起殉葬！

之所以作这样的解释，还考虑到下列的情况：

第一，所有大墓的墓主都是中青年，性别可辨的 4 人中有 3 人是男性，另一人是 20 岁左右的青年女子，发掘简报指出她是意外死亡的。同一墓片中的中小墓葬的墓主，性别和年龄可辨的除一名男性老人和两名少年外，也都是中青年。这同一般大汶口文化墓地中老中青和儿童都有一定比例的情况大不相同，显然不是自然人口的正常死亡，而比较符合战士的年龄构成。

第二，殉葬的 17 人中，14 人是少儿或幼儿，2 人是妇女，只有 1 人是中年男性。后者是同 1 名妇女和 3 个幼儿一同殉葬的，这同商周殉人多为青壮年奴隶大不相同。说明这种殉葬不是阶级对抗发展的产物，而是一种对战败者的无情惩罚。身强力壮的中青年或者战死，或者逃走，惩罚就落到无力反抗又无法逃脱的妇女、儿童身上。

由此可见，花厅墓葬中的殉人现象是在军事民主制下对异族征服的产物，不是社会内部激烈的阶级对抗的体现。但早期的掠夺性战争迟早会引发奴隶制，只是花厅墓葬的时期还没有达到这样的程度。把这个问题凿通了，将有助于解释龙山时代一系列的考古学文化的现象，具有重要的理论意义。

（原载《史前考古论集》，科学出版社，1998 年）

注释

①南京博物院：《1987 年江苏新沂花厅遗址的发掘》，《文物》1990 年 2 期。

②南京博物院花厅考古队：《江苏新沂花厅遗址 1989 年发掘纪要》，《东南文化》1990 年 1、2 期。

③南京博物院新沂工作组：《新沂花厅村新石器时代遗址概况》，《文物参考资料》1956 年 7 期。

④严文明：《论青莲岗文化和大汶口文化的关系》，《文物集刊》(1)，1980 年 1 月。

⑤南京博物院：《长江下游新石器时代文化若干问题的探析》，同上。

附录五

花厅墓地"文化两合现象"的分析

高广仁

（中国社会科学院考古研究所）

　　花厅属于江苏最北部、沿陇海铁路线的新沂市，位于市区西南 18 公里，地处泰沂山脉南侧的残丘地带上。花厅是中华人民共和国成立后最早发现的一批重要遗址之一。1952 年由南京博物院发现，并于当年 12 月和 1953 年 11 月进行了两次发掘，共发掘墓葬 20 座，出土陶器 286 件，玉器 24 件，石器、骨器 46 件。颇多收获①。不过囿于当时的学术水平，囿于当时仅知仰韶文化、龙山文化的学术格局，花厅出土的那些造型别致的陶器，特别是一批玉器，在考古界没有引起普遍地反响，但南京博物院的学者则对花厅发现前后的一批收获，如淮安青莲岗、南京北阴阳营等，进行了有创意的思考，认为江淮地区存在着一类不同于仰韶文化、龙山文化的新石器时代文化，遂于 1956 年提出"青莲岗文化"的命名。此后 40 多年的时间里，中国考古学迅猛发展，随着诸如山东泰安大汶口、江苏邳县刘林、大墩子等数以十计的重要遗址的发掘，学术水平的不断提高，花厅遗址 50 年代初期发掘的收获基本上得到了文化区系的定位，花厅遗存属于大汶口文化中期偏早，有所谓"花厅类型"的命名，其绝对年代约在公元前 3500～前 3200 年间。1987 年、1989 年南京博物院又对花厅进行了两次发掘②，其收获再一次令考古界所瞩目。该遗址包括南北两个墓区，南区墓葬共发掘 23 座（50 年代发掘 19 座，1987 年发掘 4 座），年代稍早；北区墓葬稍晚，与 1959 年发掘的大汶口墓地中期、1962 年发掘的西夏侯下层墓时代相当③。约当于公元前 3000 年前后，北区共清理 62 座墓葬，其中有 10 座随葬品丰富的大墓，形成了北区墓地的中轴线。花厅发掘的收获是多方面的，例如，大汶口文化遗存中还未发现明确的殉人现象，花厅的殉人现象对于判断大汶口文化社会发展程度相当重要。而本文所要讨论的则是花厅北区大、中型墓葬所显示的"文化两合现象"。

　　所谓"文化两合现象"并非指考古发掘常见的那种由于一般文化交流，甲文化含有乙文化个别因素的现象，而是同一墓地的若干墓葬中，虽以一种文化因素为主，另一文化因素却也占有相当分量的文化现象。这种文化现象是社会发展到一定阶段上的产物，其学术价值非同寻常。

表一　花厅发掘大型墓葬一览表

墓号	墓坑	性别	年龄	头向	葬式	随葬品				殉人情况	备注
						陶器	玉器	石器	猪下颌		
M4	长 3.4 米 宽 1.1 米	女		112°	仰身直肢	40	17			无	
M16	长 4.3~4.7 米 宽 1.9~2.3 米			110°	骨架无存	26	20 中饰 1	1	15	少年男女各 1	串饰由 71 件珠 管组成
M18	长 3.23 米 宽 1.78 米		青壮年	105°	仰身直肢	26	23 串饰 1	5	3	成年女性 1 婴幼儿 2	
M20	长 4.98 米 宽 2.98 米	男	成年	110°	仰身直肢	34	26	5	8	少年 2	
M23	残长 2.6 米 宽 2.6 米			112°	仰身直肢	15	29	4		无	
M34	长 4.25 米 宽 2.1 米			108°	骨架无存	37	16		7	少儿 2	
M35	长 3.8 米 宽 1.95 米		青年	112°	仰身直肢	20	27		8	幼童 1	
M50	长 5.1 米 宽 3.08 米		25±	104°	仰身直肢	36	47 串饰 1	2	10	少幼儿 2	
M60	长 4.35 米 宽 3 米	男	30±	102°	仰身直肢	89	65 串饰 1	11	猪架 1 狗架 1	中年男女各 1 少幼童 3	
M61	长 3.5 米 宽 1.6 米	女	20±	114°	仰身直肢	22	19 玉珠 45	9		少年女性 1	

花厅北区两次发掘的 10 座大型墓葬基本情况如表一所示。

1987 年、1989 年两次发掘的简报还报道了 4 座中型墓葬的大致情况。

M19：墓穴长 1.3 米、宽 0.6 米，头向 110°。墓主为一少年。随葬品较丰富。死者颈部和胸部有成串玉饰，左上肢戴 2 件玉镯，右手腕带 1 个玉镯和 3 件灰陶镯。随葬陶器 10 件。有良渚式贯耳壶，也有大汶口文化的背壶、罐形鼎、大镂空圈足豆等，还有 1 个陶纺轮。

M21：墓穴长约 2 米、宽约 1 米，墓向 100°。墓主为一幼童，胸部有玉珠串饰、绿松石坠饰 6 件，右腕戴玉镯。随葬陶器有大汶口文化的高圈足豆、盉、三足钵等和良渚式瓦足鼎、猪形罐、弧腹罐等。

M36：墓穴长 1.95 米、宽 1.05 米，墓向 125°。随葬品 37 件，陶器、玉器各半。其中一件项饰由 8 个玉环串成，胸部佩带玉佩、玉璜，双臂佩带玉镯。

M56：墓穴长 2.35 米、宽 1.2 米，墓向 100°。随葬品 45 件，以大汶口文化的陶器为主，还有玉镯、玉锥和骨器。死者左侧下方殉 1 犬。

此外 M4、M18、M20、M50 有彩绘镶嵌绿松石的漆木器。

　　我们主要根据北区上述 14 座墓的报道，把明确属于大汶口文化的因素和属于良渚文化的因素分别提取出来。属于大汶口文化的因素有：

　　（1）花厅所在地的江苏淮北地区，从公元前 5300 年起就是北辛文化—大汶口文化的分布区。

　　（2）花厅南区的 20 多座墓葬为单人仰身直肢，头向东。随葬品没有良渚文化的陶器、玉器或其他良渚文化因素，是一片典型的大汶口文化中期墓地。而花厅北区的葬式、头向均与南区相同。

　　（3）花厅墓地上的"墓坑内填土较松软，并夹杂有细小红烧土粒"[④]。这也是鲁中南地区一些大汶口文化墓地的共同特点[⑤]。

　　（4）随葬猪下颌骨、整猪是大汶口文化葬俗的又一个特点。

　　（5）M19、M60 随葬家犬，也是当地大汶口文化的传统葬俗，如邳县刘林、大墩子所见。

　　（6）随葬陶器中以大汶口文化陶器群为主体。如凿形足盆形鼎、凿形足罐形鼎、深盘大镂空圈足豆、瓦纹实柄小豆、垂腹圈足杯、背壶、筒形杯、细泥红陶大口钵、鬶钵、三足钵、器盖、袋足鬶、实足鬶、大口尊、长嘴盉（其中有黑皮绘朱彩者）的形制见于鲁中南（曲阜西夏侯、邹县野店、泰安大汶口等）、鲁东南（莒县陵阳河、大朱村等）、苏北（邳县大墩子等）（图一）。

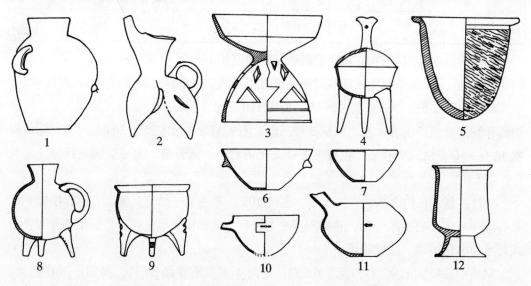

图一　花厅北区墓地出土的大汶文化陶器示意图

1. 背壶（M50：32）　2. 袋足鬶（M50：65）　3. 豆（M19：16）　4. 带鋬鼎（M60：78）　5. 大口尊（M50：56）　6. 盆（M45：8）　7. 钵（M49：11）　8. 实足鬶（M58：18）　9. 鼎（M50：54）　10. 鋬盆（M56：31）　11. 盉（M59：3）　12. 圈足尊（M26：16）

（7）陶环、镯等为大汶口文化习见的装饰品。如王因 M2394 的一女性死者双臂戴有 23 只陶镯。

（8）玉器中的指环（M4、M12）、"猪头形环"（M48）应是一种未定型的所谓"璇玑形"玉饰，见于三里河、野店等地；与双孔玉饰（M45）相似的长形有孔玉饰，见于大汶口、野店墓地；"在花厅几乎所有的大小墓葬内，多寡不一地都出土绿松石耳坠"，如绿松石饰片（M50）。正如良渚人因钟爱美玉多以玉粒为镶嵌材料一样，大汶口人比其他区系的先民更喜爱绿松石，而以绿松石作镶嵌物便成了海岱玉业的一个特点[6]。

花厅北区墓葬中属于良渚文化的因素有：

（1）殉人现象见于良渚文化较早的上海福泉山[7]、吴县张陵山[8]、昆山赵陵山[9]等多处墓地之中。而不见于大汶口文化各个时期的墓地。

（2）花厅玉器，不论数量和形制，都以良渚式玉器为主要成分：琮、璧、钺（琮以镯式琮为主，如 M18、M50，见于寺墩、福泉山、反山等地）及琮形锥状器（M5、M16、M20）、琮形管（M18、M16、M50、M34）、冠状佩（M16、M35）、冠状饰（M42）、串饰（M16、M18、M50、M60）、佩（M16、M46）、璜（M36、M61）等均与太湖地区良渚文化玉器相近同，为良渚系玉器。特别是玉器上的"神人兽面"纹，更是良渚文化玉器的突出标志（图二）。

（3）陶器中有相当数量的瓦足鼎（M21、M20、M18、M34）、贯耳壶（M19、M18、M36）、贯耳罐（M18、M20、M36）、宽錾杯（M18）、喇叭形瓦楞纹镂空圈足豆（M18、M34、M35、M50、M61）、横贯耳高颈罐（M35）等为良渚文化常见器物（图三）。而一件猪形罐（M21）则为江淮地区东部龙虬庄文化典型基因的遗传。

此外，还有一些因素，如在几座大墓中发现的镶嵌绿松石的彩绘木器的痕迹，一时难以判定是大汶口文化的土著工艺品还是良渚文化的产品。如上所述，镶嵌绿松石是大汶口文化的传统工艺，但在大汶口文化的腹地，迄今未见镶嵌绿松石的彩绘木器遗痕；在良渚文化的腹地，如上海福泉山、余杭县瑶山，虽曾发现过镶嵌、彩绘并施的木器，但所镶嵌的却是细小玉粒，而不是绿松石。花厅北区墓地中，还有一些器形简单、不具备文化典型性的"广谱性"器物，如陶器中的罐、盆之属，玉器中的环、管、珠等以及一些在大汶口文化、良渚文化中都不多见的器物，也不足以据此判断文化属性。

综上所述，花厅北区墓葬主体因素，如地点、墓向，特别是大量成组的日用陶器，说明它的文化属性仍然是大汶口文化。大墓的墓主是大汶口人。而良渚文化又不是微不足道的个别因素。花厅墓地上的良渚文化因素，玉琮、璧、钺以及人殉，几乎是作为一整套"礼制"的载体传播而来的，这一论点得到科技实验分析结果的支持。中国科学技术大学结构分析开放实验室等单位的学者利用岩相和 X 射线定量法对花厅遗址中的大汶口文化陶器、良渚文化陶器的残片进行了测试，"其结果有利于不同风格的陶器产自

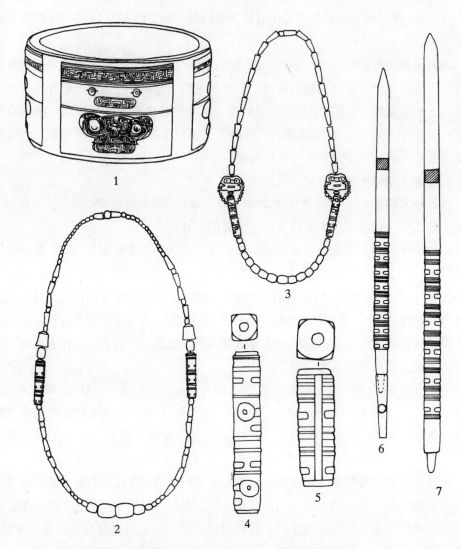

图二　花厅北区墓地出土的良渚文化玉器示意图

1. 镯式琮（M50:9）　2、3. 玉串饰（M18:20　M16:5）　4、5. 琮形管（M50:1

M34:61）　6、7. 锥形器（M18:1　M16:1）

不同地区的观点"[⑩]。也就是说，大汶口文化的陶器群是就地制造的，而良渚式陶器，很可能是随良渚玉器一同由良渚文化圈中，由于某种原因、通过某种途径来到花厅，并进入大汶口文化社会上层人物的墓穴之中的。这一推论，还需从大汶口文化与其南邻地区的关系来作一简略验证。

　　大汶口文化与江淮之间和江南太湖地区的同期文化，在陶器组合中有共同因素，都以鼎、豆、壶为显著成分，并由此构成了东方沿海史前文化圈独具一格的陶器共同特

图三　花厅北区墓地出土的良渚文化陶器示意图

1. 鼎（M18：29）　2. 豆（M50：48）　3. 贯耳壶（M18：38）　4. 圈足罐（M20：30）

5. 宽壶（M18：25）　6. 豆（M50：49）　7. 贯耳壶（M18：46）

征。90 年代，地处江淮之间的江苏高邮市龙虬庄发掘取得了重大成果[11]。该遗址分为三期，第二期为主要堆积，其绝对年代为公元前 4300～前 3500 年，大致与大汶口文化前期[12]相当。它既有自身的特征，又在某些器物上表现出与淮北大汶口文化、江南宁镇地区北阴阳营文化的某些联系，并在第二期的后半段见到了崧泽文化早期遗存的影响。龙虬庄文化所具有的这种中介性质，说明大汶口文化前期与南方交往的主要对象和渠道是江淮地区东部的龙虬庄文化，并通过龙虬庄文化与更南的史前文化发生接触。大汶口文化前期对南方的影响，不仅表现在拔牙、人工枕骨变形、殉狗、殉猪、死者手握獐牙等方面，而且还存在小股大汶口人南下的可能。栾丰实指出，"崧泽文化时期来自北方的影响较大，在许多崧泽文化遗址中存有大汶口文化因素……。在青墩遗址还发现 1 座随葬大汶口文化陶器的墓葬（M43），这一多人二次合葬墓的主人或许就是来自北方大汶口文化的居民"[13]。而到大汶口文化后期，与南邻的交往势头却发生了逆转，在安徽淮北的萧县金寨村已经发现了公元前 3300 年前后（相当于崧泽文化的晚期—良渚文化早期），颇具淮南、江南特征的玉器[14]。良渚文化的崛起（甚至可能率先进入了文明时代），增强了扩展的能力，并出现了北上扩张的势头。在现今废黄河（淮河故道）南侧的阜宁陆庄遗址发现了典型良渚式玉器、陶器和大汶口文化晚期陶器共存的遗存[15]，学者据此表述了良渚文化北上的观点（图四）。不迟于大汶口文化中、晚期之交，即公元前 3000 年前后,良渚文化的影响已到达淮河南北两岸,也许是通过江淮东部地区的某个(或

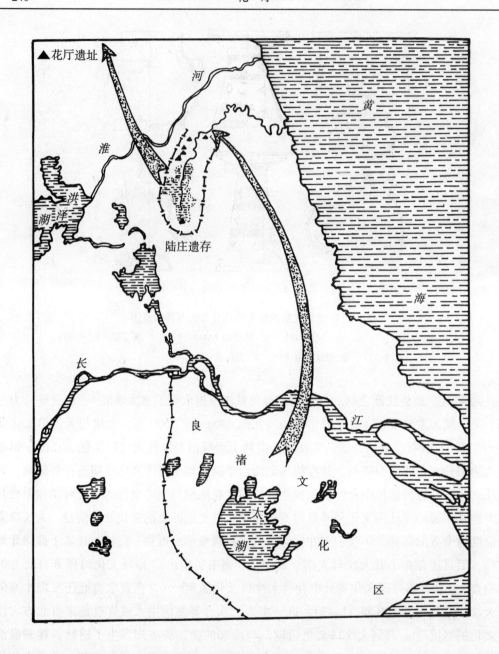

图四　良渚文化向北迁徙示意图

某些)已经进入良渚文化势力范围的土著国族,直接构成了对大汶口文化南部族群的严重威胁,甚至成为海岱南部某些部落的征服者。其直接后果是促成了"文化两合现象"的出现。

当良渚文化势力北上时,大汶口文化社会已经发展到野蛮时代晚期,贫富悬殊,社会分层明显，部落之间优胜劣败[16]。在这样的历史背景下，面对着来自南方的严重威胁，鲁南苏北一带大汶口文化部落的上层必须作出抉择，或冒灭顶之灾的危险，率众坚决抵抗到底；或者率众逃亡、迁徙；也不排除另一种可能，就是向强大的征服者归顺图存，与之携手合作。徐旭生先生有一个精辟的分析："不惟古人不绝他人之祀，并且当两个部落还没有同化的时候，不同战败部落的贤能携手，是没有继续相处的办法的。"[17]与战败的土著首领携手合作，也符合征服者的利益。这种现象，在后世的考古材料中有所发现。我们知道，商王朝在中期和晚期有两次大规模的向海岱区武装殖民浪潮，从此阻断了海岱东夷文化独立发展的可能性。其后果，一方面是殷人国族、夷人国族的"插花"式分布；另一方面则是商王朝礼制对东夷社会的浸润，这种浸润表现为由西而东递减，由社会上层而下层递减[18]。最明显的例子是青州苏埠屯墓地的情况。苏埠屯一号墓规模极大，仅墓室就有 56 平方米，竟有四条墓道，殉犬 6 条，兽 1 只，殉人多达 48 个[19]。该墓是殷王畿之外殉人最多的、也是惟一的四墓道大墓。苏埠屯一号大墓墓室营造、随葬制度、殉人制度等一系列的葬制，几乎完全是商王朝礼制的体现。苏埠屯一号墓被学者推断为东夷国族蒲姑国君的陵寝[20]。社会上层的夷人在根本利益上同商王朝统治者一致，所以比较容易地接受了商王朝礼制。苏埠屯大墓的情况正说明，该夷人国族的上层就是商王朝的"携手者"，他们全盘接受商礼，并以此为荣。而夷人庶众对殷文化的接受则较为滞后。例如，在仅距苏埠屯数千米的青州赵铺遗址[21]一号墓中典型商式陶簋和典型的东夷素面鬲共存，死者手持獐牙，可以容易地判断死者为东夷土著。下层庶众对商王朝文化还需经过更深层次的揉捺与磨合才能逐步接受。当然，苏埠屯墓地晚于花厅墓地近 2000 年之久，良渚文化的"礼制"不可与商王朝礼制同日而语，良渚文化与大汶口文化的关系，也不可与商王朝对四夷的统治相提并论。但是，这种"文化两合现象"由来已久，其源头可溯至花厅北区大墓。花厅大墓（也许还应包括一些如 M19 一类的中型墓葬）的墓主们，就是土著大汶口人的上层。他们以接受良渚文化的"礼制"为荣，以拥有良渚文化精品为荣，遂出现了这种在一定历史条件下才出现的新的历史现象——"文化两合现象"。

　　最后还要提到，差不多就在与花厅北区墓地形成的同时，海岱区南部土著的大汶口人，面对良渚文化集团北上的威胁，有的部落可能就作了迁徙的选择，他们或东奔或西逃，因而使大汶口文化早期人口稀少的鲁东南地区、安徽淮北地区，在公元前 3000 年之后"突然"兴旺发达起来，出现了像莒县陵阳河、大朱村，安徽蒙城尉迟寺一类文化繁荣昌盛的大型遗址（或墓地）。陵阳河（以及诸城前寨）、尉迟寺竟然发现了相同的大口尊刻文，说明相隔数百公里的两个族群，曾经有过文化上的，甚至是血统上的联系，不排除他们的祖先是因迫于良渚文化的严重威胁才从苏北各奔东西的。而在大汶口文化前期曾经人口密集（在泇河故道不足 4 公里的沿岸，就发现了包括著名的大墩子在内的六处遗址）、文化繁荣的苏北一带，到了大汶口文化晚期似乎呈现了衰败的迹象，不仅晚期遗址数量相对减少，而且也缺乏像陵阳河、尉迟寺那样的大型的大汶口文化晚期遗址。这历史的变迁，也许就是花厅墓地中出现"文化两合现象"的重要社会背景。

　　（本文于1996年8月为纪念良渚文化发现六十周年学术研讨会（杭州）草成，1999年12月收入本书时改定，其间得到了汪遵国先生的帮助，特此致谢）

（原载《海岱区先秦考古论集》，科学出版社，2000年）

注释

①南京博物院新沂工作组：《新沂花厅村新石器时代遗址概况》，《文物参考资料》1956年第7期。

②A. 南京博物院：《1987年新沂花厅遗址的发掘》，《文物》1990年第2期；B. 南京博物院：《1989年新沂花厅遗址的发掘》，《东方文明之光》，海南国际新闻出版中心，1996年，80～119页。

③高广仁：《试论大汶口文化的分期》，《考古学报》1978年第4期；并已收入本书。

④　注②A的82页。

⑤见《海岱区先秦考古论集》中《大汶口文化的葬俗》、《海岱区史前祭祀遗迹的考察》两文。

⑥邵望平：《海岱系古玉略说》，《中国考古学论丛》，科学出版社，1990年。

⑦上海市文物管理委员会：《上海市福泉山良渚文化墓葬》，《文物》1984年第2期；上海市文物管理委员会：《上海青浦福泉山良渚文化墓地》，《文物》1986年第10期。

⑧南京博物院：《江苏吴县张陵山遗址发掘简报》，《文物资料丛刊》第6集，文物出版社，1982年。

⑨南京博物院：《江苏昆山赵陵山遗址第一、二次发掘简报》，《东方文明之光》，海南国际新闻出版中心，1996年。

⑩池锦旗、王昌燧等：《中国新沂市新石器时期古陶器的产地分析研究》，《中国科学技术大学学报》第25卷第3期。

⑪龙虬庄遗址考古队：《龙虬庄——江淮东部地区新石器时代遗址发掘报告》，科学出版社，1999年。

⑫笔者曾以考古学手段将大汶口文化分为早、中、晚三期，而通过对遗存反映的社会现象的分析，笔者认为大汶口文化社会分期可分为前后两期，前期相当于考古学分期的早期（公元前4300～前3500年），后期相当于考古学分期的中、晚期（公元前3500～前2600年）。

⑬栾丰实：《东夷考古》，山东大学出版社，1996年，198～200页。

⑭安徽省萧县博物馆：《萧县金寨村发现一批新石器时代玉器》，《文物》1989年第4期。

⑮南京博物院考古研究所：《江苏阜宁陆庄遗址》，《东方文明之光》，海南国际新闻出版中心，1996年，130～146页。简报认为，陆庄遗址的绝对年代晚至距今4200年。据发表的陶器资料（如凿形鼎足、红陶鬶的形制，罐口上的鸟喙形纽等）看，这一估计似嫌偏晚。陆庄遗址应与花厅北区墓地的年代相近，约距今5000年。另，收入《东方文明之光》的陆建方：《良渚文化墓葬研究》一文，提到阜宁陆庄墓葬器物组合已基本和中心区墓葬一致。

⑯关于大汶口文化的社会分期及各期的社会状况，可翻阅本书所收《大汶口文化社会发展两段论》一文。

⑰徐旭生：《中国古史的传说时代》，科学出版社，1960年，51页。

⑱见《海岱区先秦考古论集》中《商王朝对海岱区的武装殖民与文化浸润》一文。

⑲山东省博物馆：《山东苏埠屯一号奴隶殉葬墓》，《文物》1972年第8期。

⑳殷之彝：《山东益都苏埠屯墓地和"亚醜"铜器》，《考古学报》1977年第2期。

㉑青州市博物馆：《青州市赵铺遗址的清理》，《海岱考古》第一辑，山东大学出版社，1989年。

附录六

花厅墓地初论

栾丰实

（山东大学）

花厅遗址位于江苏省新沂县花厅村附近，西北距大墩子遗址和刘林遗址约60公里。该遗址于1952年发现，同年末和1953年10月，南京博物院先后两次进行发掘[①]，发现新石器时代墓葬20座。这批资料后来一度被称为青莲岗文化"花厅期"[②]和青莲岗文化"花厅类型"[③]。1987年，南京博物院第三次发掘花厅遗址，发现墓葬26座[④]，其中少数较大的墓葬出土了大量玉器和其他质料的随葬品，并且用人和猪、狗殉葬，从而表明花厅遗址和泰安大汶口、莒县陵阳河等遗址一样，也曾经是当时一定范围内的政治、经济和文化的中心，其重要性是不言而喻的。下面就其年代、文化因素和合葬墓的性质，以及南北地区之间的文化传播和交流等问题进行分析讨论。

一

花厅遗址的地理位置在黄淮下游地区的南部，主要文化内涵与海岱地区同时期文化遗存相同，属于海岱文化系统。

花厅遗址的墓葬虽然数量不少，但缺乏有效的层位关系，即墓葬开口层位的上下和墓葬相互之间的叠压、打破关系。因此，我们主要利用大汶口文化的分期研究成果，采取横向比较分析法对其年代加以确定。

海岱地区的史前文化序列，依次为北辛文化、大汶口文化和龙山文化。在苏北鲁南一带，与花厅墓地比较接近的遗存主要有邳县大墩子上层墓葬[⑤]、1959年发掘的泰安大汶口墓地[⑥]、曲阜西夏侯墓葬[⑦]、邹县野店第四期和第五期墓葬[⑧]等。对这一类遗存详细分析研究之后，我们将其划分为四期七段[⑨]。

第一期以大汶口M58、M54，野店M50、M31，大墩子M9、M42，西夏侯M15等为代表。此期可以细分为两段。

第二期以大汶口M9、M98，西夏侯M4、M6等为代表。

第三期以大汶口M47、M10，野店M66、M73，西夏侯M8、M26等为代表。此期可以细分为两段。

第四期以大汶口 M25、M117，野店 M62、M51，西夏侯 M1、M12，南兴埠 M4[⑩] 等为代表。此期可以细分为两段。

花厅墓地分布范围较大，发掘分南、北两区进行。南区共发现墓葬 23 座（包括 1953 年发掘的 19 座），北区已发掘 22 座。

1953 年在南区发掘的 19 座墓葬，一直被作为"花厅期"的典型代表，时代定为大汶口文化中期。1987 年新发掘的 4 座墓葬，就已公布的资料而言，M121 出土的觚形杯和镂孔座豆等，M122 出土的盂形鼎、壶形鼎、镂孔座豆等，M123 出土的盂形鼎等，均为前述第一期的典型器形。连同已经发表的 1953 年南区墓葬资料一起观察，尽管时代略有早晚，但均不超出前述第一期的范围。花厅遗址发掘简报结语部分提到的空足鬶，墓号不清[⑪]。

北区的 22 座墓葬均为 1987 年所发现，情况比较复杂一些。22 座墓葬共出土陶器 246 件，其中修复 74 件，简报发表线图者 75 件（包括器盖在内），分别出自 9 座墓葬之中（M4、M5、M8、M12、M16、M18、M19、M20 和 M21）。器形有鼎、豆、罐、盆、钵、尊、壶、盉、杯、碗和器盖等。

通观上述 22 座墓葬，以 M19 的时代最早。该墓出土的鼎（19:14）为折沿，圆腹较深，与大汶口 M73:9 Ⅱ式圆腹鼎相类；镂孔座豆（19:16）为深盘，盘壁折收，圈足壁外弧，并镂刻三角形和菱形大孔，是前述第一期最具有代表性的器类之一；深腹罐（19:13），窄折沿，鼓腹微外折，与大汶口 M19:15 Ⅰ式折腹罐相近；弦纹壶（19:18），侈口，颈较高，圆肩，深腹，与大汶口 M102:19 Ⅲ式无鼻壶相似；背壶（19:11）为侈口，溜肩，深腹，形体较瘦，与大汶口 M81:8 Ⅰ式背壶相近；贯耳壶（19:12），颈略矮，腹部较深，下附矮圈足，与花厅南区 1953 年发掘的墓葬出土的同类器接近，也同野店 M31:10 Ⅲ型壶类似。M19 出土的陶器具有明显的早期作风和特征，其时代可早到前述第一期后段，与花厅南区墓葬的年代接近。

M4 的年代较 M19 为晚。该墓出土的浅盘圈足豆（4:33）与 M19:15 同型豆相比，盘部变浅，圈足加高，近底部外凸成阶状；背壶（4:25）整体仍较瘦，肩部微显，介于溜肩瘦高体和宽圆肩矮肥体之间；深腹罐（4:30）为窄折肩，圆腹，平底较大，与大汶口 M49:8 Ⅳ乙式深腹罐相近；鬶（4:22）为高流，长颈，扁圆腹，实足，与西夏侯 M4:22 Ⅰ式 B 型鬶类似。M4 的主要陶器，与前述第二期同类器特征相同，时代亦应相当。

M12、M16、M18、M20 和 M21 五座墓葬出土浅圆腹侧装三角凿形足鼎、浅盘高圈足豆、窄折沿深腹罐、矮颈圆肩背壶、高圈足簋形器和矮颈扁圆腹盂等，时代与 M4 相当或略晚，亦属前述第二期。

M5 发表的器物不多，只有盂、尊等较少几类。盂（5:14）的颈部较之 M20 的同类盉明显增高，腹部加深，整体近似球形；大口尊（5∶15）为厚胎，大口，斜直腹，圜底，器表饰篮纹，整体矮于前述第一、二期的同类器；鬶（5∶11）为鸟喙形流，长颈之下直接与三个乳状袋足相接，把手连于颈和袋足之间，与大汶口 M47∶34 Ⅱ 式空足鬶相近。M5 与大汶口 M47 的年代相当，属于前述第三期。

依上述分析，花厅墓地可以粗略地划分为三个阶段，是为早、中、晚三期，并分别与鲁中南地区大汶口文化中期和晚期前段相当，即属于前述大汶口文化第一至第三期。其绝对年代，参照已发表的大汶口文化碳十四测年数据，推定在距今 3400 年～2800 年之间。

花厅墓地三个阶段之间，存在着一脉相承的演变关系，这在陶器上表现得比较清楚。例如，罐形鼎由深腹到浅腹；贯耳壶的颈与圈足均从矮向高发展，而腹部则由深向浅变化；喇叭形圈足豆，豆盘自深逐渐变浅，圈足则不断加高；背壶的整体从瘦高到矮胖，肩部由溜肩向宽圆肩递变；盉的颈部由矮到高，腹部则从扁圆到近似球形；鬶的流口由平流到高出口沿，颈部逐渐加长，腹部自深至浅，三足从实足向袋足发展变化。花厅墓地典型陶器的演化趋势，除了贯耳壶与江南地区的良渚文化相同之外，其余均与相邻遗址大汶口文化同类器的变化同步。

二

花厅墓地的文化面貌比较复杂，它主要包含有三组互相有所区别的文化因素，在以陶器为主的出土物上，则表现为三个小的组群。下面试析之。

甲组　此组遗物的器类和数量均较多，以陶器为主。主要器形有鼎、鬶、盉、觚形杯、豆、壶、罐、盆、簋形器、三足钵、大口尊、杯和器盖等（图一）。

鼎　甲组的鼎主要有三类：盂形鼎，窄沿平折，近直壁，折腹，圜底，侧装三角凿形足；壶形鼎，矮直口，球形腹，小平底，三角形矮扁足；罐形鼎，窄折沿，浅圆腹，底部近平，近三角凿形足。这三类鼎在花厅墓地中数量较多，是主要器类之一。

鬶　亦有两类：实足鬶，平流或矮流，颈较长，有的偏于一侧，腹较圆，或呈鸭蛋形，三角凿形足；空足鬶，高流，长颈，下接乳状袋足，把手连于颈与袋足之间。鬶在花厅墓地中出土数量不多，但是一种极富特色的器类。

盉　数量不多。矮颈，鼓腹，平底，一侧有管状流。

觚形杯　喇叭形口，柱状柄中部加一道轮形箍，圈足刻成扁条状，器胎较厚。觚形杯在花厅墓地发现较少，因其造型特殊，亦为具有典型特征的器类之一，主要见于花厅墓地早期阶段。

豆　主要有两类：钵形镂孔豆，钵形豆盘较深，口部微敛，圈足之上饰有圆形、三角

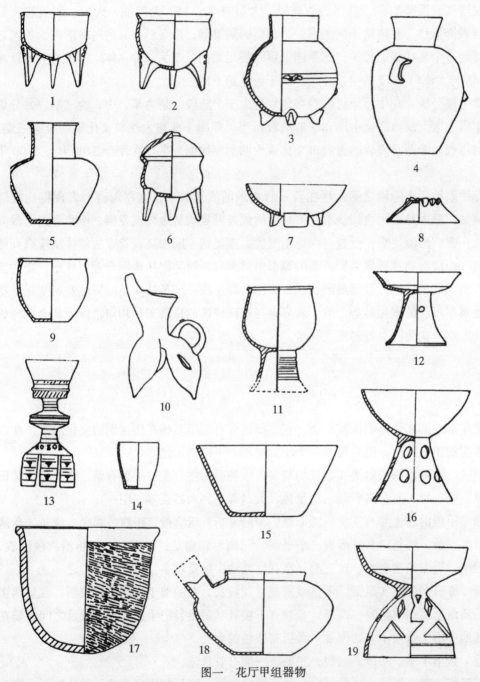

图一　花厅甲组器物

1、2、3、6.鼎（M122:2、M50:54、M122:18、M18:39）　4.背壶（M20:49）　5.无鼻壶（M16:38）
7.三足钵（M21:25）　8.器盖（M21:15）　9.罐（M21:22）　10.（M50:65）　11.簋形器（M18:
31）　12、16、19.豆（M20:63、M121:7、M19:16）　13.觚形杯（M121:12）　14.杯（M20:29）
15.盆（M20:58）　17.大口尊（M5:15）　18.盉（M20:36）

形和菱形大镂孔；浅盘豆，豆盘较浅，盘壁外折，口沿或略呈子母口状，喇叭形圈足或饰少量圆形、三角形镂孔。前者习见于花厅墓地早期，后者则主要流行于中、晚期。

无鼻壶　侈口，高颈，溜肩或宽圆肩，平底。早期多为窄肩，中、晚期形成宽圆肩。

背壶　与无鼻壶的造型相近。侈口，有颈，溜肩或圆肩，深腹，平底，一侧腹壁扁平，便于背负，两旁有竖耳，背部正中偏下处有一鸟喙形泥突。早期为溜肩，中、晚期渐变为圆肩。

罐　侈口，口径一般较大，窄折沿，圆腹，平底，整体较矮肥。

盆　大敞口，斜直壁，平底。

簋形器　窄折沿，圆腹，最大腹径偏下，缓平底，其下接高圈足。

三足钵　敞口，浅弧腹，宽扁矮足。

大口尊　厚胎，大口，近直壁，圜底。器表饰横篮纹。

杯　近筒形，上部略粗，下部较细，平底。

器盖　覆碗形，腹较浅，平顶，周缘刻成锯齿状，或于平顶之上加环形、圈足状纽。

乙组　此组遗物的种类和数量均略少。主要器形有三足罐、猪形罐、圈足壶、豆、圈足盆、圆腹盆、圈足盉和尊等（图二）。

三足罐　折沿，溜肩，圆腹，平底之下附三个乳丁状小足。

猪形罐　通体呈猪形，塑有嘴、鼻、眼和尾等，背部正中有矮柱状口，下附四只短锥状小足。仿猪形器物在胶县三里河大汶口文化遗存中曾有发现[12]，但与此不同。

圈足壶　侈口，有颈，宽圆肩，鼓腹，矮圈足。

豆　浅盘，盘壁与底相交处为直角，喇叭状高圈足，近底部外凸成阶状，圈足或饰少量圆形、三角形镂孔。

圈足盆　敞口，斜腹微弧，矮圈足。

圆腹盆　斜折沿，圆腹，平底。见于花厅中期，或由早期的窄折沿圆腹圜底罐演变而来。

圈足盉　造型与甲组的平底盉完全相同，惟在平底之下加矮圈足。

尊　大口外侈，长颈，窄折肩，斜直腹，矮圈足。腹部有宽竖耳一对，并饰成组的弦纹带，弦纹带之间加饰短条纹和点纹。类似的器形在茌平尚庄[13]、胶县三里河、安丘景芝镇[14]、诸城前寨[15]、莒县陵阳河[16]和泰安大汶口等大汶口文化遗址中均有发现，但与花厅的尊相比，口较小、肩较宽、多素面、没有耳和圈足，有耳和圈足者只在滕州岗上遗址发现过一件[17]。值得注意的是，形制类似并饰有同种纹饰的同类器亦见于吴县草鞋山[18]、武进寺墩[19]和丹阳王家山[20]等良渚文化遗址之中。

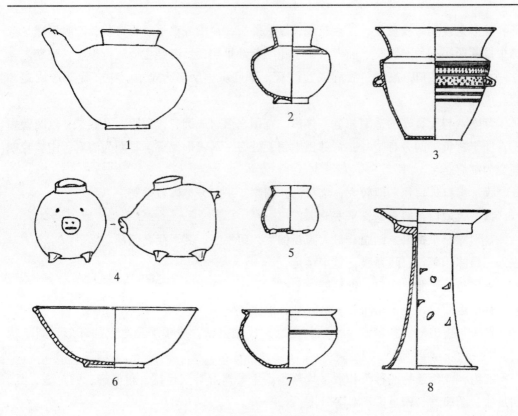

图二　花厅乙组器物

1.圈足盉（M5:14）　2.圈足壶（M18:43）　3.尊（M20:01）　4.猪形罐（M21:14）　5.三足罐
（M4:21）　6.圈足盆（M20:53）　7.圆腹盆（M18:37）　8.豆（M20:32）

丙组　此组遗物有一定数量。主要器形有瓦足鼎、浅盘豆、贯耳壶、阔把杯、玉琮、玉琮形管、琮形玉锥状器、玉佩、玉冠状器和有段石锛等（图三）。

瓦足鼎　形制为宽沿斜折，折腹，腹较浅，口径大于腹径，瓦状足上宽下窄，足的表面饰有竖条形纹或编织纹。此类鼎在大汶口文化中极少见到，据现有资料，仅在鲁南的滕州岗上和枣庄沙沟遗址[21]见到几件与其相似者。瓦足鼎的鼎身形态和足表面流行竖线划纹的作风，与良渚文化完全相同，但良渚文化最流行的是鱼鳍形和"T"字形鼎足，瓦状足虽然在草鞋山崧泽文化层和广富林良渚文化墓葬[22]有所发现，但数量很少。倒是安徽中部的薛家岗第二、三期文化中瓦足较多[23]，此外，河南淅川下王岗屈家岭文化[24]、郑州大河村第四期[25]和郸城段寨早期[26]等遗存中亦有所见。除了大河村第四期的一件（见原报告图三八，6）与花厅相近之外，余者鼎身多为罐形和深釜形，与花厅出土者有较大区别。这一类折腹鼎在江南地区出现于崧泽文化，并一直延续到良渚文化时期，递嬗线路比较清晰，是典型器类之一。有人认为其最初是由北方的大汶口文化传播过去的[27]。如果此说成立，花厅出现这类鼎，又是一种回归影响的结果。

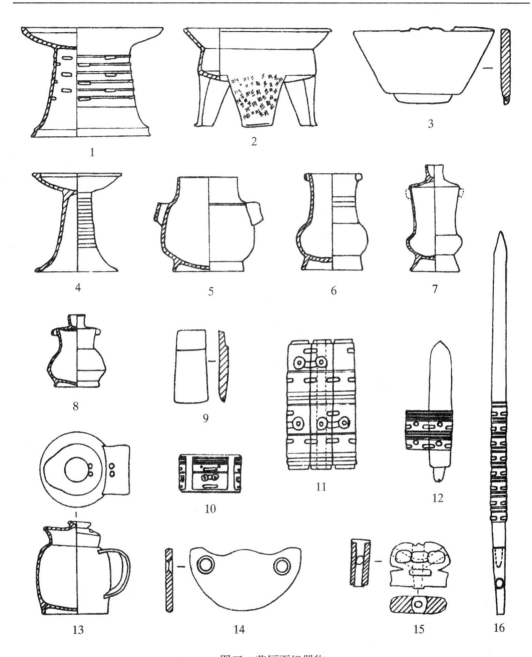

图三　花厅丙组器物

1、4.豆（M4:33、M20:38）　2.瓦足鼎（M20:40）　3.玉冠饰（M42:1）　5～8.贯耳壶（M18:38、M36:32、M18:46、M19:12）　9.有段石锛（M16:34）　10.玉琮（M18:13）　11.玉琮形管（M16:5-1）　12、16.琮形玉锥状器（M5:8、M18:1）　13.杯（M18:35）　14、15.玉佩（M4:17、M16:5-2）

浅盘豆　数量较多。平折沿，大斜壁，浅盘，圈足有粗细两种，其上多有瓦楞状弦纹，有的饰扁长方形镂孔。此类豆江南地区在崧泽文化时期就已出现，良渚文化中仍较常见，如吴县张陵山[28]、青浦福泉山[29]等遗址均有发现。此外，花厅少数豆柄上偶见由两个三角形和一个圆形镂孔合成的组合纹，也习见于崧泽文化晚期和良渚文化。

贯耳壶　主要有两类：一类是贯耳位于器腹上部，口径较大，器体粗矮，贯耳宽大，底部附有矮圈足；另一类贯耳位于口沿外侧，有盖，亦称双鼻壶，侈口，有颈，鼓腹，圈足。贯耳壶为良渚文化的典型器形，花厅墓地不同时期的贯耳壶，演变规律也与良渚文化完全相同。

阔把杯　近直口，一侧有流，短颈，窄肩，近直腹，矮圈足，与流口相对的一侧有宽带状把手。杯上附有与其特殊流口相配套的杯盖。此类杯在良渚文化中数量甚多，系典型器形之一。

玉琮　短筒形，分上、下两节，外表饰四组简化的神人兽面纹图案。与寺墩 M3：43 Ⅰ 式玉琮、福泉山 T4M6：21 短筒形玉琮[30]完全相同。

玉琮形管　外方内圆，形状同于琮而器体较小，全器分上、中、下三节，饰简化的神人兽面纹。与其相似的器形在张陵山东山[31]、寺墩、浙江余杭反山[32]和瑶山[33]等良渚文化遗址中均有发现。

琮形玉锥状器　全器分前锋、器身和铤三部分。器身为方体，分节，每节均饰有简化的带冠人面纹。饰有相同纹饰的器形在福泉山、反山、瑶山等良渚文化遗址中均有发现。

玉佩　一种较为简单，半圆形，两端有孔；另一种正、反两面均饰有兽面纹，纹饰风格和良渚文化的同类兽面纹完全相同。

玉冠饰　上宽下窄，呈倒梯形。上端中部有齿牙，下端内收成短榫。

有段石锛　为东南沿海地区富有代表性的生产工具，良渚文化习见。花厅遗址发现的有段石锛与之相同。

甲组器物群广泛存在于鲁南苏北地区的大汶口文化中、晚期遗址之中。这一组器物群构成了花厅墓地文化要素的主体部分，在花厅遗存中占据明显优势。花厅墓葬的墓圹均为深浅不一的长方形土坑竖穴，头向朝东，这与长江下游地区流行用堆土掩埋尸体的葬俗截然不同，而与大墩子、大汶口等同时期墓地的葬俗完全一致。因此，可以确认花厅墓地属于海岱系统的大汶口文化。

乙组器物多半是对典型的大汶口文化器物加以改造所形成的，例如：圈足盉，盉的主体部分与大汶口文化的平底盉无异，惟于平底之下附加矮圈足；圈足壶亦然，壶身与大汶口文化之宽肩壶相同，而底部附加矮圈足；猪形罐、三足罐、浅盘豆和大口尊均具有独特之处。乙组器物为花厅遗址常见或独见，而大汶口文化其他区域和良渚文化等少见或不见，其数量和种类虽然不多，但具有明显的自身特色。形成这种文化因素的原因，主要是因为花厅遗址位于大汶口文化分布区的南缘，与良渚文化、薛家岗文化毗邻，从而较多地接受和消化了来自南方、西南方的文化因素的结果。因此，淮河沿岸以北、马陵山中部以南的淮河下游地区，可以划分为大汶口文化的一个区域类型，可称为"花厅类型"。这一类型直接承之以刘林墓葬为代表的苏北地区早期大汶口文化，其渊源甚至可以追溯到北辛文化大伊山类型时期[㉜]。

以丙组器物为代表的文化因素，是长江下游两岸良渚文化北渐的结果，其器类和数量之多、文化渗透面之广是前所未见的。尽管来自南方的良渚文化因素尚未能改变花厅遗址的文化性质，但确实展示了其在花厅遗存中所占有的重要地位。耐人寻味的是，在大汶口文化中、晚期，正当大汶口人大举向中原地区的腹地推进的时候，而在其本身的地盘之内却受到了来自良渚文化的强烈影响和冲击，其内在含义和原因是值得深思的。同时我们还注意到，花厅墓地受到来自良渚文化的传播和影响的程度，在不同时期是有所差别的。具体地说，在花厅墓地早期，仅见到贯耳壶和有段石锛等少数良渚文化器类。到中、晚期，良渚文化因素显著增多，尤其是出现了刻有简化神人兽面纹图案的良渚文化玉琮，昭示着良渚文化因素的渗透已经进入包括宗教在内的精神文化等更为广泛的领域。

此外，花厅遗存中还存在少量薛家岗第三期文化的因素，如瓦足鼎的瓦足、近似子母口的浅盘豆、部分圈足器等。随着以后发现的增多和研究的深入，相信这种因素还会更多一些。

花厅墓地以其出有大量玉器而格外受到学术界的关注，对花厅遗址的玉器亦有必要加以分析。在海岱地区大汶口文化中，出土玉器数量可与花厅相比的仅有大汶口墓地，而良渚文化发现的玉器，无论数量还是质量，均远在大汶口文化之上。因此，花厅玉器一发现，立即便与良渚文化联系到了一起。花厅墓地1987年的发掘，发现玉器150多件，器类有琮、瑗、环、镯、锥形器、管、珠和坠等，另见少量的璧和钺。

前述丙组中的玉琮、琮形管、琮形锥状器、兽面纹冠状佩及璧（据说曾从群众手中征集到）等，应直接来自良渚文化，或与良渚文化有着密切联系。

花厅墓地的其他玉质装饰品，如锥形器、环、瑗、镯、管、珠、圆片和梯形穿孔坠饰等，在大汶口墓地等遗址均可见到相同的器形。例如锥形器，大汶口墓地就发现30件（其中1件为骨质），造型与之完全相同，同类器在野店、三里河、尚庄、陵阳河、呈子[㉟]和安徽萧县金寨村[㊱]等遗址均有发现。此外，三里河遗址还出有玉璇玑（或称为牙璧），大汶口和野店遗址则发现二连环、三连环、四连环等。这种现象是否表明，在花厅玉器中，除了少数大汶口文化不见或极少见、而良渚文化多见的特殊器形应直接来自南方之外，大部分仍为自身所有，或只是受到某种程度的外来影响，这还有待于对其玉质鉴定之后研究确定。

　　花厅墓地出土的玉器与良渚文化相比，也有明显的不同之处。良渚文化玉器中琮、璧、钺等大型礼器占有重要地位，如福泉山遗址 8 座良渚文化晚期墓葬中，发现钺 10 件、琮 11 件和璧 11 件。寺墩遗址仅 3 号墓就出土钺 3 件、琮 33 件和璧 24 件。而花厅墓地 40 余座墓葬中，除发现个别的琮、璧、钺之外，常见者均为小件装饰品。

　　花厅和大汶口两处墓地的共同点是，出土玉器均以小件装饰品为主。但琮和具有与琮类似的造型、花纹的器形（如琮形管等）不见于大汶口，而大汶口习见的骨质和象牙质雕筒也未见于花厅。大汶口文化的骨牙雕筒是一种具有特殊用途的器物，仅大汶口墓地就发现骨牙雕筒 26 件和象牙琮 7 件。这类骨牙雕筒多为圆筒形，器表往往由剔地突起的弦带纹将雕筒分为若干节，雕刻手法类似玉琮，有的还镶嵌绿松石圆片。大汶口的骨牙雕筒一般置于死者的腰或肩部，与玉琮的陈放位置相同（如花厅 M18、福泉山 T22M5 和 T23M2 等）。因此，我们认为，大汶口文化的骨牙雕筒和良渚文化的玉琮一样，也是一种宗教礼器。同类器还见于邹县野店、曲阜东魏庄[37]、莒县陵阳河、胶县三里河和荏平尚庄等遗址。从而表明，以骨牙雕筒为宗教礼器是大汶口文化内涵的一个重要组成部分。

三

　　人殉制度的盛行是我国奴隶社会的显著标志和重要特征之一。考古资料表明，商代晚期（殷墟期）是我国奴隶制的发达期，也是人殉制度的鼎盛时期。这种制度产生于商代之前是毫无疑问的。但是，对其诞生的具体时间和地点则存在争议，学术界的看法并不一致。

　　《大汶口》报告发表之初，这批令人耳目一新的资料曾引起史学界和考古界的极大关注。而成年男女合葬墓则是讨论大汶口文化社会性质的焦点之一。对大汶口遗址成年男女合葬墓性质的认识，主要有两种基本观点，即夫妻合葬和妾奴殉葬。黄展岳先生最近指出："目前似不宜把这些成年男女合葬墓遽定为妻妾殉夫墓"，而"这种以男子为主体，而把女子作为从属的葬式，反映了夫权制社会已经确立，女子已降居从属的或被奴役的地位"[38]的理解比较符合实际。我们则认为，将大汶口这一类合葬墓定为妻妾殉夫墓较为合理，其理由如次。

　　首先，经过科学发掘的大汶口文化的男女合葬墓，均系同时埋入。这种男女合葬墓在泰安大汶口、兖州王因[39]、邹县野店、泗水尹家城[40]、广饶五村[41]、邳县大墩子和花厅等大汶口文化墓葬中皆有发现，可见这不是一种偶然的现象，从而排除了墓内男女有可能为同时死亡（指自然死亡）的推测。并且，这一类墓葬的时代，除了个别可以早到大汶口文化早期之末之外，余者均属于大汶口文化中、晚期阶段。

其次，经过人类学鉴定的男女均系成年个体，安葬位置也很有规律，除了广饶五村发现的一座有疑之外，皆为男左女右。这与较晚时期的内蒙古伊克昭盟朱开沟遗址的以男右女左为主[42]，以及齐家文化那种男女位置不固定[43]的情况有明显区别。

第三，在大汶口文化的成年男女合葬墓之中，男女双方还显示出了男尊女卑的趋向。例如：尹家城遗址发现的男女合葬墓（M45），男性仰身直肢，随葬品较多，并有葬具痕迹，而女性的位置偏下，面向男性，左臂被压在男性的右侧股骨之下，整体略呈挣扎状；大汶口M1，男性居于墓室中部，备有各种质料的随葬品40余件，而女性位于一侧向壁外伸出的小坑之内，随葬品仅有2件；野店M47，男性居于中部，并占有全部68件随葬品中的62件，女性则偏于一侧，仅有束发器等6件随葬品。其男尊女卑一目了然。

此外，花厅墓地除男女合葬墓之外，少数大型墓内还出现了同坑埋葬少年男女和幼儿的现象，发掘简报将其解释为"殉人"，是符合实际的。

如前所述，流行于大汶口文化中、晚期，并以成年男女同穴为主的合葬墓，墓内死者显然不是自然同时死亡，其中必有一人（或几人）从另一人而死。由尊卑程度可知，从死者为女性或少年，其中成年女性当是被杀殉葬或者是自愿殉葬的妻妾，这种情况在民族志材料中屡有记载。如大洋洲斐济岛的父权制部落中盛行这样的风俗：家富望高的男子死后，常把留下的妻子中的一个绞死，以跟随丈夫而去。类似的风俗也存在于我国部分少数民族之中。在希罗多德的《历史》中，记述了公元前6世纪色雷斯类似的习俗[44]。而大型墓内发现的少男少女当与随葬的猪狗一样，也是被杀死以殉葬的。

就大汶口文化的世系而言，目前大家一般认为其早期尚处在母系氏族社会的后期，早期之末开始向父系氏族社会过渡，到中、晚期已踏入父系氏族社会时期。这种世系制度的变更，实际上是对已经发生了重大变化的社会经济所有制的适应。也就是说，大汶口文化早期之末的所有制形式，已由氏族（或部落）公有向家族私有（称家族公有亦未尝不可）过渡，并于大汶口文化中期阶段基本完成。无独有偶，成年男女合葬墓也产生于大汶口文化早期之末，流行于中、晚期阶段，其同所有制形式的变革、父权制的产生和确立是同步的。我们认为，原始的奴隶制与父权制犹如一对孪生姐妹，皆萌生于家族私有制经济的躯壳之内。

（原载《海岱地区考古研究》，山东大学出版社，1997年）

注释

①南京博物院新沂工作组：《新沂花厅村新石器时代遗址概况》，《文物参考资料》1956年第7期。

②吴山菁：《略论青莲岗文化》，《文物》1973 年第 6 期。

③南京博物院：《长江下游新石器文化若干问题的探析》，《文物》1978 年第 4 期。

④南京博物院：《1987 年江苏新沂花厅遗址的发掘》，《文物》1990 年第 2 期。

⑤南京博物院：《江苏邳县四户镇大墩子遗址探掘报告》，《考古学报》1964 年第 2 期；《江苏邳县大墩子遗址第二次发掘》，《考古学集刊》第 1 集，1981 年。

⑥山东省文物管理处等：《大汶口》，文物出版社 1974 年版。

⑦中国科学院考古研究所山东队：《山东曲阜西夏侯遗址第一次发掘报告》，《考古学报》1964 年第 2 期；《西夏侯遗址第二次发掘报告》，《考古学报》1986 年第 3 期。

⑧山东省博物馆等：《邹县野店》，文物出版社 1985 年版。

⑨拙稿：《大汶口文化的分期和类型》，见《海岱地区考古研究》。

⑩山东省文物考古研究所：《山东曲阜南兴埠遗址的发掘》，《考古》1984 年第 12 期。

⑪大汶口文化中、晚期到龙山文化晚期，陶鬶的演化线路极为清晰，阶段性也十分明显。大汶口文化中、晚期的陶鬶，是循着鼎式鬶（实足）→式鬶→鬲式鬶的轨迹演进的。空足鬶的出现，要晚到大汶口文化第五期，即晚期阶段的前期。

⑫中国社会科学院考古研究所：《胶县三里河》，文物出版社 1988 年版。

⑬山东省文物考古研究所：《茌平尚庄新石器时代遗址》，《考古学报》1985 年第 4 期。

⑭王思礼：《山东安丘景芝镇新石器时代墓葬发掘》，《考古学报》1959 年第 4 期。

⑮杜在忠：《论潍、淄流域的原始文化》，《山东史前文化论文集》，齐鲁书社 1986 年版。

⑯山东考古所等：《山东莒县陵阳河大汶口文化墓葬发掘简报》，《史前研究》1987 年第 3 期。

⑰山东省博物馆：《山东滕县岗上村新石器时代墓葬试掘报告》，《考古》1963 年第 7 期。

⑱南京博物院：《吴县草鞋山遗址》，《文物资料丛刊》3，1980 年。

⑲南京博物院：《1982 年江苏武进寺墩遗址的发掘》，《考古》1984 年第 2 期。

⑳镇江博物馆：《江苏丹阳王家山遗址发掘简报》，《考古》1985 年第 5 期。

㉑枣庄市文物管理站：《枣庄市南部地区考古调查纪要》，《考古》1984 年第 4 期。

㉒上海市文物保管委员会：《上海市松江县广富林新石器时代遗址试探》，《考古》1962 年第 9 期。

㉓安徽省文物工作队：《潜山薛家岗新石器时代遗址》，《考古学报》1982 年第 3 期。

㉔河南省文物研究所等：《淅川下王岗》，文物出版社 1989 年版。

㉕郑州市博物馆：《郑州大河村遗址发掘报告》，《考古学报》1979 年第 3 期。

㉖曹桂岑：《郸城段寨遗址试掘》，《中原文物》1981 年第 3 期。

㉗陈国庆：《长江下游地区史前文化的炊器研究》，《考古学文化论集》（二），文物出版社 1989 年版。

㉘南京博物院：《江苏吴县张陵山遗址发掘简报》，《文物资料丛刊》6，文物出版社 1982 年版。

㉙上海市文物保管委员会：《上海青浦福泉山良渚文化墓地》，《文物》1986 年第 10 期。

㉚上海市文物保管委员会：《上海福泉山良渚文化墓葬》，《文物》1984 年第 2 期。

㉛南京博物院：《江苏吴县张陵山东山遗址》，《文物》1986 年第 10 期。

㉜浙江省文物考古研究所反山考古队：《浙江余杭反山良渚墓地发掘简报》，《文物》1988 年第 1 期。

㉝浙江省文物考古研究所：《余杭瑶山良渚文化祭坛遗址发掘简报》，《文物》1988 年第 1 期。

㉞纪仲庆、车广锦：《苏北淮海地区新石器诸文化的再认识》，《考古学文化论集》（二），文物出版社 1989 年版。

㉟昌潍地区文物管理组等:《山东诸城呈子遗址发掘报告》,《考古学报》1980年第3期。

㊱安徽省萧县博物馆:《萧县金寨村发现一批新石器时代玉器》,《文物》1989年第4期。

㊲中国科学院考古研究所山东工作队等:《山东曲阜考古调查试掘简报》,《考古》1965年第12期。

㊳黄展岳:《中国古代的人牲人殉》,文物出版社1990年版。

㊴中国社会科学院考古研究所山东队等:《山东兖州王因新石器时代遗址发掘简报》,《考古》1979年第1期。

㊵山东大学历史系考古专业:《山东泗水尹家城遗址第四次发掘简报》,《考古》1987年第4期。

㊶山东省文物考古研究所等:《广饶县五村遗址发掘报告》,《海岱考古》第1辑,山东大学出版社1989年版。

㊷内蒙古文物考古研究所:《内蒙古朱开沟遗址》,《考古学报》1988年第3期。

㊸甘肃省博物馆:《甘肃武威皇娘娘台遗址发掘报告》,《考古学报》1960年第2期;《武威皇娘娘台遗址第四
　　次发掘》,《考古学报》1978年第4期;中国社会科学院考古研究所甘肃工作队:《甘肃永靖秦魏家齐家文化
　　墓地》,《考古学报》1975年第2期。

㊹希罗多德:《历史》(中译本),商务印书馆1959年版。

参考资料

1．栾丰实：《海岱地区考古研究》，山东大学出版社，1997 年。

2．山东省文物管理处、济南市博物馆：《大汶口》，文物出版社，1974 年。

3．山东省博物馆、山东省文物考古研究所：《邹县野店》，文物出版社，1985 年。

4．山东省文物考古研究所、枣庄市文化局：《枣庄建新》，科学出版社，1996 年。

5．南京博物院新沂工作组，《新沂花厅村新石器时代遗址概况》，《文物参考资料》1956 年 7 期。

6．南京博物院：《1982 年江苏常州武进寺墩遗址的发掘》，《考古》1984 年 2 期。

7．上海市文物保管委员会：《上海青浦福泉山良渚文化墓地》，《文物》1986 年 10 期。

8．浙江省文物考古研究所反山考古队：《浙江余杭反山良渚墓地发掘简报》，《文物》1988 年 1 期。

9．黄象洪：《花厅遗址 1987 年发掘墓葬出土人骨的鉴定报告》，《文物》1990 年 2 期。

10．南京博物院：《江苏吴县张陵山遗址发掘简报》，《文物资料丛刊（6）》，1982 年。

11．中国社会科学院考古研究所：《新中国的考古发现和研究》，文物出版社，1984 年。

12．吴汝祚：《论大汶口文化的墓葬》，《考古学报》1990 年 1 期。

13．黄展岳：《中国古代的人牲人殉问题》，《考古》1987 年 2 期。

14．严文明：《碰撞与征服》，《文物天地》1990 年 6 期。

15．车广锦：《论古国时代》，《东南文化》1988 年 5 期。

16．郭大顺：《东南古文化的启示》，《东南文化》1988 年 5 期。

17．谷建祥、贺云翱：《中国新石器时代海洋文化体系中不同文化圈之形成与交融》，《东南文化》1990 年 5 期。

18．苏文：《从考古发现谈长江三角洲地区及太湖平原史前文化和环境的关系》，《南京大学学报》，1986 年增刊。

19．张之恒：《新石器时代早期文化的特征》，《中国文物报》1999 年 3 月 10 日。

20．方向明：《史前东方大口尊初论》，《东南文化》1998 年 4 期。

21．徐湖平主编：《东方文明之光——良渚文化发现 60 周年纪念文集》，海南国际新闻出版中心。

22．闻广：《中国古玉的研究》《建材地质》1990 年 2 期。

23．陈江：《玉器》，贵州人民出版社，1998 年。

24．徐坚：《花厅墓地浅析》，《东南文化》1997 年 3 期。

25．张学海：《对推进文明起源研究的几点意见》，《中国文物报》1999 年 9 月 1 日。

26．张敬国：《含山凌家滩遗址第三次考古发掘主要收获》，《东南文化》1999 年 5 期。

27．田名利：《凌家滩墓地玉器渊源探寻》，《东南文化》1999 年 5 期。

28. 陈淳：《早期国家之黎明——兼谈良渚文化社会政治演化水平》，《东南文化》1999 年 6 期。

29. 钱锋：《新沂花厅墓地的发现及其意义》，《中国考古学会第八次年会论文集》，文物出版社，
    1991 年。

30. 张祖方：《爪墩文化——苏北马陵山爪墩遗址调查报告》，《东南文化》1987 年 2 期。

31. 邓聪主编：《东亚玉器》，香港中文大学中国考古艺术研究中心出版，1998 年。

32. 恩格斯：《家庭、私有制和国家的起源》，人民出版社，1972 年。

33. 高广仁：《花厅墓地"文化两合现象"的分析》，《东南文化》2000 年 9 期。

34. 林华东：《良渚文化研究》，浙江教育出版社，1998 年。

后　记

　　花厅新石器时代遗址，在 20 世纪 50 年代初即被发现，可以说是新中国最早发现的重要遗址之一。当时参加调查和发掘的工作人员有南京博物院的 赵青芳 、宋伯胤、王文林 、 黎忠义 、陈福坤，苏北文管会的吴震、胡继高、 倪振逵 、朱晋涛。花厅遗址的发现和发掘，凝聚着江苏老一辈考古工作者筚路蓝缕开创江苏考古事业的心血和汗水。对花厅遗址第一批考古资料的整理与汇总，也是表示我们对老一辈考古工作者的缅怀和感激之情。

　　参加 1987、1989 年花厅遗址考古发掘的工作人员有南京博物院的汪遵国、钱锋、李文明、袁颖、缪祥山、郝明华、吴荣清、李民昌、陆建方、王根富、纪德生、郭礼典和新沂文化局的文物干部胡宝玺、闻荃堂。发掘工作曾多次得到国家文物局、江苏省文化厅和新沂文化局领导的关心和支持；发掘期间，南京博物院徐湖平院长还多次深入发掘现场，研究和指导工作，使发掘工作得以顺利进行。

　　花厅遗址的历次发掘简报，曾先后在《文物参考资料》1956 年第 7 期、《文物》1990 年第 2 期和《东方文明之光》等刊物和文集上发表，引起了考古学界极大的关注，严文明、高广仁、栾丰实等专家学者对花厅遗址进行了卓有成效的研究，并发表了各自的见解。这无疑对我们编撰花厅遗址的发掘报告起着有益的指导作用。

　　花厅遗址到目前为止只是发掘了整个遗址的一小部分，鉴于花厅遗址在大汶口文化研究中的重要地位，以及遗址内发现的人殉和文化两合等特殊的文化现象，为了让这一重要的考古资料能早日系统而全面地面世，在南京博物院徐湖平院长的直接关心和全力支持下，使本书的编写工作终于顺利完成。花厅遗址从发现到成书，已近半个世纪，而《花厅》一书能在不长的时间内杀青并付梓，首先要感谢关心我们编写工作的领导、师长和同仁给予的鼓励和帮助，可以说《花厅》一书也凝聚着集体的汗水和智慧。

　　本书的文字部分是由钱锋、郝明华负责编写；插图绘制和图版编排由郝明华负责；图版的拍摄由韩强负责，郭礼典也参加了部分器物的拍摄工作；参加文物修复工作的有韩建立、郭礼典、唐根顺、周恒明和张浩林。

　　本书的编著承蒙我院考古研究所所长张敏的关心并对书稿进行了把关和修改，在此表示谢意。

　　花厅遗址出土的人骨，由上海自然博物馆黄象洪研究员和南京博物院李民昌副研究员进行鉴定；中国科学技术大学结构分析开放实验室利用岩相和 X 射线定量法对花厅遗址新石器时代的陶器残片进行了测试分析。多学科进行综合研究，为花厅遗址的发掘报告增添了新的内容和科学依据。

　　南京博物院图书馆为本书的编写提供了 50 年代花厅遗址的发掘资料和相关的参考文献，由于其热忱的帮助，确保了本书资料的完整性。

　　编写《花厅》这样一本大型考古发掘报告，真是战战兢兢，如履薄冰，因为我们既无经验又深感水平有限，惟恐一己之管见而贻笑大方。然为了不致使这批重要的考古资料沉睡无果，编写此报告亦权当是抛砖引玉吧。在编写过程中虽尽了我们最大的努力，但书中的疏漏和错误仍在所难免，我们真诚地希望方家学者给予批评和指正。

钱　锋　　郝明华

2001 年 5 月 16 日

The Neolithic Site at Huating

Nanjing Museum

Found on a terrace at a levitation of 69 m, 18 km southwest of Xinyi City, Jiangsu Province, the site occupies an area of 500,000 sq m extending from Xuzhuang Village in the north to Huating Village in the south, from Wushantou in the west to Beigouquanzi in the east.

Four test diggings had been conducted from between 1952 and 1989, opening up a total area of 7,500 sq m, and bringing to light 87 tombs including 10 large ones, along with 1,800 pieces of relics, of which 1197 are pottery, 443 jade, 112 stone and 63 bone or horn.

The present report is divided into four chapters. The first one gives a general account of the site in terms of its geographic setting, discovery and excavation, stratification and so on. The second and third present themselves as a description of tombs excavated and funerary objects unearthed in the northern and southern sections of the site. In the forth chapter the author analyses and summarizes the findings. Several issues are discussed in this part. They include: 'cultural coexistence', a phenomenon related with the fact that the site lies where the Liangzhu culture meets the Dawenkou culture; the nature and date of the tombs; the characteristics of pottery and causal relationship among them; the influence of the jade culture felt at this site; the cause of the cultural coexistence ; primitive economy with agriculture at its core and developed manufacturing techniques, etc.. The appendix includes statistics of different pottery and human skeletal remains by age, gender and so on.

The site owes its significance not just to its extremely rich content, but also to the presence of human sacrifice, which means much to the research of the Dawenkou culture in terms of its social form. In addition the discovery of quite many pottery and jade objects with the characteristics of the Liangzhu culture, something rarely encountered at hundreds of the sites and thousands of tombs of the Dawenkou culture, sheds much light on the relationship of the Liangzhu and Dawenkou cultures and the northward extension of the latter.

1. 花厅遗址外景

2. T2北猪坑骨架

花厅遗址外景与发掘现场

2. M16

1. M4 玉器出土情况

花厅墓地北区墓葬

1. M18

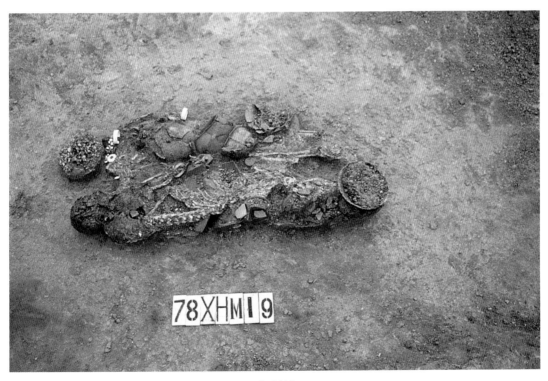

2. M19

花厅墓地北区墓葬

1. M21

2. M36

花厅墓地北区墓葬

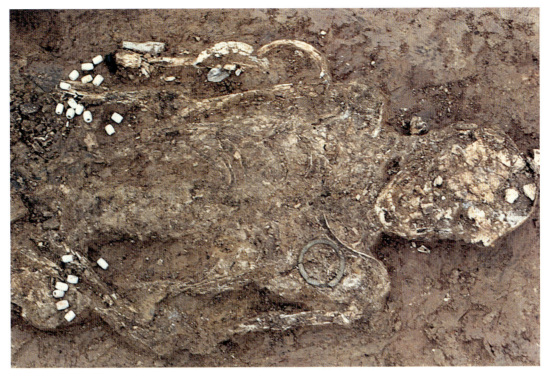

1. M41臂饰出土情况

2. M34、M35

花厅墓地北区墓葬

1. M42

2. M56

花厅墓地北区墓葬

1. M50

2. M50 墓主脚后殉人骨架

花厅墓地北区墓葬

1. M60

2. M60 玉器出土情况

花厅墓地北区墓葬

1. 猪形罐（M21:4）

2. 陶鬶（M50:65）

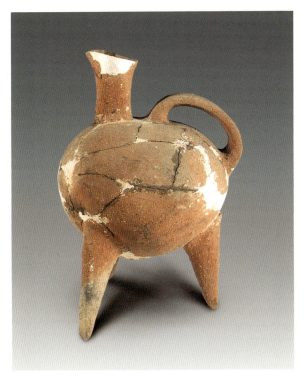

3. 陶鬶（M60:56）

4. 镂孔器座（M23:37）

北区墓葬出土陶器

1. 玉项饰（M60:1）

2. 玉项饰（M16:5）

3. 绿松石耳坠（M18:26-1）

4. 玉琮形管（M34:60、61）

北区墓葬出土玉器

1. 玉镯（M21:8）

2. 玉瑗（M20:26）

北区墓葬出土玉器

1. 玉镯 （M60:35）

2. 玉瑗 （M20:24）

北区墓葬出土玉器

1. 玉环（M32:20）

2. 猪头形环（M48:28）

北区墓葬出土玉器

1. 玉琮（M50:9）

2. 玉冠状佩（M42:1）

3. 玉珠（M51:9、M34:6、M23:48、M34:3、M23:6）

北区墓葬出土玉器

1. 玉锥（M18:1）

2. 带套管玉锥（M20:10）

3. 玉锥（M30:7）　　　　　4. 玉锥（M5:8）　　　　　5. 玉锥（M42:4）

北区墓葬出土玉器

1. 獐牙勾形器（M37:8）

2. 玉锥（M3:15、M42:25、M29:3、M3:3）

3. 角丫形器（M37:28）

北区墓葬出土玉器、角器

1. M59、M58、
   M57、M56

2. M58

3. M61

花厅墓地北区墓葬

1. M60:78

2. M34:34

3. M49:14

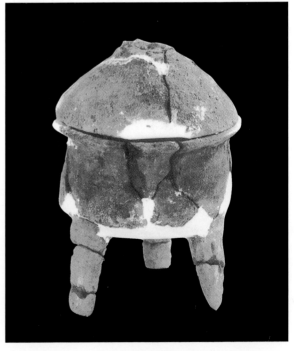

4. M18:39

北区墓葬出土陶鼎

1. 陶钵（M20:58）

2. 陶钵（M18:50）

3. 陶鼎（M18:41）

4. 陶鼎（M20:40）

5. 陶鼎（M21:18）

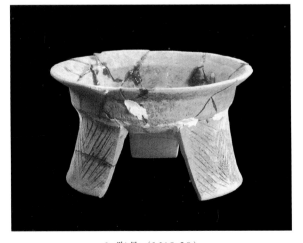

6. 陶鼎（M18:29）

北区墓葬出土陶钵、陶鼎

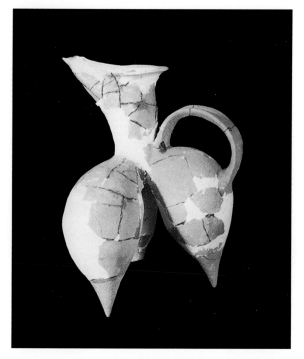

1. 陶鬶（M26:12）

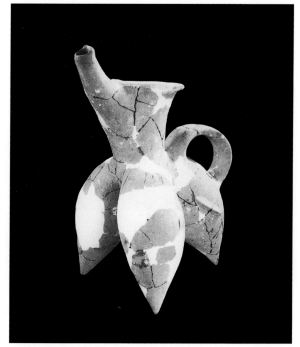

2. 陶鬶（M34:39）

3. 陶罐（M18:43）

4. 陶罐（M21:4）

北区墓葬出土陶鬶、陶罐

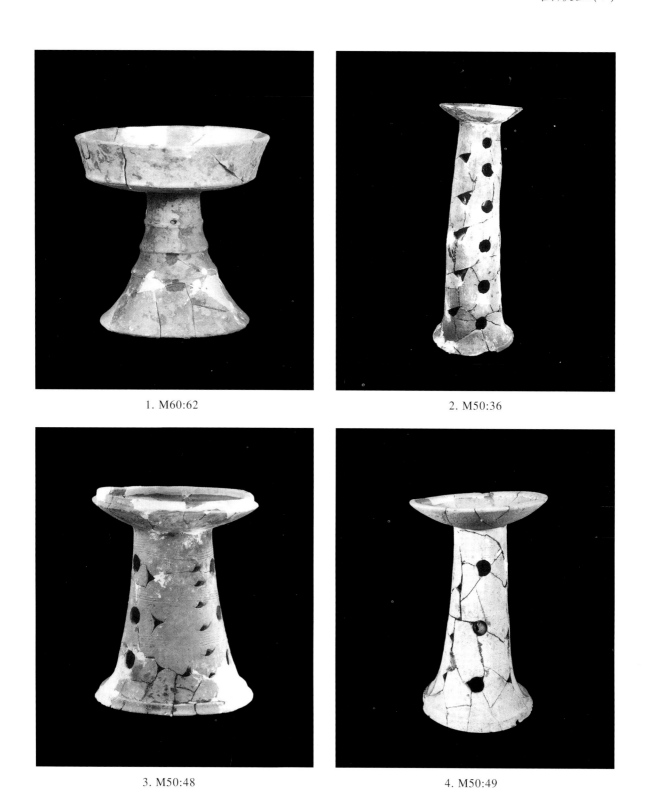

1. M60:62

2. M50:36

3. M50:48

4. M50:49

北区墓葬出土陶豆

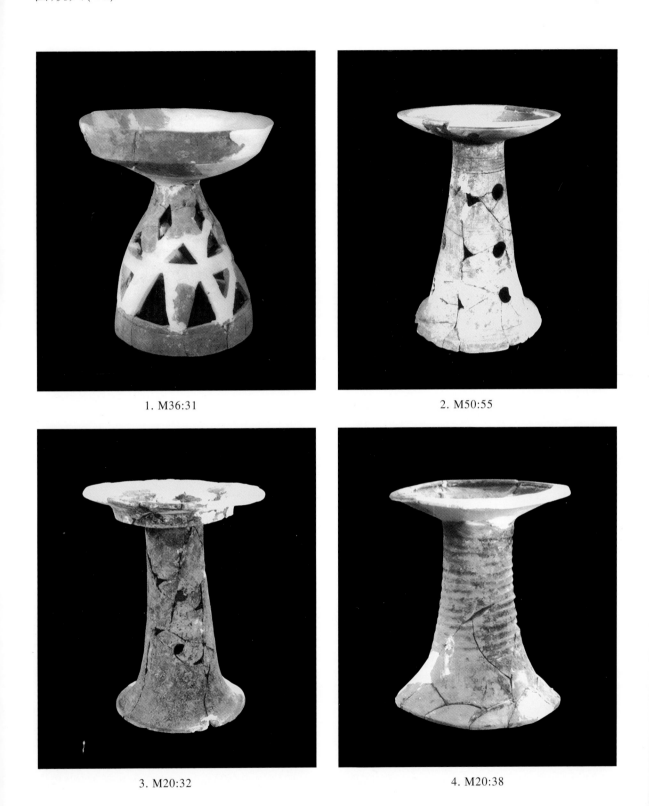

1. M36:31

2. M50:55

3. M20:32

4. M20:38

北区墓葬出土陶豆

1. 陶豆（M21:19）　　　　　　　2. 陶豆（M20:63）

3. 陶豆（M18:45）　　　　　　　4. 陶豆（M4:33）

5. 陶碗（M50:67）　　　　　　　6. 陶三足钵（M21:25）

北区墓葬出土陶豆、陶碗、陶钵

1. M4:21

2. M41:12

3. M50:62

4. M21:22

北区墓葬出土陶罐

1. M20:77

2. M20:30

3. M18:47

4. M18:34

5. M18:48

6. M19:17

北区墓葬出土陶罐

1. M19:12

2. M18:46

3. M35:8

4. M16:38

北区墓葬出土陶壶

1. M50:51

2. M32:6

3. M27:11

4. M20:49

5. M16:23

6. M50:32

北区墓葬出土陶背壶

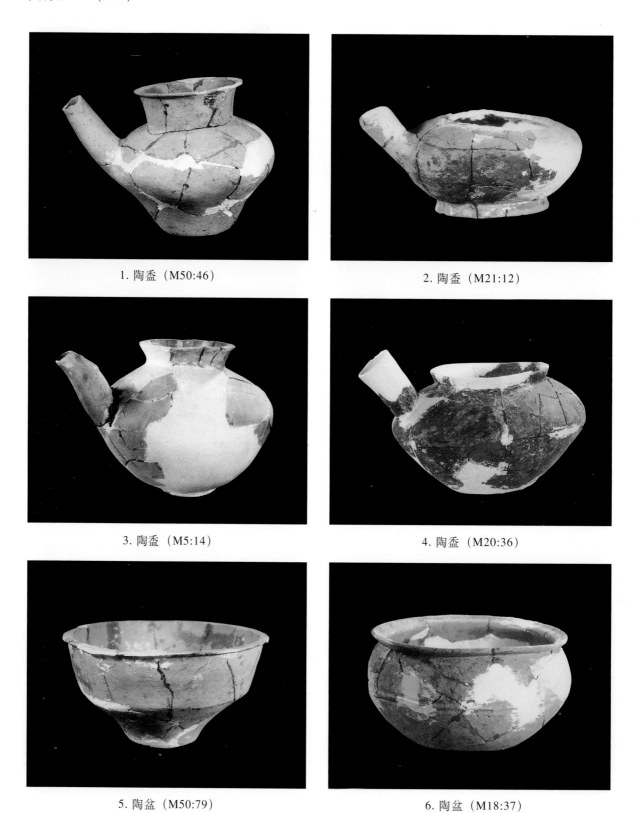

1. 陶盉（M50:46）

2. 陶盉（M21:12）

3. 陶盉（M5:14）

4. 陶盉（M20:36）

5. 陶盆（M50:79）

6. 陶盆（M18:37）

北区墓葬出土陶盉、陶盆

1. 陶盆（M18:32）

2. 陶盆（M50:69）

3. 器盖（M20:44）

4. 器盖（M50:40）

5. 器盖（M29:19）

6. 器盖（M55:13）

北区墓葬出土陶盆、器盖

1. M20:29

2. M18:35

3. M16:32

4. M18:31

北区墓葬出土陶杯

1. 陶缸（M50:56）

2. 镂孔器座（M23:37）

3. 镂孔器座（M50:68）

4. 陶缸（M5:15）

北区墓葬出土陶缸、镂孔器座

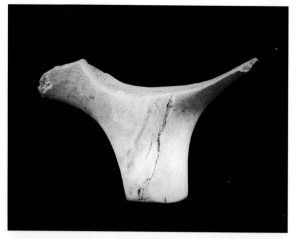

1. 角丫形器（M37:28）

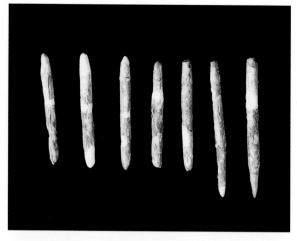

2. 角锥（50:26）

3. 有段玉锛（M50:11、12）

4. 玉琮形管（M23:3、5）

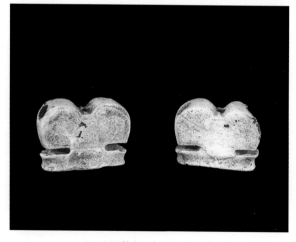

5. 玉冠状佩（M35:6、7）

6. 玉琮（M18:13）

北区墓葬出土玉器、角器

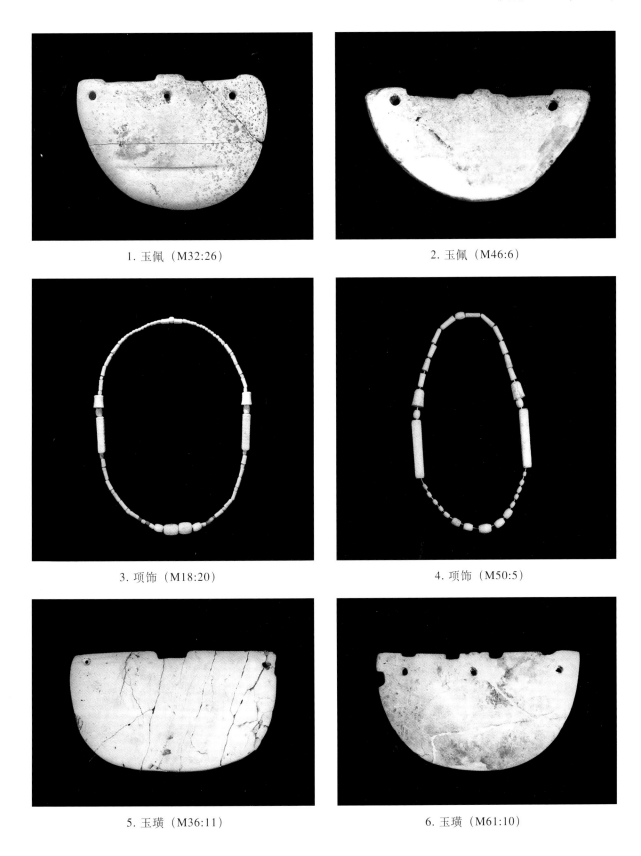

1. 玉佩（M32:26）

2. 玉佩（M46:6）

3. 项饰（M18:20）

4. 项饰（M50:5）

5. 玉璜（M36:11）

6. 玉璜（M61:10）

北区墓葬出土玉器

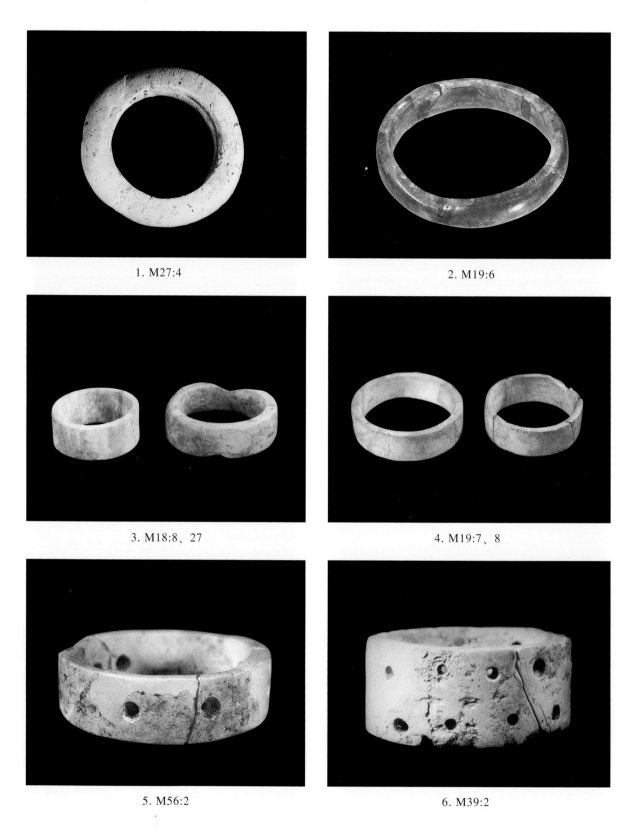

1. M27:4

2. M19:6

3. M18:8、27

4. M19:7、8

5. M56:2

6. M39:2

北区墓葬出土玉镯

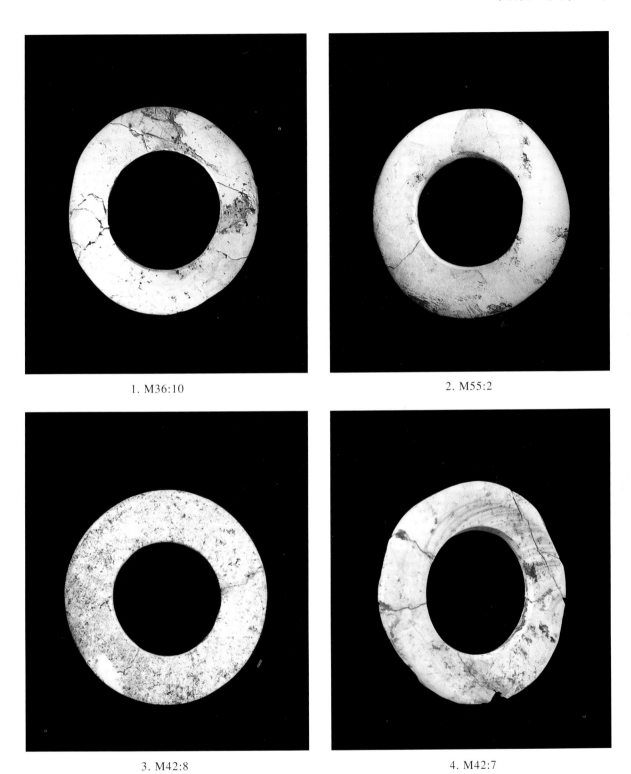

1. M36:10

2. M55:2

3. M42:8

4. M42:7

北区墓葬出土玉瑗

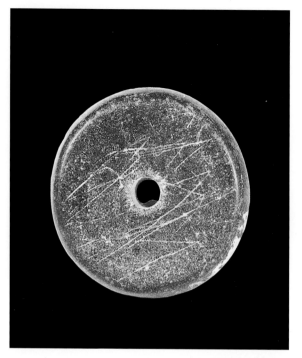 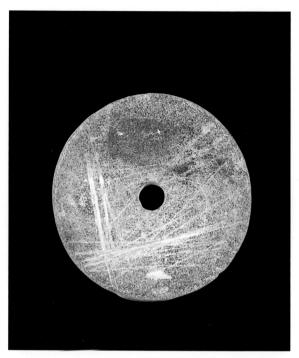

1. 石纺轮（M155:29 左:正面 右:背面）

2. 玉环（M60:89）　　　　　　　　　　3. 玉环（M31:2）

花厅墓葬出土石纺轮（南区）、玉环（北区）

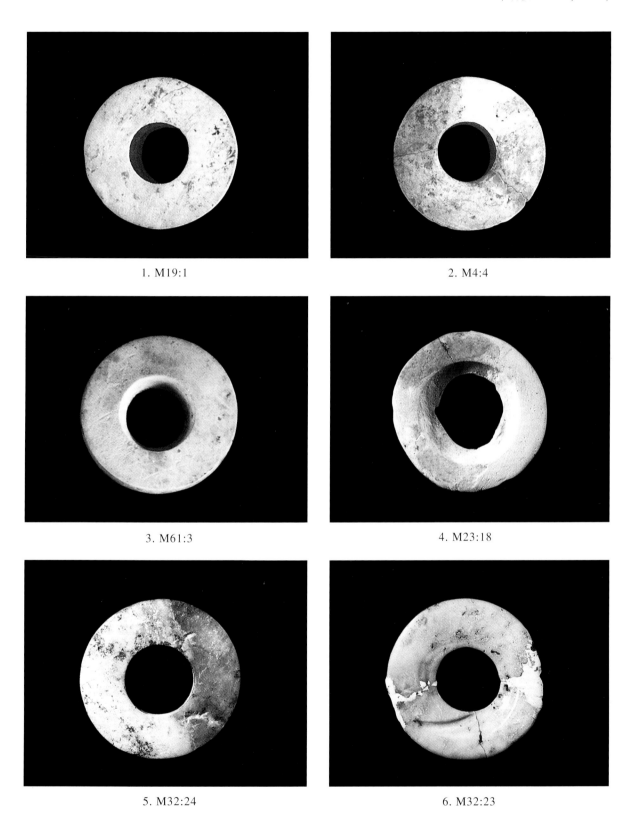

1. M19:1

2. M4:4

3. M61:3

4. M23:18

5. M32:24

6. M32:23

北区墓葬出土玉环

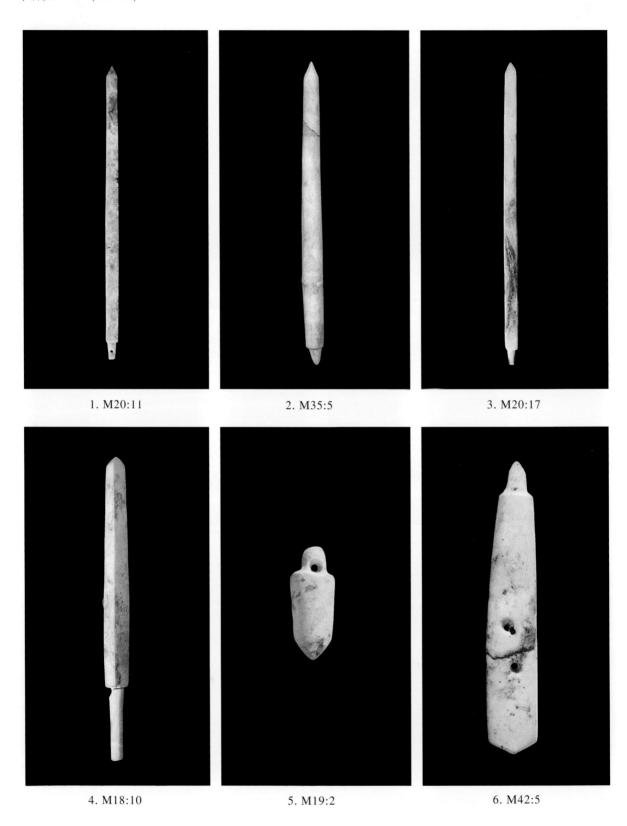

1. M20:11   2. M35:5   3. M20:17

4. M18:10   5. M19:2   6. M42:5

北区墓葬出土玉锥

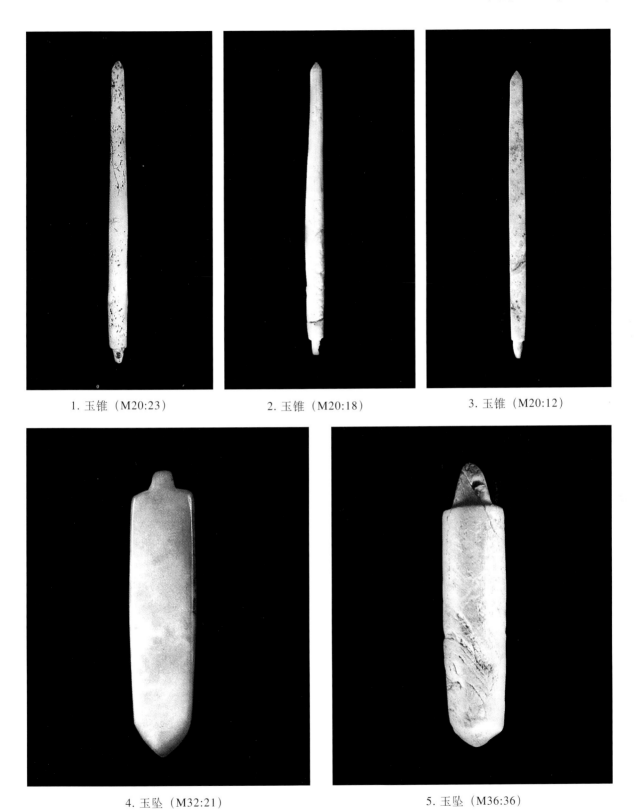

1. 玉锥（M20:23）　　　　2. 玉锥（M20:18）　　　　3. 玉锥（M20:12）

4. 玉坠（M32:21）　　　　5. 玉坠（M36:36）

北区墓葬出土玉锥、玉坠

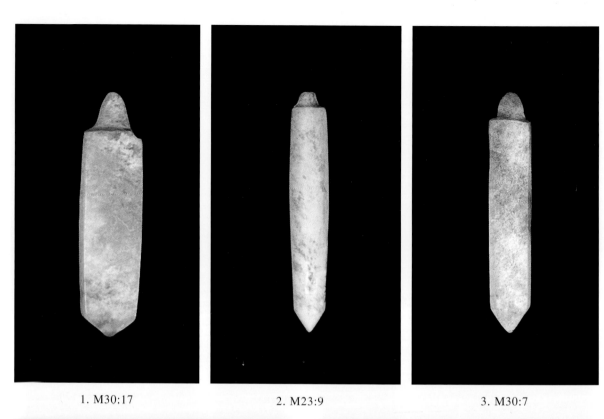

1. M30:17　　　　　2. M23:9　　　　　3. M30:7

4. M20:16　　　　　5. M12:14

北区墓葬出土玉锥

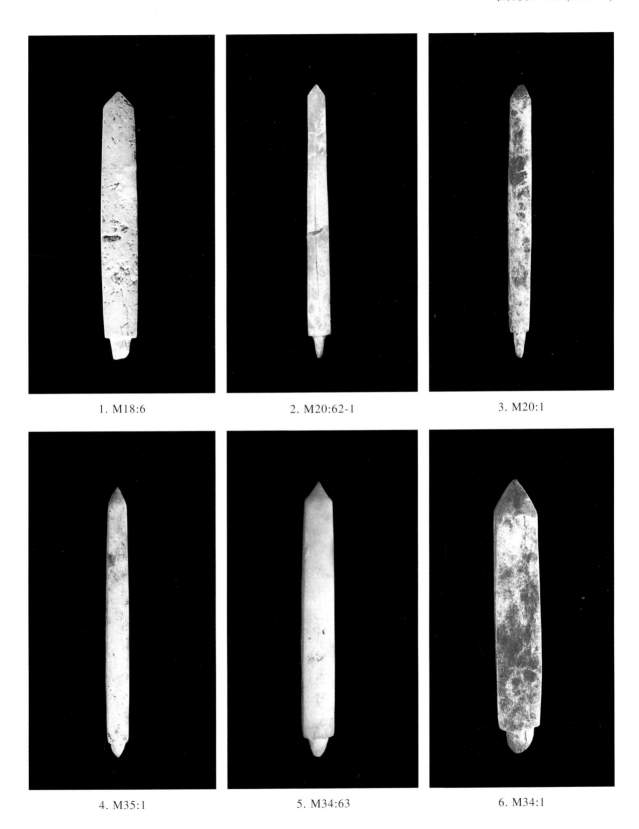

1. M18:6   2. M20:62-1   3. M20:1

4. M35:1   5. M34:63   6. M34:1

北区墓葬出土玉锥

1. 玉坠（M46:23、M35:23）

2. 玉坠（M60:30）

3. 玉坠（M50:6）

4. 玉坠（M16:47、M21:3）

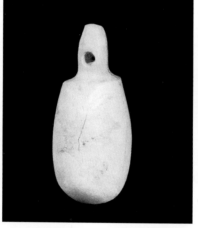

5. 玉坠（M47:9）

6. 双孔玉饰（M45:30）

7. 玉柄饰（M18:23）

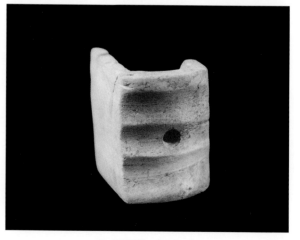

8. 玉柄饰（M3:1）

北区墓葬出土玉器

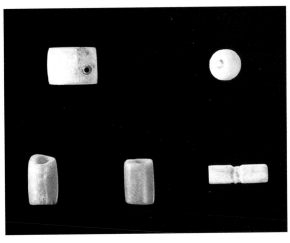

1. M2:3, M19:5、4、2, M16:12

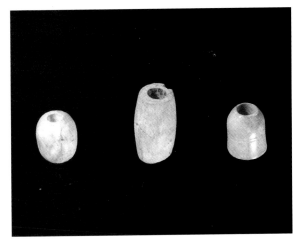

2. M20:14-1, M2:2, M5:9

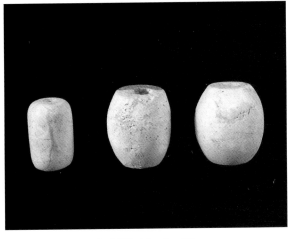

3. M23:46、5、23

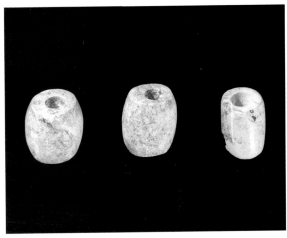

4. M13:1、2, M5:19

5. M34:8

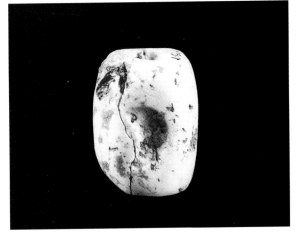

6. M5:7

北区墓葬出土玉珠

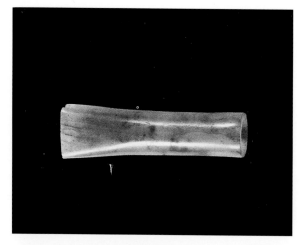

1. 玉套管（M23:12）

2. 燧石（M41:4）

3. 水晶（M41:3）

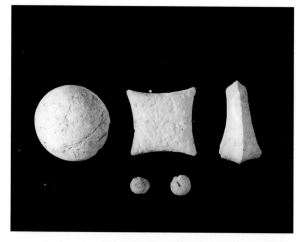

4. 玉嵌饰（M20）

5. 玉饰片（M23:4-1～8）

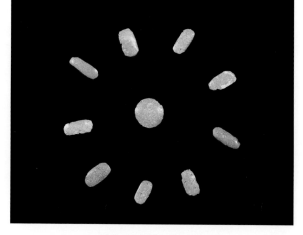

6. 绿松石嵌饰（M50:29）

北区墓葬出土玉器

1. 小玉璧（M61:8）

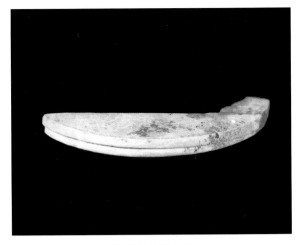

2. 带槽残玉器（采:1）

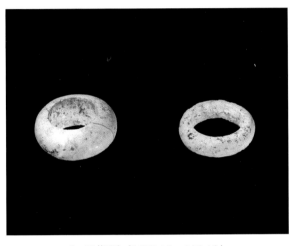

3. 玉指环（M12:15、M4:13）

4. 玉指环（M29:7）

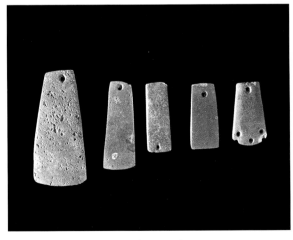

5. 绿松石耳坠
（M21:6-1、M18:26-2、M4:7、M18:26-1）

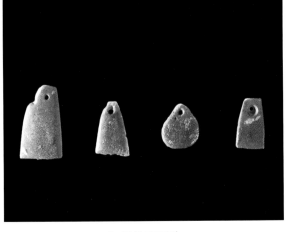

6. 绿松石耳坠
（M4:6、M20:65-1、M18:25-1～2）

北区墓葬出土玉器

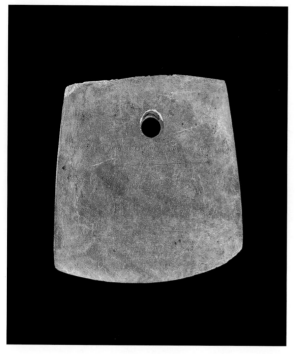

1. 石钺（M18:4）

2. 石钺（M20:25）

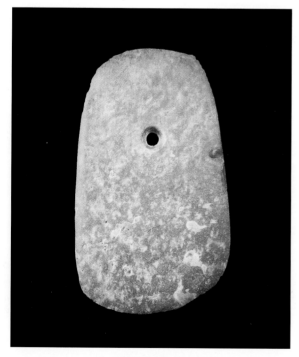

3. 石斧（M60:143）

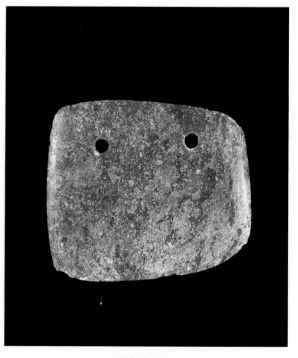

4. 石钺（M20:13）

北区墓葬出土石钺、石斧

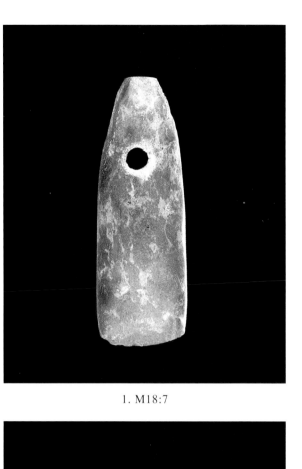

1. M18:7

2. M18:18

3. M60:144

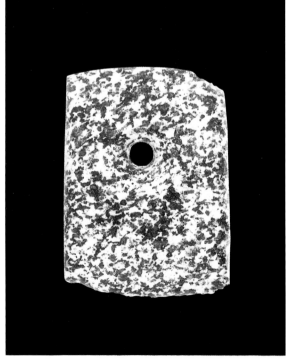

4. M20:61

北区墓葬出土石斧

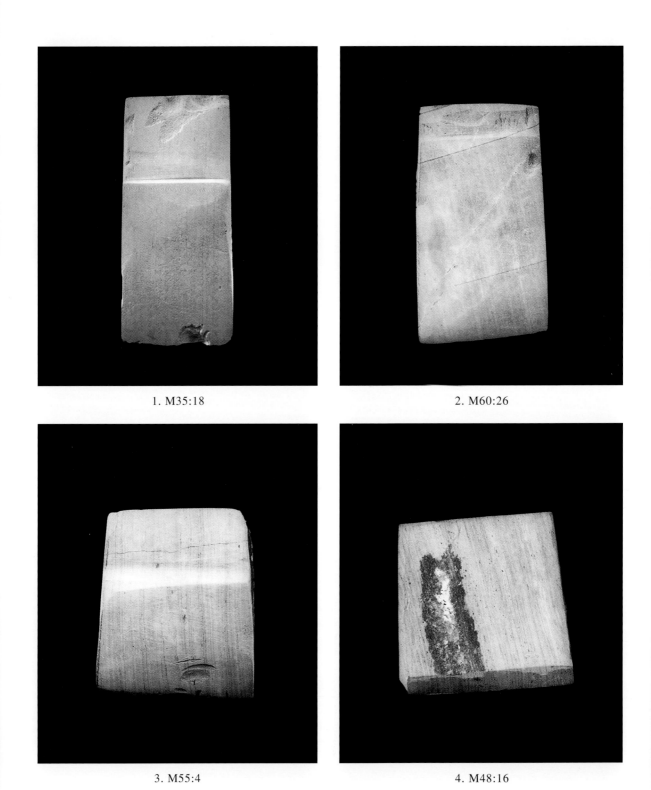

1. M35:18

2. M60:26

3. M55:4

4. M48:16

北区墓葬出土石锛

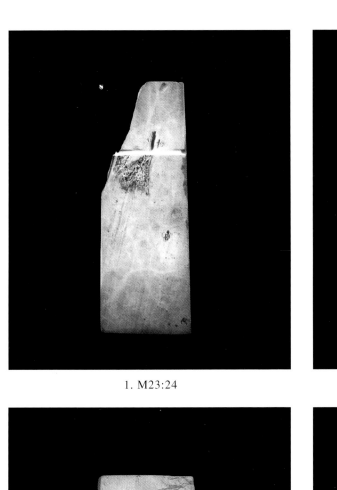

1. M23:24

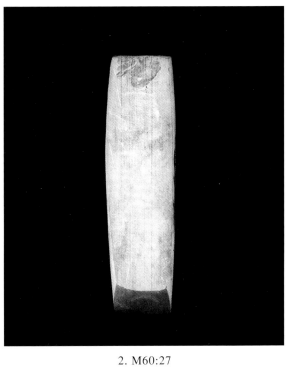

2. M60:27

3. M16:34

4. M25:3

北区墓葬出土石锛

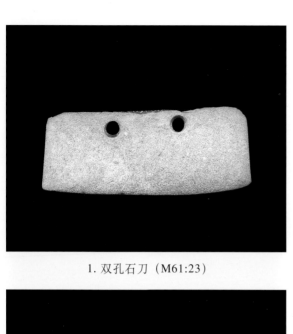

1. 双孔石刀（M61:23）

2. 穿孔石刀（M60:23）

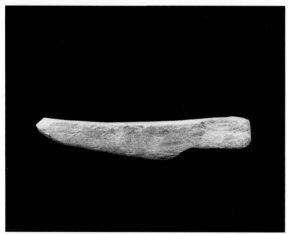

3. 带把石刀（M29:1）

4. 刮削器（M30:8）

5. 砺石（M61:25、M37:34）

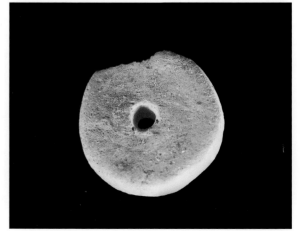

6. 陶纺轮（T9:1）

北区墓葬出土石器、陶纺轮

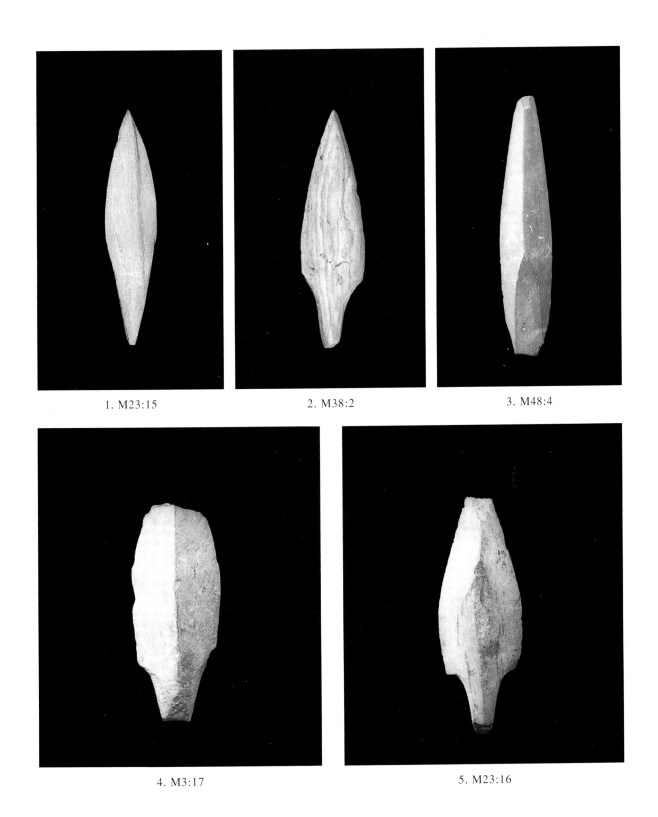

1. M23:15   2. M38:2   3. M48:4

4. M3:17   5. M23:16

北区墓葬出石镞

1. 玉斧（M46:12）

2. 玉斧（M50:10）

3. 石镞（M20:41-1）

4. 石镞（M20:41-2）

5. 石镞（M20:41-3）

北区墓葬出玉斧、石镞

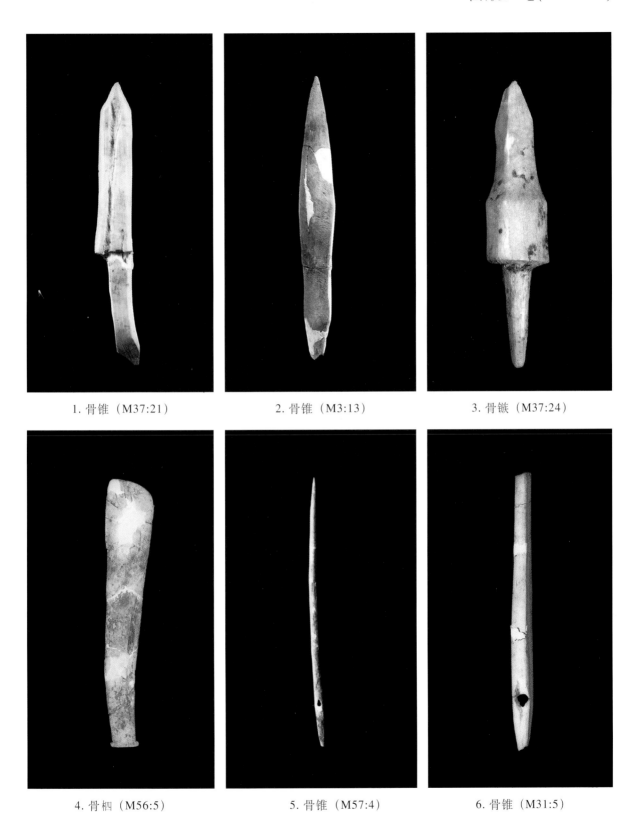

1. 骨锥（M37:21）　　　2. 骨锥（M3:13）　　　3. 骨镞（M37:24）

4. 骨栖（M56:5）　　　5. 骨锥（M57:4）　　　6. 骨锥（M31:5）

北区墓葬出骨镞、骨锥、骨栖

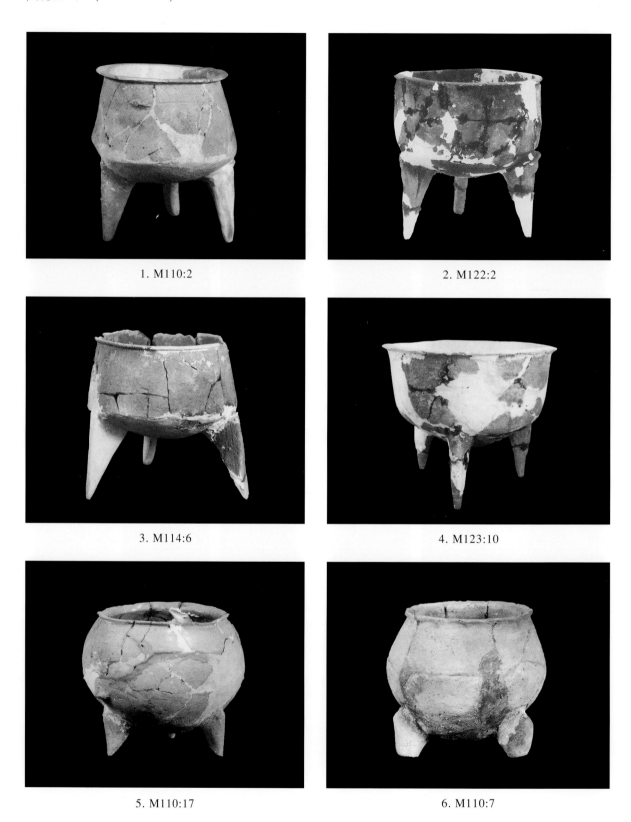

1. M110:2

2. M122:2

3. M114:6

4. M123:10

5. M110:17

6. M110:7

南区墓葬出土陶鼎

1. 陶鼎（M102:1）

2. 陶鼎（M113:5）

3. 三足盆（M113:4）

4. 陶鬶（M115:21）

5. 陶豆（M120:1）

6. 陶豆（M105:9）

南区墓葬出土陶器

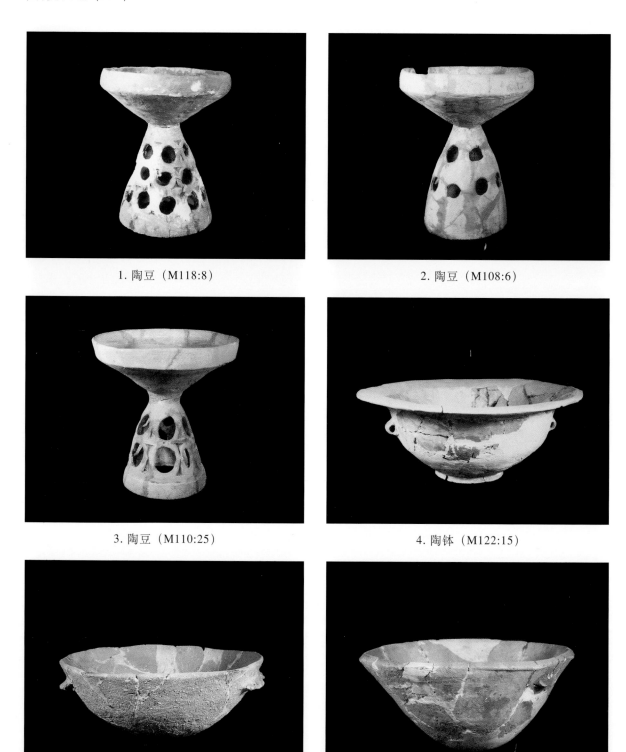

1. 陶豆（M118:8）

2. 陶豆（M108:6）

3. 陶豆（M110:25）

4. 陶钵（M122:15）

5. 陶钵（M106:6）

6. 陶钵（M113:34）

南区墓葬出土陶豆、陶钵

1. 陶釜（M116:9）

2. 陶釜（M122:14）

3. 陶壶（M105:22）

4. 陶壶（M108:11）

5. 陶壶（M115:10）

6. 陶壶（M115:15）

南区墓葬出土陶釜、陶壶

1. M102:2

2. M117:21

3. M102:6

4. M105:3

5. M119:1

6. M104:3

南区墓葬出土陶罐

1. 陶罐（M115:4）

2. 陶罐（M115:14）

3. 陶罐（M105:6）

4. 陶罐（M108:12）

5. 陶罐（M111:12）

6. 陶盆（M107:3）

南区墓葬出土陶罐、陶盆

1. 陶钵（M117:3）

2. 陶钵（M119:12）

3. 陶杯（M115:17）

4. 陶杯（M119:28）

5. 陶杯（M115:13）

6. 三足罐（M122:18）

南区墓葬出土陶器

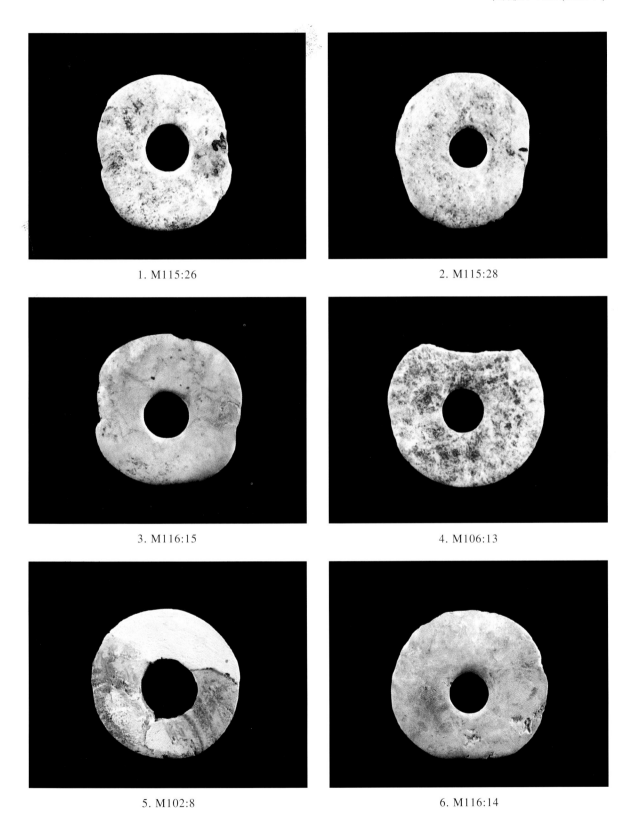

1. M115:26

2. M115:28

3. M116:15

4. M106:13

5. M102:8

6. M116:14

南区墓葬出土玉环

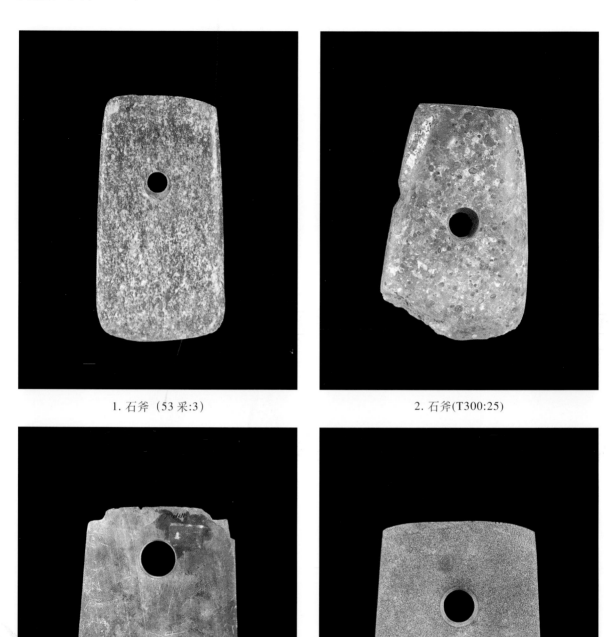

1. 石斧（53采:3）

2. 石斧(T300:25)

3. 石钺（M101:11）

4. 石钺（M101:13）

南区出土及采集石斧、石钺

1. 石斧（M109:8）

2. 石斧（M101:12）

3. 石锛（M108:14）

4. 石锛（53采:2）

南区出土及采集石斧、石锛

1. 石锛（M113:23）

2. 石锛（T300:3）

3. 石锛（53采:1）

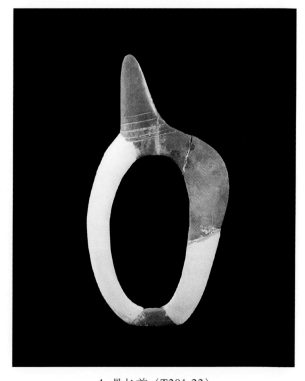

4. 骨匕首（T201:22）

南区出土及采集石锛、骨匕首